# LECKER UND GESUND DURCH DIE
# **SCHWANGERSCHAFT**

# LECKER UND GESUND DURCH DIE SCHWANGERSCHAFT

**Die besten Lebensmittel für Mutter und Baby mit 100 köstlichen Rezepten**

Charlotte Watts

Parragon

Bath • New York • Singapore • Hong Kong • Cologne • Delhi
Melbourne • Amsterdam • Johannesburg • Auckland • Shenzhen

Entwurf & Realisation: Ivy Contract
Neue Fotos: Clive Streeter
Zusätzliche Rezepte: Nicola Graimes



Realisation der deutschen Ausgabe: trans texas publishing, Köln
Übersetzung aus dem Englischen: Wiebke Krabbe, Damlos, und andere
Redaktion und Satz der deutschen Ausgabe: lesezeichen Verlagsdienste, Köln

ISBN: 978-1-4454-6802-0

Printed in China

WICHTIGE HINWEISE

Löffelmaße bezeichnen immer gestrichene Löffel. Ein Teelöffel entspricht 5 ml, ein Esslöffel entspricht 15 ml.
Soweit nicht anders angegeben, wird Vollmilch (3,5 % Fett) verwendet. Eier und einzelne Gemüsesorten wie Kartoffeln haben mittlere Größe. Mit Pfeffer ist frisch gemahlener schwarzer Pfeffer gemeint.

Bei den Zeitangaben handelt es sich um Richtwerte. Der genaue Zeitbedarf kann abhängig von der Zubereitungstechnik variieren. Zusätzliche Zutaten, Variationen und Serviervorschläge sind bei den Zeitangaben nicht berücksichtigt.

Schwangere und stillende Frauen sollten Fleisch, Eier, Fisch und Meeresfrüchte grundsätzlich nur gut durchgegart verzehren. Von geräuchertem und gepökeltem Fisch und Fleisch, Innereien, Weiß- und Blauschimmelkäse, Alkohol, Koffein und unpasteurisierten Milchprodukten sollte in der Schwangerschaft Abstand genommen werden. Weitere Informationen zu Lebensmitteln, die gemieden werden sollten, finden Sie in der Einleitung des Buches. Allergiker sollten darauf achten, dass manche der für die Rezepte verwendeten Fertigprodukte Nüsse enthalten können. Bitte lesen Sie immer die Packungsaufschrift.
Die Nährwertangaben sind der USDA National Nutrient Database entnommen.

1

2

3

4

5

# INHALT

# EINLEITUNG

**In der Schwangerschaft, vom Moment der Zeugung an, braucht der Körper mehr Vitamine, Mineralstoffe und essenzielle Fettsäuren. In diesem Buch finden Sie wertvolle Tipps für eine optimale Ernährung in der Schwangerschaft, die Ihrem Kind alles gibt, was für sein Wohlergehen nötig ist.**

Die richtige Ernährung sorgt dafür, dass Sie in der Schwangerschaft aktiv bleiben und nach der Geburt über genügend Energie verfügen, um das Neugeborene zu versorgen und sich schnell zu erholen. Sie sollten möglichst viele Mahlzeiten aus frischen Zutaten selbst zubereiten, statt zu Fertigprodukten zu greifen. Für die Gesundheit von Mutter und Kind lohnt es sich, über den aktuellen Stand der Ernährungsforschung informiert zu sein. Kein Lebensmittel allein liefert alle Nährstoffe und Eigenschaften, die für Gesundheit und Wohlbefinden notwendig sind. Nur durch einen gesunden Lebensstil und eine ausgewogene Ernährung kann man den Körper mit den Nährstoffen und der Energie versorgen, die er für eine gesunde Schwangerschaft braucht.

## Das Gewicht vor, während und nach der Schwangerschaft

Gewichtsprobleme können einer Schwangerschaft im Wege stehen. Bei Untergewicht ist der Hormonhaushalt oft instabil, was zu einem schwer kalkulierbaren Zyklus führt. Übergewicht kann die Fruchtbarkeit beeinträchtigen und in der Schwangerschaft zu Problemen wie Bluthochdruck und Diabetes führen. Es ist nicht ratsam, während einer Schwangerschaft abnehmen zu wollen, darum sollten Gewichtsprobleme vorher gelöst werden – eventuell mit Unterstützung eines Arztes.

Die normale Gewichtszunahme in der Schwangerschaft liegt zwischen 11 und 16 kg, hängt aber auch von Körperbau und Größe der Mutter ab. Durchschnittlich werden ab dem zweiten Schwangerschaftsdrittel wöchentlich 350–400 g zugenommen. Obwohl Puls und Nährstoffbedarf in der Schwangerschaft ansteigen, steigt der Kalorienbedarf erst in den letzten drei Monaten um etwa 10 Prozent an. Morgendliche Übelkeit kann zu Gewichtsverlust führen, der ausgeglichen werden sollte, sobald diese Phase vorüber ist.

Mindestens sechs Wochen nach der Geburt sollten Sie versuchen, nur gesund zu essen und sich zu erholen, statt auch noch abnehmen zu wollen. Wenn Sie regelmäßig essen und auf Fertiggerichte weitgehend verzichten, reguliert sich Ihr Gewicht auf natürliche Weise wieder.

## Allgemeine Ernährungstipps

Die Ernährung einer werdenden Mutter muss gesund und ausgewogen sein, damit sie den eigenen Energie- und Nährstoffbedarf und den des Kindes deckt.

- Regelmäßige Mahlzeiten essen und nie das Frühstück auslassen. Sie brauchen ständig Energie, und für die optimale Entwicklung muss auch das Kind gleichbleibend versorgt sein. Ein Frühstück als Grundlage für den Tag hilft, später Heißhunger auf Süßigkeiten oder Energie- und Stimmungsschwankungen zu vermeiden.
- Gesunde Zwischenmahlzeiten einplanen – vor allem, wenn Sie wenig Appetit haben oder wegen des wachsenden Bauches nur kleine Mengen zu sich nehmen können. Selbst wenn Ihnen übel ist, sollten Sie alle vier Stunden etwas Gesundes zu sich nehmen. Gelegentliches Naschen ist erlaubt.
- In der Endphase eventuell etwas mehr essen, um einen Energievorrat für die Entbindung und die anschließende Erholung anzulegen. Wenn der Bauch die Verdauung träge macht, sind häufige, kleine Mahlzeiten sinnvoll.
- Ausreichend trinken – von der Zeugung bis in die Stillzeit. Flüssigkeit wird zur Ausscheidung von Giftstoffen, für das Immunsystem von Mutter und Kind und für das Wachstum des Kindes benötigt.

## Besonderer Nährstoffbedarf

**Mehr Proteine.** Der Bedarf nimmt in der Schwangerschaft um etwa ein Drittel zu, weil auch das Kind versorgt wird. Mageres Fleisch, manche Fischsorten (siehe S. 10–11), Eier (durchgegart), Produkte aus pasteurisierter Milch und pflanzliche Lebensmittel wie Tofu, Nüsse, Samen und Hülsenfrüchte sind gute Proteinlieferanten. Jede Mahlzeit sollte Proteine enthalten.

**Gesunde Öle und Fette.** Für Fruchtbarkeit, Hormonhaushalt, Erholung nach der Entbindung und Organe des Kindes (Herz, Leber und Gehirn) ist die tägliche Versorgung mit Fetten wichtig. Fischarten wie Lachs (wild oder bio), Makrele, Hering, Sardinen, frische Anchovis und Forelle liefern Omega-3-Fettsäuren, sollten in der Schwangerschaft aber höchstens zweimal wöchentlich genossen werden. Ergänzungspräparate mit Dorschleberöl sollten Sie absetzen, weil sie zu viel Vitamin A enthalten, das überdosiert zu angeborenen Schäden führen kann. Grünes Blattgemüse und andere vegetarische Lebensmittel sowie Nüsse und Samen (maßvoll) liefern Omega-3- und Omega-6-Fettsäuren. Einfach ungesättigte Fette sind in Avocados, Walnüssen und Olivenöl enthalten.

**Komplexe Kohlenhydrate.** Sie sind reich an Faserstoffen, B-Vitaminen, Folsäure, Eisen und Magnesium. Sie lindern Darmträgheit, die bei Schwangeren häufig vorkommt. Bohnen und andere Hülsenfrüchte, Vollkornprodukte und Gemüse sorgen für eine konstante, gleichmäßige Energieversorgung.

**Eisen.** Die Versorgung ist in der Schwangerschaft sehr wichtig, weil zusätzliche rote Blutkörperchen gebildet werden müssen. Ideal sind eisen- und proteinhaltige Lebensmittel (Fleisch, Hülsenfrüchte, Eier und Tofu). Grünes Blattgemüse liefert Eisen und Vitamin C, das für die Absorption von Eisen gebraucht wird. Wer sich vegetarisch oder vegan ernährt, sollte seine Eisenwerte regelmäßig vom Arzt überprüfen lassen.

**Kalzium.** Während Schwangerschaft und Stillzeit ist eine gute Versorgung für den Knochenaufbau des Kindes wichtig. Gute Quellen sind neben Milchprodukten grünes Blattgemüse. Nüsse und Samen enthalten außerdem Magnesium, das auch für die Knochenentwicklung benötigt wird.

**Obst und Gemüse** sind reich an Antioxidantien (z. B. Vitamin C, E und Zink), die das Immunsystem stärken. Essen Sie bunt, denn jede Farbe wird durch andere Antioxidantien hervorgerufen. Zwei Portionen Obst und drei Portionen Gemüse pro Tag sind empfehlenswert, um die Abwehrkräfte der Mutter zu stärken und sie mit ausreichend Vitamin C zu versorgen.

## So nutzen Sie dieses Buch

Viele der vorgestellten Lebensmittel sind in allen Phasen der Schwangerschaft sinnvoll. Manche werden aber aus bestimmten Gründen in einem Drittel erwähnt, während in anderen Phasen von ihnen abgeraten wird. Lebensmittel, die den Milchfluss anregen, sollten Sie beispielsweise vor der Stillzeit eher meiden. Die Informationen zu den einzelnen Lebensmitteln helfen Ihnen, aus dem individuellen Angebot einen sinnvollen und gesunden Speiseplan zusammenzustellen. Kräuter sollten nur als Gewürz verwendet werden, weil größere Mengen Nebenwirkungen haben können. Besprechen Sie Ernährungsumstellungen immer mit Ihrem Arzt und beachten Sie bitte die Liste der Lebensmittel, die während der Schwangerschaft generell gemieden werden sollten (siehe S. 10–11).

**Erklärung der Symbole**
Bei den Rezepten in diesem Buch finden Sie die folgenden Symbole:

(W) Wachstum des Kindes – enthält Nährstoffe, die das gesunde Wachstum des kindlichen Körpers fördern.

(G) Gehirnentwicklung des Kindes – besonders förderlich für das stetige Wachstum der Gehirnzellen und ihre spätere Funktion.

(A) Antioxidantien – beugen Infektionen, Entzündungen und Gewebeschäden vor, die sich negativ auf Fruchtbarkeit, Schwangerschaft und Erholung auswirken können.

(N) Naturmedizin – wird wegen bestimmter Eigenschaften traditionell zur Linderung von Beschwerden während und nach der Schwangerschaft eingesetzt.

(V) Für Vegetarier geeignet

(E) Einfache und schnelle Zubereitung

## Während der Schwangerschaft meiden

Manche Lebensmittel sollten während der Schwangerschaft gemieden werden, weil sie Mutter oder Kind schaden könnten. Da die Forschung auf diesem Gebiet stets neue Erkenntnisse erarbeitet, erfragen Sie aktuelle Informationen bitte auch bei Ihrem Arzt.

Manche Lebensmittel gelten als „ungesund", weil sie viele Kalorien enthalten, aber nur wenige wertvolle Nährstoffe. Häufig handelt es sich um vorverarbeitete Produkte mit Weißmehl, viel Zucker, Salz oder ungesunden Fetten. Oft wurden die Produkte gebraten oder enthalten Fette, die im Garprozess geschädigt wurden. Ihr Genuss ist in der Schwangerschaft besonders bedenklich. Sie sind nicht nur nährstoffarm, sondern können auch die Abwehrkräfte, die Durchblutung oder den Giftstoffabbau schwächen, Zellschäden verursachen oder den Bedarf an antioxidativen Nährstoffen wie Vitamin C und E erhöhen. Fertig- und Halbfertigprodukte enthalten oft viel Salz, ungesunde Fette und chemische Zusatzstoffe, darum sollte man sie in der Schwangerschaft – und eigentlich auch sonst – meiden.

**Raffinierte Lebensmittel** wie Zucker, Weißmehl oder weißer Reis enthalten nur wenige Nähr- und Faserstoffe. Sie werden schnell verdaut und verursachen einen raschen Anstieg des Blutzuckerspiegels, der danach zu Energietiefs und einem Verlust wertvoller Nährstoffe führen kann. Besonders ungesund sind z. B. Kuchen und Plätzchen, weil sie sowohl viel Fett als auch raffinierten Zucker enthalten.

**Gehärtete Pflanzenöle,** z. B. in Margarine, können die optimale Ausnutzung der essenziellen Fettsäuren behindern. Lesen Sie die Packungsaufschrift.

**Verbrannte Fette** sind schädlich, weil sie besonders viele freie Radikale enthalten. Diese schädigen Zellen und Gewebe. Meiden Sie sehr scharf gebratenes Fleisch und zu dunkles Grillgut.

**Produkte mit Erdnüssen** können in der Schwangerschaft normalerweise bedenkenlos gegessen werden, sofern keine Allergie vorliegt.

### Koliken, Aufstoßen und Blähungen bei gestillten Kindern

Über die Frage, welche Lebensmittel bei gestillten Kindern Verdauungsbeschwerden verursachen, wird viel diskutiert. Es deutet vieles darauf hin, dass Stoffe, die bei der Mutter Blähungen auslösen können, nicht in die Muttermilch gelangen. Erwiesen ist das aber nicht. Betrachten Sie Lebensmittel, die Sie schlecht vertragen, als mögliches Risiko, und beobachten Sie, wie Ihr Kind reagiert. Denken Sie daran, dass Koliken, Aufstoßen und Blähungen auch Folge des noch nicht voll entwickelten Verdauungssystems sein können und mit der Zeit von selbst abklingen.

## Risikofaktoren in der Schwangerschaft

| Risikofaktor/Risiko | Dinge, die zu meiden sind |
|---|---|
| **Listerieninfektion** Selten. Erkältungsähnliche Symptome. Mögliche Fehl- und Totgeburten sowie schwere Erkrankungen bei Neugeborenen. | • Pasteten aller Art, auch vegetarische<br>• Weiß- und Blauschimmelkäse, z. B. Gorgonzola<br>• Fertiggerichte, ungenügend aufgewärmte Speisen |
| **Salmonelleninfektion** Lebensmittelvergiftung. Schadet dem Kind nicht direkt, verursacht aber starkes Unwohlsein bei der Mutter. | • Rohes Fleisch und Geflügel, roher Fisch<br>• Unpasteurisierte Milchprodukte<br>• Rohe Eier und Produkte mit rohen Eiern |
| **Campylobacterinfektion** Bakterielle Infektion; mögliche Fehlgeburten und vorzeitige Wehen. | • Wie Salmonellen – siehe oben<br>• Unsauberes Wasser |
| **Toxoplasmose** Selten. Die Infektion kann für das Kind ein ernsthaftes Problem darstellen. | • Rohes oder nicht durchgegartes Fleisch<br>• Geräucherte und gepökelte Fleischwaren<br>• Gartenerde, Katzenexkremente |
| **Dioxin und PCB** Schädliche Umweltgifte wie Dioxin, PCB und Schwermetalle können durch Fisch aufgenommen werden. | • Max. zwei Portionen fetthaltigen Fisch pro Woche<br>• Hai, Schwertfisch, Thunfisch und Königsmakrele meiden, sie enthalten viel Quecksilber. |
| **Xenöstrogene** Berührungen mit diesen Stoffen können den Hormonhaushalt stören. | • Weichplastik, Pestizide, Herbizide und Düngemittel, Fleisch und Milchprodukte mit Wachstumshormonen |
| **Übermaß an Vitamin A** Bei übermäßiger Vitamin-A-Zufuhr während der Schwangerschaft ein erhöhtes Risiko von angeborenen Schädigungen. | • Leber und Produkte, die Leber enthalten<br>• Dorschleberöl<br>• Multivitaminprodukte mit Vitamin A |
| **Parasiten** (z. B. Bandwürmer) Verdauungsstörungen bis hin zu schwerer Lebensmittelvergiftung. | • Rohe oder nicht durchgegarte Muscheln |
| **Koffein** Große Mengen senken den Kalziumspiegel und erhöhen den Blutdruck. Kann bei übermäßigem Genuss Fehlgeburten begünstigen. | • Tee und Kaffee<br>• Cola, Energy-Drinks und Schokolade<br>• Manche Medikamente |
| **Alkohol** Geringeres Geburtsgewicht, Fehlgeburten und angeborene Schäden möglich. | • Wein, Bier und Hochprozentiges |
| **Salz** Übermäßiger Genuss (auch durch Fertigprodukte) kann Bluthochdruck begünstigen. | • Tafelsalz zum Würzen<br>• Fertig- und Halbfertiggerichte |
| **Kräuter** Größere Mengen können den Hormonhaushalt stören. Als Gewürz meist unbedenklich. | • Große Mengen Kräutertee<br>• Kräuterergänzungspräparate |

## Alternativen/Maßnahmen

- Hummus oder Guacamole sind gute Alternativen.
- Hartkäse, aber keine Rohmilchkäsesorten
- Alle Lebensmittel ganz durchgaren und gründlich aufwärmen.

- Rohes Fleisch und rohen Fisch sachgerecht aufbewahren. Völlig durchgaren. Hände waschen.
- Packungsaufschriften lesen. Die meisten Milchprodukte sind heute jedoch pasteurisiert.
- Eier nur hartgekocht essen. Selbst gemachte Mayonnaise oder Süßspeisen mit rohen Eiern meiden.

- Wie Salmonellen – siehe oben
- Nur sauberes Wasser trinken, im Zweifelsfall Mineralwasser aus der Flasche.

- Fleisch nur ganz durchgegart verzehren.
- Durchgegarten Hähnchen- oder Putenaufschnitt verwenden.
- Obst und Gemüse immer waschen. Das Säubern der Katzentoilette delegieren.

- Zweimal wöchentlich (höchstens) sind Makrele, Sardinen, Lachs oder Forelle, Thunfischsteaks oder Thunfisch aus der Dose vertretbar. Falls nötig, nach Rücksprache mit dem Arzt ein geeignetes Ergänzungspräparat mit Omega-3-Fettsäuren einnehmen.

- Fetthaltige Lebensmittel nicht in Weichplastik (z.B. Frischhaltefolie) verpacken. Zum Erwärmen in der Mikrowelle Glas oder Keramik statt Kunststoffbehältern verwenden. Obst und Gemüse vor dem Verzehr waschen. Möglichst Fleisch, Milchprodukte und Eier aus Bioproduktion kaufen.

- Andere Proteinquellen wählen, z.B. Pute oder Rind. Pasteten generell meiden.
- Für Schwangere geeignete Ergänzungspräparate mit Omega-3-Fettsäuren – den Arzt befragen.
- Ergänzungspräparate mit Betacarotin (wird erst im Körper in Vitamin A umgewandelt) – den Arzt befragen.

- Muscheln immer ganz durchgaren.

- Kaffee und Tee auf eine oder zwei Tassen zu den Mahlzeiten reduzieren oder ganz darauf verzichten.
- Cola und Energy-Drinks meiden, Schokolade nur in geringen Mengen genießen.
- Medikamente generell nur nach Rücksprache mit dem Arzt einnehmen.

- Am besten meiden. Es gibt keine Erkenntnisse darüber, welche Mengen risikolos sind.

- Selleriesalz oder Gewürze

- Kräutertees oft wechseln und auf eine oder zwei Tassen pro Tag beschränken.
- Ergänzungspräparate aus Kräutern in der Schwangerschaft und der Stillzeit ganz meiden.
- Über Kräuter zur Förderung der Fruchtbarkeit einen Arzt oder Heilpraktiker befragen.

1

# Fruchtbarkeit und Empfängnis

In der Vorbereitung auf eine Schwangerschaft sollten Sie Nährstoffe bevorzugen, die der Gesundheit von Eizellen und Spermien nützen. Faktoren, die diesen schaden können, sind zu vermeiden. Die Vitamine A und C sowie andere Antioxidantien tragen zum Schutz der Eizellen und Spermien vor Chemikalien und Umweltgiften bei. Zinkmangel kann die Fruchtbarkeit bei Männern und Frauen beeinträchtigen, während der Folsäurespiegel hoch sein sollte, um angeborenen Schäden vorzubeugen. Paare, die sich ein Kind wünschen, sollten auch auf eine ausreichende Proteinzufuhr achten.

In diesem Kapitel geht es um Lebensmittel mit hoher Nährstoffdichte und gute Alternativen zu Fertigprodukten, Koffein und Süßigkeiten, die der Empfängnis im Wege stehen können. Gesunde Ernährung ist auch wichtig für Frauen, die vor einer Schwangerschaft abnehmen möchten.

- (W) Wachstum des Kindes
- (G) Gehirnentwicklung des Kindes
- (A) Antioxidantien
- (N) Naturmedizin
- (V) Für Vegetarier geeignet
- (E) Einfache und schnelle Zubereitung

# 01 KÜRBISKERNE

**Die Kerne besitzen viel Zink. Damit stimulieren sie das Immunsystem und unterstützen die Fruchtbarkeit. Auch sind sie reich an Sterolen, die vor hormonbedingten Krebsarten schützen.**

### SCHON GEWUSST?

Man nennt Vitamin E auch Tocopherol, abgeleitet von zwei griechischen Ausdrücken, die in etwa „schwanger sein" bedeuten.

### DIE WICHTIGSTEN NÄHRSTOFFE IN 15 G KÜRBISKERNEN

| | |
|---|---|
| Kalorien (kcal) | 81 |
| Gesamtfettgehalt | 6,9 g |
| einfach unges. Fettsäuren | 2,44 g |
| Omega-6-Fettsäuren | 3105 mg |
| Omega-9-Fettsäuren | 2122 mg |
| Eiweiß | 4,53 g |
| Kohlenhydrate | 1,61 g |
| Ballaststoffe | 0,9 g |
| Vitamin $B_1$ | 0,04 mg |
| Vitamin $B_3$ | 0,75 mg |
| Vitamin $B_5$ | 0,11 mg |
| Vitamin E | 1,64 mg |
| Magnesium | 88,8 mg |
| Kalium | 121,4 mg |
| Phosphor | 184,95 mg |
| Eisen | 1,32 mg |
| Mangan | 0,68 mg |
| Selen | 1,41 µg |
| Zink | 1,17 mg |

Kürbiskerne sind nährstoffreich, und selbst in kleinen Mengen liefern sie reichlich Mineralien, vor allem Zink und Eisen – was sie zu einer besonders geeigneten Zutat für Vegetarier macht. Zink ist ein antioxidatives Spurenelement, das die Abwehrkräfte stärkt, die Fruchtbarkeit bei Männern erhöht und vor Prostatabeschwerden und -krebs schützen kann. Eisen ist wichtig für die Blutbildung und den Energiestoffwechsel. Die Kerne enthalten zudem Sterole, die den Cholesterolspiegel senken und dazu beitragen können, die Entwicklung von Brust-, Darm- und Prostatatumorzellen zu unterbinden. Daneben enthalten die Kerne einige Omega-3-Fettsäuren, Vitamin E, Folsäure und Magnesium für eine gesunde Herztätigkeit.

- Reich an Zink für bessere Fruchtbarkeit, Immunsystem und Krebsabwehr.
- Reich an Eisen für gesundes Blut und gegen Müdigkeit.
- Können zur Senkung des Cholesterolspiegels beitragen.

**Praktische Tipps:**
Kürbiskerne sind roh ungenießbar und im Handel nur geröstet erhältlich. Kauen Sie die Kerne gut, um eine maximale Nährstoffaufnahme zu gewährleisten. Sie schmecken in Salaten, Müsli und Broten/Brötchen. Gehackt oder gemahlen können sie mit anderen Zutaten zu vegetarischen Burgern verarbeitet werden.

# Graupen mit Kichererbsen und Kürbiskernen

FÜR 4 PERSONEN

*350 ml Gemüsebrühe*
*200 g Perlgraupen*
*1 große gelbe Paprika, gehackt*
*4 Frühlingszwiebeln, gehackt*
*10 getrocknete Aprikosen, gehackt*
*50 g Sultaninen*
*50 g Mandelblättchen*
*50 g Walnusskerne*
*1 EL Kürbiskerne*
*150 g Kichererbsen aus der Dose, abgespült und abgetropft*
*2 EL Kürbiskernöl*

(W) (A) (V) (E)

**Zubereitung**

1 Die Brühe in einem Topf bis an den Siedepunkt erhitzen. Die Graupen nach Packungsanweisung darin garen und quellen lassen.

2 Die übrigen Zutaten mit Ausnahme des Öls mit einer Gabel unter die Graupen heben. Vor dem Servieren mit dem Öl beträufeln.

# 02 ZITRONEN

## Zitronen sind ausgesprochen wertvoll und vielseitig. Sie unterstützen Reinigungs- und Entgiftungsvorgänge des Körpers, die für die Zeugung sehr wichtig sind.

Zitronen enthalten viel Vitamin C, das Eizellen und Uterusschleimhaut – ebenso wie Spermien – vor Schäden durch Giftstoffe schützt. Ihr reinigender Effekt wird durch ihre entsäuernde Wirkung verstärkt. Obwohl sie sehr sauer schmecken, haben sie eine ausgleichende Wirkung auf das Säuren-Basen-Verhältnis des Organismus. Dieses Gleichgewicht ist wichtig für die Funktion des weiblichen Hormonhaushalts, der dafür sorgt, dass ein günstiges Milieu für die Spermien entsteht. Bei Männern sorgt es dafür, dass die Spermien unbeschadet im Körper gespeichert werden können. Der hohe Kaliumgehalt von Zitronen sichert die Versorgung der Zellen mit Flüssigkeit, schützt vor Dehydrierung und fördert eine gesunde Schleimbildung der weiblichen Fortpflanzungsorgane.

- Sehr reich an Vitamin C. Schützt Ei und Uterus vor Umweltgiften.
- Beugt Übersäuerung des Körpers vor, stabilisiert den Hormonhaushalt und beugt Dehydrierung vor.
- Regt die Verdauung an, sodass Nährstoffe aus dem Essen optimal ausgenutzt werden.

**Praktische Tipps:**
Zitronensaft ist eine hervorragende Zutat zu Dressings und ein guter Ersatz für Essig, der Verdauungsbeschwerden und die Anfälligkeit für Hefepilze verstärken kann. Zitronensaft mit Wasser schmeckt erfrischend und ist gesünder als Limonade. Heißes Wasser mit dem Saft einer halben Zitrone ist ein bewährter Detox-Drink.

### SCHON GEWUSST?

In der chinesischen Heilkunde setzt man seit Jahrhunderten Zitronenwasser zur Förderung der Fruchtbarkeit ein. Es soll Dehydrierung vorbeugen und Giftstoffe aus dem Körper ausschwemmen.

### DIE WICHTIGSTEN NÄHRSTOFFE IN EINER ZITRONE

| | |
|---|---|
| Kalorien (kcal) | 17 |
| Gesamtfettgehalt | 0,17 g |
| Eiweiß | 0,64 g |
| Kohlenhydrate | 5,41 g |
| Ballaststoffe | 1,6 g |
| Vitamin C | 30,7 mg |
| Kalium | 80 mg |

# Kichererbsensuppe mit Zitronen-Chermoula

FÜR 4–6 PERSONEN

*2 EL Olivenöl*
*1 Porreestange, in Ringen*
*1 Zwiebel, gehackt*
*1 Stange Sellerie, in Scheiben*
*1 Karotte, in Scheiben*
*2 Knoblauchzehen, zerdrückt*
*1 EL Koriandersamen*
*125 g Tomaten aus der Dose*
*150 g Kichererbsen aus der Dose, abgespült und abgetropft*
*1 l Gemüsebrühe*
*1 Kartoffel, gewürfelt*
*2 Lorbeerblätter*
*1 Prise Safranfäden*
*2 Zitronen, halbiert, Schnittflächen kurz in einer heißen, beschichteten Pfanne angeröstet*

**Chermoula**

*2 Knoblauchzehen, in dünnen Scheiben*
*1/2 rote Chili, fein gehackt*
*1 TL Paprikapulver*
*1 TL gemahlener Kreuzkümmel*
*1 TL Zitronensaft*
*2 TL Weißweinessig*
*4 EL frisch gehackte glatte Petersilie*
*4 EL frisch gehackter Koriander*

(A) (N) (V)

**Zubereitung**

1 Das Öl in einem großen Topf erhitzen. Porree, Zwiebel, Sellerie, Karotte und Knoblauch unter ständigem Rühren 5 Minuten weich dünsten, aber nicht bräunen. Die Koriandersamen zugeben und weitere 2 Minuten dünsten.

2 Tomaten, Kichererbsen, Brühe, Kartoffel, Lorbeerblätter und Safran zugeben. Gut umrühren und aufkochen. Die Hitze reduzieren und abgedeckt 20 Minuten köcheln, bis das Gemüse weich ist.

3 Für die Chermoula den Knoblauch im Mörser mit den Gewürzen, Zitronensaft und Essig zu einer glatten Paste zerreiben. In einen Topf geben, die Kräuter zufügen und 5 Minuten erwärmen, damit sich der Geschmack entfaltet. Nicht kochen.

4 Die Lorbeerblätter entfernen, dann die Suppe mit einem Pürierstab oder im Mixer glatt pürieren. Durch ein mittelfeines Sieb in Suppenschälchen gießen. Auf jede Portion einen Klecks Chermoula geben. Die angerösteten Zitronen zum Beträufeln dazu servieren.

# 03 EIER AUS FREILANDHALTUNG

Ein Ei ist ein kleines Wunderwerk der Fruchtbarkeit. Es enthält hochwertige Proteine, die für die Gesundheit menschlicher Eizellen und Spermien wichtig sind.

Außerdem enthält jedes Ei alle Nährstoffe, die das Lebewesen, das in ihm heranwachsen kann, bis zum Schlüpfen benötigt. Ausgewogene und gesunde Fette fördern die Produktion der Hormone Östrogen und Progesteron, die für die Befruchtung notwendig sind, und ihr bemerkenswert hoher Gehalt an B-Vitaminen unterstützt den weiblichen Organismus dabei, diese Hormone optimal einzusetzen. Selen und Schwefel beseitigen giftige Metalle wie Blei und Quecksilber, die die Fruchtbarkeit beeinträchtigen können. Vitamin A schützt Eizellen und Spermien vor Schäden, die der Befruchtung im Wege stehen können. Eier enthalten außerdem Folsäure und Cholin. Beide Stoffe beugen *Spina bifida* und anderen Neuralrohrfehlbildungen beim Fötus vor.

- Enthält wertvolle Fette zur Unterstützung der Produktion von Fruchtbarkeitshormonen.
- Schwefel und Selen beseitigen Giftstoffe, die der Befruchtung im Wege stehen können.
- Vitamin A und Proteine halten Eizellen und Spermien gesund.
- Cholin und Folsäure beugen *Spina bifida* vor.

**Praktische Tipps:**
Kaufen Sie möglichst Bioeier aus Freilandhaltung, um bakterielle Infektionen zu vermeiden und keine unerwünschten Hormone zu verzehren, die eine Befruchtung verhindern können. Ein Frühstücksei ist eine gute Energiequelle für den Tag.

### SCHON GEWUSST?

Es ist nicht erwiesen, ob der hohe Cholesterolgehalt von Eiern das Risiko für Herzkrankheiten erhöht. Das Cholesterol ist jedoch notwendig zur Produktion von Östrogen und Progesteron.

### DIE WICHTIGSTEN NÄHRSTOFFE IN EINEM EI (GRÖSSE M)

| | |
|---|---|
| Kalorien (kcal) | 63 |
| Gesamtfettgehalt | 4,37 g |
| einfach unges. Fettsäuren | 1,68 g |
| Omega-6-Fettsäuren | 505 mg |
| Omega-9-Fettsäuren | 1582 mg |
| Eiweiß | 5,53 g |
| Kohlenhydrate | 0,34 g |
| Vitamin A | 214 IE |
| Vitamin D | 22 IE |
| Vitamin $B_2$ | 0,21 mg |
| Vitamin $B_5$ | 0,63 mg |
| Vitamin $B_{12}$ | 0,57 µg |
| Cholin | 110,5 mg |
| Eisen | 0,81 mg |
| Selen | 13,9 µg |
| Zink | 0,49 mg |
| Lutein/Zeaxanthin | 146 µg |

# Tomaten-Frittata

FÜR 4 PERSONEN

*6 Eier (Größe L)*
*2 EL frisch gehacktes Basilikum*
*Pfeffer*
*2 EL Olivenöl*
*1 kleine Zwiebel, in Ringen*
*2 große, reife Tomaten, halbiert, entkernt, in dünnen Scheiben*
*Rucolasalat mit Balsamico-Essig und nativem Olivenöl extra, als Beilage*

(W) (A) (V) (E)

**Zubereitung**

1. Die Eier in einer Schüssel verquirlen. Das Basilikum einrühren. Mit Pfeffer würzen und beiseitestellen.
2. 1 Esslöffel Öl in einer beschichteten Pfanne (25 cm Ø) bei mittlerer Temperatur erhitzen. Die Zwiebel darin 5–7 Minuten glasig dünsten, aber nicht bräunen.
3. Die Tomaten in die Pfanne geben und etwa 30 Sekunden mitbraten, bis sie beginnen, weich zu werden. Zwiebel und Tomaten zu den Eiern geben.
4. Die Pfanne mit Küchenpapier auswischen und bei mittlerer bis hoher Temperatur erhitzen. Das restliche Öl hineingießen und schwenken, um auch den Rand zu benetzen. Die Eier-Tomaten-Mischung in die Pfanne geben und 5–6 Minuten braten. Die Pfanne gelegentlich rütteln und das gestockte Ei anheben, sodass das noch flüssige Ei darunterläuft.
5. Die Frittata aus der Pfanne auf einen großen, flachen Teller gleiten lassen. Die Pfanne kopfüber darüberstülpen, Pfanne und Teller mit Topflappen festhalten und umdrehen. Die Unterseite noch 3–4 Minuten backen, bis das Ei durchgegart ist.
6. Die Frittata auf einen Teller gleiten lassen, etwas abkühlen lassen und in Tortenstücke schneiden. Mit Rucolasalat servieren. Die Frittata schmeckt auch kalt gut.

# 04 BROKKOLI

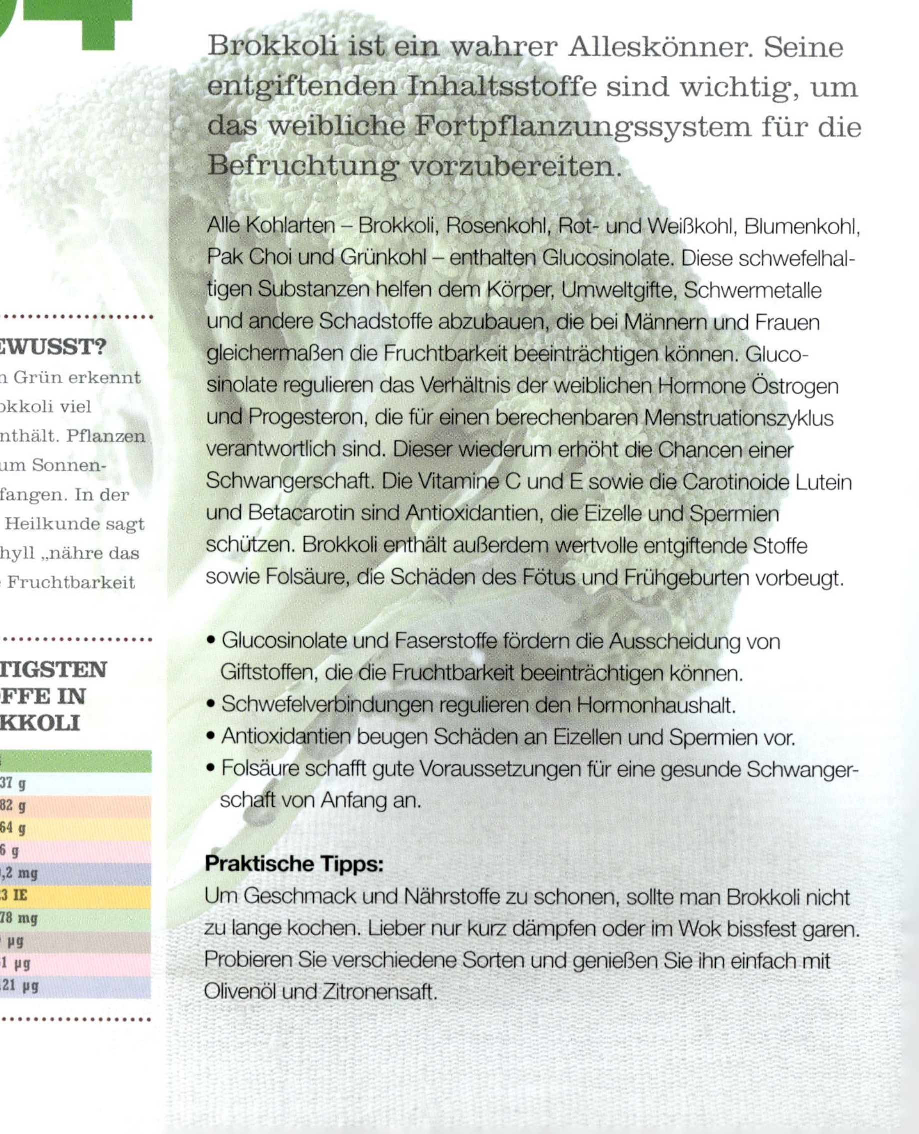

**Brokkoli ist ein wahrer Alleskönner. Seine entgiftenden Inhaltsstoffe sind wichtig, um das weibliche Fortpflanzungssystem für die Befruchtung vorzubereiten.**

Alle Kohlarten – Brokkoli, Rosenkohl, Rot- und Weißkohl, Blumenkohl, Pak Choi und Grünkohl – enthalten Glucosinolate. Diese schwefelhaltigen Substanzen helfen dem Körper, Umweltgifte, Schwermetalle und andere Schadstoffe abzubauen, die bei Männern und Frauen gleichermaßen die Fruchtbarkeit beeinträchtigen können. Glucosinolate regulieren das Verhältnis der weiblichen Hormone Östrogen und Progesteron, die für einen berechenbaren Menstruationszyklus verantwortlich sind. Dieser wiederum erhöht die Chancen einer Schwangerschaft. Die Vitamine C und E sowie die Carotinoide Lutein und Betacarotin sind Antioxidantien, die Eizelle und Spermien schützen. Brokkoli enthält außerdem wertvolle entgiftende Stoffe sowie Folsäure, die Schäden des Fötus und Frühgeburten vorbeugt.

- Glucosinolate und Faserstoffe fördern die Ausscheidung von Giftstoffen, die die Fruchtbarkeit beeinträchtigen können.
- Schwefelverbindungen regulieren den Hormonhaushalt.
- Antioxidantien beugen Schäden an Eizellen und Spermien vor.
- Folsäure schafft gute Voraussetzungen für eine gesunde Schwangerschaft von Anfang an.

**Praktische Tipps:**
Um Geschmack und Nährstoffe zu schonen, sollte man Brokkoli nicht zu lange kochen. Lieber nur kurz dämpfen oder im Wok bissfest garen. Probieren Sie verschiedene Sorten und genießen Sie ihn einfach mit Olivenöl und Zitronensaft.

### SCHON GEWUSST?

Am intensiven Grün erkennt man, dass Brokkoli viel Chlorophyll enthält. Pflanzen brauchen es, um Sonnenenergie einzufangen. In der traditionellen Heilkunde sagt man, Chlorophyll „nähre das Blut“, was die Fruchtbarkeit fördern soll.

### DIE WICHTIGSTEN NÄHRSTOFFE IN 100 G BROKKOLI

| | |
|---|---|
| Kalorien (kcal) | 34 |
| Gesamtfettgehalt | 0,37 g |
| Eiweiß | 2,82 g |
| Kohlenhydrate | 6,64 g |
| Ballaststoffe | 2,6 g |
| Vitamin C | 89,2 mg |
| Vitamin A | 623 IE |
| Vitamin E | 0,78 mg |
| Folsäure | 90 µg |
| Betacarotin | 361 µg |
| Lutein/Zeaxanthin | 1121 µg |

# Brokkoli mit Zuckererbsen

FÜR 4 PERSONEN

*2 EL Erdnussöl*
*1 Knoblauchzehe, fein gehackt*
*250 g Brokkoli, in Röschen*
*125 g Zuckererbsen*
*200 g Chinakohl, in 1 cm breiten Streifen*
*5–6 Frühlingszwiebeln, fein gehackt*
*1/2 TL Salz*
*2 EL helle Sojasauce*
*1 TL Sesamöl*
*1 TL leicht geröstete Sesamsaat, zum Garnieren*

(W) (A) (V) (E)

**Zubereitung**

1 Einen Wok auf mittlerer bis starker Stufe vorheizen, dann das Erdnussöl zugeben und erhitzen. Den Knoblauch darin unter häufigem Rühren braten. Alle Gemüsesorten mit dem Salz in den Wok geben und bei starker Hitze etwa 3 Minuten pfannenrühren.

2 Sojasauce und Sesamöl zugießen und alles weitere 2 Minuten garen. Mit Sesam bestreuen und sofort servieren.

# 05 BLUMENKOHL

## Wie andere Kohlarten enthält auch Blumenkohl Schwefelverbindungen, die den weiblichen Hormonhaushalt regulieren und die Entgiftung des Körpers fördern.

Blumenkohl gehört, wie Brokkoli, Rot- und Weißkohl, Pak Choi und Grünkohl, zur Familie der Kohlgewächse. Er enthält den Stoff Di-Indolylmethan (DIM), der die Ausnutzung von Östrogen fördert und so die Fruchtbarkeit steigert. Frauen, die schwanger werden möchten, sollten auch deshalb Blumenkohl essen, weil er die Leber bei der Ausscheidung von Giftstoffen unterstützt. Das Antioxidans Vitamin C verstärkt die entgiftende Wirkung anderer Antioxidantien, die mit der Nahrung aufgenommen werden. Außerdem stärkt es das Immunsystem und schützt vor bakteriellen Infektionen, die sich negativ auf die Fruchtbarkeit auswirken können. Blumenkohl enthält darüber hinaus die beiden B-Vitamine Folsäure und Cholin, die gemeinsam Neuralrohrfehlbildungen beim Fötus vorbeugen.

- DIM fördert die Ausnutzung von Östrogen und verbessert die Chancen auf eine Schwangerschaft.
- Schwefelverbindungen und Vitamin C unterstützen den Abbau von Giftstoffen und fördern die Fruchtbarkeit.
- Folsäure und Cholin verringern das Risiko von Neuralrohrfehlbildungen.

**Praktische Tipps:**
Zu lange gekochter Blumenkohl wird matschig und fade. Statt ihn zu kochen oder zu dämpfen, sollte man ihn lieber pfannenrühren. Dabei bleiben auch die Nährstoffe besser erhalten, die schon nach fünf Minuten Kochzeit deutlich verringert werden.

### SCHON GEWUSST?

Blumenkohl ist köstlich in Currys, vor allem in Verbindung mit dem entzündungshemmenden und entgiftenden Gewürz Kurkuma bereitet er den Körper optimal auf eine Schwangerschaft vor.

### DIE WICHTIGSTEN NÄHRSTOFFE IN 100 G BLUMENKOHL

| | |
|---|---|
| Kalorien (kcal) | 25 |
| Gesamtfettgehalt | 0,28 g |
| Eiweiß | 1,92 g |
| Kohlenhydrate | 4,97 g |
| Ballaststoffe | 2,0 g |
| Vitamin C | 48,2 mg |
| Vitamin K | 28,5 µg |
| Folsäure | 57 µg |
| Cholin | 44,3 mg |
| Kalium | 299 mg |

# Blumenkohlsuppe

FÜR 6 PERSONEN

*1 EL Olivenöl*
*30 g Butter*
*1 große Zwiebel, grob gehackt*
*2 Porreestangen, in Ringen*
*1 großer Blumenkohl*
*1 l Gemüsebrühe*
*Salz und Pfeffer*

**Zum Servieren**
*fein geriebener Gouda*
*natives Olivenöl extra*

(W) (A) (V)

**Zubereitung**

1 Öl und Butter in einem großen Topf erhitzen. Zwiebel und Porree 10 Minuten darin unter häufigem Rühren glasig dünsten, aber nicht bräunen.

2 Den Blumenkohl in kleine Röschen teilen und den Strunk würfeln. In den Topf geben und 2–3 Minuten braten.

3 Die Brühe zugießen und zum Kochen bringen. Die Suppe abgedeckt 20 Minuten bei mittlerer Hitze kochen.

4 In der Küchenmaschine oder im Mixer glatt pürieren. Die Suppe zurück in den ausgespülten Topf geben.

5 Die Suppe wieder erhitzen, mit Salz und Pfeffer abschmecken und in vorgewärmte Suppenschalen geben. Mit etwas Käse bestreuen und mit Olivenöl beträufeln.

# 06 BUCHWEIZEN

Buchweizen ist reich an B-Vitaminen und Magnesium, die Energie spenden, die Libido und die Fruchtbarkeit anregen – richtig also für alle, die schwanger werden wollen.

B-Vitamine und Magnesium werden für die Energieproduktion in den Zellen benötigt und sind insofern wichtig für das Entstehen neuen Lebens. Außerdem verbessert Buchweizen die Fähigkeit zur Stressbewältigung – das ist wichtig, denn nervliche Anspannung kann erwiesenermaßen einer Befruchtung im Wege stehen. Wegen seines günstigen glykämischen Index hilft er, Schwankungen des Blutzuckerspiegels zu vermeiden und die zur Fortpflanzung notwendige Energie bereitzustellen. Er enthält das Antioxidans Rutin, das den Kreislauf anregt und dafür sorgt, dass ausreichend Blut, Energie und Nährstoffe zu den Fortpflanzungsorganen transportiert werden. Die entgiftenden Inhaltsstoffe des Buchweizens sowie Zink und Selen beugen Schäden durch Umweltgifte und Medikamente vor. Bei unfruchtbaren Männern und Frauen wird oft ein Mangel an Zink und Selen festgestellt.

- B-Vitamine und Magnesium liefern Energie und mindern Stress, der die Fruchtbarkeit beeinträchtigen kann.
- Rutin regt den Kreislauf an und fördert dadurch die Durchblutung der Fortpflanzungsorgane.
- Die Antioxidantien Zink und Selen fördern die Fruchtbarkeit und beugen Schäden durch Umweltgifte vor.

**Praktische Tipps:**
Verwenden Sie Buchweizenmehl für Pfannkuchen. Glutenfreie Produkte enthalten oft Buchweizen. Teige mit Buchweizen werden nicht so locker und luftig wie Teige mit Weizenmehl.

### SCHON GEWUSST?

Buchweizen ist streng genommen ein Fruchtkern und daher leichter verdaulich als Getreide. Deshalb treten auch Unverträglichkeiten, die die Fruchtbarkeit verringern können, seltener auf.

### DIE WICHTIGSTEN NÄHRSTOFFE IN 100 G BUCHWEIZEN

| | |
|---|---|
| Kalorien (kcal) | 343 |
| Gesamtfettgehalt | 3,4 g |
| Omega-6-Fettsäuren | 1 052 mg |
| Eiweiß | 13,25 g |
| Kohlenhydrate | 71,5 g |
| Ballaststoffe | 10 g |
| Vitamin $B_2$ | 0,43 mg |
| Vitamin $B_3$ | 7,02 mg |
| Vitamin $B_5$ | 1,23 mg |
| Vitamin $B_6$ | 0,21 g |
| Magnesium | 231 g |
| Kalium | 460 mg |
| Mangan | 1,33 mg |
| Selen | 8,3 g |
| Zink | 2,4 mg |

# Buchweizen-Crêpes

ERGIBT 10 STÜCK

*350 g Buchweizenmehl*
*1 Prise Meersalz*
*400 ml Milch*
*250 ml Wasser*
*70 g Butter, zerlassen*
*2 TL Olivenöl*
*Cocktailtomaten, zum Garnieren*

**Füllung**
*200 g Ricotta*
*4 große, gegrillte rote Paprika in Olivenöl, abgetropft und in schmalen Streifen*
*3 EL frisch gehacktes Basilikum*
*Pfeffer*

(A) (V) (E)

**Zubereitung**

1 Mehl und Salz in eine große Rührschüssel sieben. Eine Vertiefung in die Mitte drücken. Die Hälfte der Milch hineingießen und langsam mit dem Mehl zu einem dicken, glatten Teig verrühren. Langsam die restliche Milch unterrühren. Die Schüssel mit Frischhaltefolie abdecken und 45 Minuten beiseitestellen.

2 Die Folie von der Schüssel abnehmen. 150 ml Wasser (oder etwas mehr) unterrühren, bis der Teig dickflüssig ist. Die Hälfte der Butter unterrühren.

3 Eine beschichtete Pfanne (23 cm Ø) bei mittlerer bis hoher Temperatur gut vorheizen. Das Öl hineingießen und die Pfanne schwenken, um es zu verteilen. Auf mittlere Temperatur reduzieren. Überschüssiges Öl abgießen und den Pfannenboden mit etwas von der restlichen Butter einreiben. Eine kleine Kelle Teig in die Mitte der Pfanne geben. Die Pfanne sofort schräg halten und schwenken, um den Teig möglichst dünn zu verteilen. Die Unterseite braten, bis sie goldbraun ist und sich auf der Oberseite Luftblasen zeigen. Dann mit einem Palettenmesser wenden und die Unterseite garen. Auf einen Teller legen und warm halten. Den restlichen Teig ebenso verarbeiten.

4 Die Crêpes auf eine Arbeitsfläche legen. Ricotta, Paprika und Basilikum darauf verteilen. Von vier Seiten einschlagen, sodass eckige Päckchen entstehen.

5 Die Pfanne wieder erhitzen und mit der restlichen Butter einfetten. Die Crêpes mit der gefalteten Seite nach unten 90 Sekunden braten, dann wenden und von der anderen Seite 30 Sekunden braten, bis die Füllung durchgewärmt ist. Mit Tomaten garnieren und heiß servieren.

# 07 GUAVEN

## Guaven enthalten Antioxidantien, die vor Schäden durch freie Radikale schützen. Diese Schäden können auch an der DNA auftreten und die Fruchtbarkeit verringern.

Freie Radikale entstehen durch Sonnenlicht, Umweltgifte, gebratene Speisen und sogar durch den notwendigen Vorgang der Energieerzeugung. Sie richten ständig in allen Körperteilen – auch an Eizellen und Spermien – Schaden an, der nur durch eine stetige und ausreichende Zufuhr von Antioxidantien eingedämmt werden kann. Pflanzliche Faserstoffe in Guaven erleichtern die Ausscheidung von Giftstoffen. Guaven sind vor allem für Männer wertvoll: Mit ihrem hohen Vitamin-C-Gehalt regen sie die Produktion von Spermien an. Betacarotin fördert die Konzentration der Spermien, Vitamin E ihre Beweglichkeit und Zink ihre Qualität. Dieselben Antioxidantien schützen auch Eizellen. Zink fördert die gesunde Entwicklung des Fötus, und das Antioxidans Proanthocyanidin fördert die gesunde Durchblutung des Penis.

- Reich an Antioxidantien, die Eizellen und Spermien vor täglich auftretenden Schäden durch freie Radikale schützen.
- Enthält die Vitamine C und E sowie andere Nährstoffe, die Produktion, Beweglichkeit und Qualität von Spermien verbessern.
- Proanthocyanidin fördert die Durchblutung der männlichen Fortpflanzungsorgane.

**Praktische Tipps:**
Kaufen Sie Guaven, die gelblich gefärbt sind und auf leichten Druck nachgeben. Fleckige, weiche oder sehr grüne Früchte besser liegen lassen. Man kann sie einfach zwischendurch essen oder wie andere Früchte entsaften, für Obstsalat verwenden oder ins Müsli mischen.

### SCHON GEWUSST?

Das rötliche Fruchtfleisch ist reich an fettlöslichen Antioxidantien. Lycopin, Betacarotin und Vitamin E sind für Gesundheit und Langlebigkeit der Spermien von Bedeutung.

### DIE WICHTIGSTEN NÄHRSTOFFE IN EINER GUAVE

| | |
|---|---|
| Kalorien (kcal) | 37 |
| Gesamtfettgehalt | 0,52 g |
| Eiweiß | 1,4 g |
| Kohlenhydrate | 7,88 g |
| Ballaststoffe | 3 g |
| Vitamin C | 125,6 mg |
| Vitamin E | 0,4 mg |
| Zink | 0,13 mg |
| Betacarotin | 206 µg |
| Lycopin | 2862 µg |

# Guavenshake

FÜR 2 PERSONEN

*400 g frische Guaven oder Guaven in Sirup, abgetropft*
*250 ml eiskalte Milch*

(W) (A) (V) (E)

**Zubereitung**

1 Guaven und Milch in den Mixer oder die Küchenmaschine geben und glatt pürieren.
2 Durch ein Sieb in zwei Gläser gießen und servieren.

# 08 LAMM

## Lammfleisch ist reich an hochwertigen Proteinen und B-Vitaminen. Bei mäßigem Verzehr fördert es die Zellbildung, die auch für die Fortpflanzung von Bedeutung ist.

### SCHON GEWUSST?

Wie alle dunklen Fleischsorten enthält auch Lamm gesättigte Fettsäuren, die man nur in Maßen zu sich nehmen sollte. Wenn man sich insgesamt ballaststoffreich und zuckerarm ernährt, richten die gesättigten Fettsäuren im Lammfleisch keinen Schaden an, sondern fördern die Zellkommunikation.

### HAUPTNÄHRSTOFFE IN 100 G LAMMFLEISCH

| | |
|---|---|
| Kalorien (kcal) | 229 |
| Gesamtfettgehalt | 16,97 g |
| Gesättigte Fettsäuren | 8,18 g |
| einfach unges. Fettsäuren | 6,91 g |
| Eiweiß | 17,84 g |
| Kohlenhydrate | 0 g |
| Ballaststoffe | 0 g |
| Vitamin $B_2$ | 0,26 mg |
| Vitamin $B_3$ | 4,93 mg |
| Vitamin $B_5$ | 0,56 mg |
| Vitamin $B_6$ | 0,34 mg |
| Vitamin $B_{12}$ | 2,47 µg |
| Eisen | 1,43 mg |
| Zink | 3,67 mg |
| Selen | 7,5 µg |

Lammfleisch enthält alle neun Aminosäuren (Proteinbausteine), die für die Gesundheit von Spermien, Gebärmutterschleimhaut und Zellerneuerung nötig sind. Außerdem liefert es die B-Vitamine, die zur Bildung dieser neuen Proteine erforderlich sind. Selen und Zink sind Antioxidantien, die Eizellen, Spermien und Uterus vor Schäden schützen und die Leber bei der Ausscheidung von Giftstoffen unterstützen, die ihrerseits der Fortpflanzung im Wege stehen können. Weil Zink für das Wachstum aller Körpergewebe gebraucht wird, kann ein Zinkmangel die Fruchtbarkeit beeinträchtigen. Lamm enthält außerdem das Antioxidans Ubichinon-10, das Blutversorgung und Energiehaushalt der Zellen in den Fortpflanzungsorganen verbessert.

- Hochwertige Proteine und B-Vitamine stärken die Gesundheit von Uterus und Spermien und regen die Zellteilung an. All das begünstigt eine Schwangerschaft.
- Die Antioxidantien Zink und Selen schützen die Fortpflanzungsorgane vor Schäden.
- Ubichinon-10 verbessert die Durchblutung und den Energiehaushalt der Fortpflanzungsorgane.

**Praktische Tipps:**

Weil Lamm reich an gesättigten Fettsäuren ist, sollte man es nicht öfter als einmal wöchentlich essen. Kaufen Sie Fleisch von Tieren aus Biohaltung, um möglichst wenig Hormone und andere Chemikalien aufzunehmen.

# Lammpfanne mit Orange

FÜR 4 PERSONEN

*500 g Lammhackfleisch*
*2 Knoblauchzehen, zerdrückt*
*1 TL Kreuzkümmelsamen*
*1 TL gemahlene Koriandersamen*
*1 rote Zwiebel, in Ringen*
*fein abgeriebene Schale und Saft von 1 Orange*
*2 EL Sojasauce*
*1 Orange, filetiert*
*Salz und Pfeffer*
*frisch gehackter Schnittlauch, zum Garnieren*

(W) (A) (E)

**Zubereitung**

**1** Einen Wok oder eine große, schwere Pfanne ohne Fett erhitzen.

**2** Das Lammhackfleisch in den Wok geben und 5 Minuten gleichmäßig bräunen. Das austretende Fett abgießen.

**3** Knoblauch, Kreuzkümmelsamen, Koriander und Zwiebel zufügen und 5 Minuten mitgaren. Orangenschale und -saft sowie Sojasauce zugeben. Den Wok abdecken, die Hitze reduzieren und alles unter gelegentlichem Rühren 15 Minuten köcheln.

**4** Den Deckel abnehmen und die Hitze erhöhen. Die Orangenfilets zufügen. Alles mit Salz und Pfeffer abschmecken und weitere 2–3 Minuten erhitzen.

**5** Das fertige Gericht auf vorgewärmte Teller verteilen und mit gehacktem Schnittlauch garnieren. Sofort servieren.

09

# MILCH

## Als wertvolle Proteinquelle liefert Milch die Bausteine, die für die Befruchtung, die Bildung von Spermien und eine gesunde Uterusschleimhaut erforderlich sind.

Milch ist ideal für Vegetarier, deren Speisezettel meist relativ wenige Proteinquellen enthält. Außerdem versorgt sie den Körper mit den Mineralien Kalzium, Kalium und Phosphor, die in größeren Mengen für die Skelettbildung eines Babys benötigt werden. Nimmt die Mutter zu wenig dieser Mineralien zu sich, kann es zu Wachstums- und Entwicklungsstörungen sowie zu Beeinträchtigungen der Muskelfunktion des Kindes kommen. Eine erhöhte Kalziumzufuhr vor der Schwangerschaft verringert die Gefahr von Bluthochdruck und Schwangerschaftstoxikose.

- Wertvolle Proteinquelle vor allem für Vegetarier. Fördert die Bildung von Zellen und Spermien.
- Versorgt die werdende Mutter mit ausreichend Kalzium, Kalium und Phosphor. Alle drei Stoffe sind für das gesunde Wachstum des ungeborenen Kindes wichtig.
- Kalzium beugt Problemen durch Bluthochdruck während der Schwangerschaft vor.

**Praktische Tipps:**
Im Tee oder Kaffee kommen die Vorzüge von Milch nicht zum Tragen, weil die negativen Aspekte des Koffeins überwiegen. Besser in Smoothies oder zu Frühstücksflocken genießen. Vorsicht bei Neigung zu Atemwegs- und Verdauungsbeschwerden.

### SCHON GEWUSST?

Dem Futter von konventionell gehaltenen Milchkühen werden Hormone und andere Stoffe zugesetzt, die eine Schwangerschaft verhindern können. Biomilch enthält diese Stoffe nicht oder nur in geringen Mengen.

### DIE WICHTIGSTEN NÄHRSTOFFE IN 100 ML VOLLMILCH

| | |
|---|---|
| Kalorien (kcal) | 50 |
| Gesamtfettgehalt | 3,33 g |
| Eiweiß | 3,33 g |
| Kohlenhydrate | 6,66 g |
| Vitamin D | 43,66 IE |
| Betain | 1 mg |
| Cholin | 16,66 mg |
| Kalzium | 119 mg |
| Kalium | 152,66 mg |

# Gewürz-Milchshake mit Banane

FÜR 2 PERSONEN

*350 ml Milch*
*1/2 TL Lebkuchengewürz, plus etwas mehr zum Garnieren*
*150 g Bionaturjoghurt*
*2 Bananen, in Stücken und gekühlt*
*6 Eiswürfel (nach Belieben)*

(W) (A) (V) (E)

**Zubereitung**

1 Milch, Lebkuchengewürz und Joghurt im Mixer verquirlen. Die Bananen zufügen und glatt pürieren.

2 Den Shake auf zwei Gläser verteilen, etwas Lebkuchengewürz darüberstreuen und, falls verwendet, mit Eiswürfeln servieren.

# 10 GETROCKNETE TOMATEN

## Weil die Antioxidantien in sonnengetrockneten Tomaten größtenteils fettlöslich sind, schützen sie Fortpflanzungsorgane, Eizellen und Spermien.

Gesunde Hoden enthalten Lycopin und andere fettlösliche Antioxidantien wie Betacarotin, Lutein und Zeaxanthin in hoher Konzentration. Lycopin fördert nachweislich die männliche Fortpflanzungsfähigkeit, erhöht die Spermienproduktion und kann sogar Anomalien vorbeugen. Um eine ausreichende Versorgung mit diesen Antioxidantien zu gewährleisten und gesunde Spermien vor Schäden zu schützen, sollte man täglich Tomaten oder anderes intensiv gefärbtes Gemüse essen. Die Früchte enthalten außerdem reichlich Natrium und Kalium. Diese Mineralien sind für den Wasserhaushalt und das Säuren-Basen-Gleichgewicht verantwortlich und fördern die Ausscheidung von Giftstoffen, die einer Schwangerschaft im Wege stehen können.

- Lycopin ist besonders wichtig für eine ausreichende Produktion von gesunden, aktiven Spermien.
- Fettlösliche Carotinoide sorgen dafür, dass in den Hoden ein optimales Milieu für die Spermien herrscht.
- Das richtige Verhältnis von Natrium und Kalium fördert die Ausscheidung von Giftstoffen, die die Fruchtbarkeit beeinträchtigen können.

**Praktische Tipps:**
Die Tabelle der wichtigsten Nährstoffe bezieht sich nur auf die getrockneten Tomaten allein. Noch wertvoller sind sie, wenn sie in hochwertigem Olivenöl eingelegt sind. Es enthält Ölsäure, die für die Verwertung von Fettsäuren und Carotinoiden und für die Zellgesundheit wichtig ist.

### SCHON GEWUSST?

Tomatenprodukte können bis zu zehnmal so viel Lycopin enthalten wie rohe Früchte, darum sind sonnengetrocknete Früchte ideal für künftige Väter, zumal sie im Gegensatz zu Ketchup und anderen Tomatenprodukten weder Zucker noch chemische Zusatzstoffe enthalten. Außerdem enthalten sie viele weitere Antioxidantien.

### DIE WICHTIGSTEN NÄHRSTOFFE IN 100 G GETROCKNETEN TOMATEN OHNE ÖL

| | |
|---|---|
| Kalorien (kcal) | 258 |
| Gesamtfettgehalt | 2,97 g |
| Eiweiß | 14,11 g |
| Kohlenhydrate | 55,76 g |
| Ballaststoffe | 12,3 g |
| Vitamin C | 39,2 mg |
| Vitamin A | 874 IE |
| Magnesium | 194 mg |
| Kalium | 3427 mg |
| Natrium | 2095 mg |
| Lycopin | 45902 µg |
| Carotin | 524 µg |
| Lutein/Zeaxanthin | 1419 µg |

# Spargel-Tomaten-Risotto

FÜR 4 PERSONEN

*3 EL Butter*
*1 EL natives Olivenöl extra*
*1 kleine Zwiebel, fein gehackt*
*6 sonnengetrocknete Tomaten, in dünnen Streifen*
*300 g Arborio-Reis*
*150 ml trockener Weißwein*
*1 l heiße Gemüsebrühe*
*Salz und Pfeffer*
*250 g frischer Spargel, gegart*
*100 g Parmesan oder Grana Padano, gerieben*
*Zitronenzesten, zum Garnieren*

(A) (V)

**Zubereitung**

1 In einem hohen Topf 2 Esslöffel Butter mit dem Öl bei mittlerer Hitze zerlassen. Zwiebel und Tomaten darin unter gelegentlichem Rühren 5 Minuten dünsten, bis die Zwiebel weich ist. Den Reis zugeben und unter ständigem Rühren 2–3 Minuten andünsten, bis er glasig wird. Dann den Wein zugießen und 1 Minute unter Rühren einkochen.

2 Die Brühe nach und nach schöpflöffelweise zugeben; dabei ständig rühren und weitere Brühe zugießen, sobald der Reis die vorangegangene Portion aufgesogen hat. Die Hitze so erhöhen, dass die Brühe leicht köchelt, und den Reis insgesamt etwa 20 Minuten kochen, bis er gar und cremig ist und die gesamte Brühe absorbiert hat. Dann mit Salz und Pfeffer würzen.

3 Den Spargel in 3 cm lange Stücke schneiden; einige Stangen für die Garnierung ganz lassen und beiseitelegen. Die zerkleinerten Stücke während der letzten 5 Minuten Garzeit im Risotto mitköcheln lassen.

4 Den Risotto vom Herd nehmen und die restliche Butter einrühren. Dann den Käse unterheben und schmelzen lassen. Den fertigen Risotto auf vorgewärmte Teller verteilen, mit Spargelstangen und Zitronenzesten garnieren und sofort servieren.

# 11 QUINOA

## Quinoa enthält alle essenziellen Aminosäuren zur Produktion der Proteine, die für die Fortpflanzung nötig sind. Außerdem ist es reich an Mineralien und B-Vitaminen.

### SCHON GEWUSST?

Schon die Inkas wussten, dass Quinoa die Fruchtbarkeit fördert. Sie nannten es „Mutterkorn“ und benutzten es in Fruchtbarkeitszeremonien als Opfergabe für die Götter.

### DIE WICHTIGSTEN NÄHRSTOFFE IN 100 G QUINOA

| | |
|---|---|
| Kalorien (kcal) | 368 |
| Gesamtfettgehalt | 6,07 g |
| Omega-6-Fettsäuren | 2977 mg |
| Eiweiß | 14,12 g |
| Kohlenhydrate | 64,16 g |
| Ballaststoffe | 7 g |
| Vitamin $B_1$ | 0,36 mg |
| Vitamin $B_2$ | 0,32 mg |
| Vitamin $B_3$ | 1,52 mg |
| Vitamin $B_5$ | 0,77 mg |
| Vitamin $B_6$ | 0,49 mg |
| Folsäure | 184 µg |
| Magnesium | 197 mg |
| Eisen | 4,57 mg |
| Mangan | 2,03 mg |
| Selen | 8,5 µg |
| Zink | 3,1 mg |

Proteinmangel kann den Menstruationszyklus stören und die Qualität der Spermien beeinträchtigen und dadurch die Wahrscheinlichkeit einer Schwangerschaft reduzieren. Weil dieser wertvolle pflanzliche Proteinlieferant außerdem säurearm ist, fördert er ein leicht alkalisches Milieu, das vorteilhaft für die Gesundheit von Uterus und Eizellen ist, aber auch die Beweglichkeit und Befruchtungsfähigkeit der Spermien verbessert. Omega-6-Fettsäuren halten alle beteiligten Zellen gesund und elastisch. B-Vitamine sind wichtig für einen ausgeglichenen Haushalt männlicher und weiblicher Sexualhormone, ohne den eine Fortpflanzung nicht möglich ist. Folsäure und Zink begünstigen die Befruchtung und bereiten den Körper auf eine gesunde Schwangerschaft von Anfang an vor.

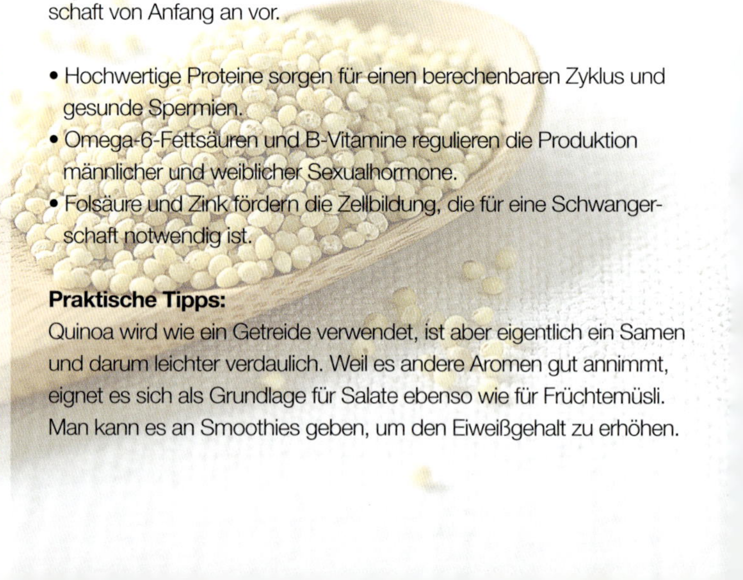

- Hochwertige Proteine sorgen für einen berechenbaren Zyklus und gesunde Spermien.
- Omega-6-Fettsäuren und B-Vitamine regulieren die Produktion männlicher und weiblicher Sexualhormone.
- Folsäure und Zink fördern die Zellbildung, die für eine Schwangerschaft notwendig ist.

**Praktische Tipps:**
Quinoa wird wie ein Getreide verwendet, ist aber eigentlich ein Samen und darum leichter verdaulich. Weil es andere Aromen gut annimmt, eignet es sich als Grundlage für Salate ebenso wie für Früchtemüsli. Man kann es an Smoothies geben, um den Eiweißgehalt zu erhöhen.

# Taboulé mit Quinoa und Walnüssen

FÜR 2 PERSONEN

*100 g Quinoa*
*250 ml Wasser*
*1 Zucchini, grob geraspelt*
*2 große Frühlingszwiebeln, schräg in dünne Ringe geschnitten*
*1 Handvoll frische Minze, gehackt*
*1 Handvoll glatte Petersilie, gehackt*
*8 Walnusshälften, gehackt*

**Dressing**

*3 EL natives Olivenöl extra*
*1 EL Zitronensaft*
*1 TL Dijon-Senf*
*1 Knoblauchzehe, zerdrückt*
*Pfeffer*

(W) (V) (E)

**Zubereitung**

1 Quinoa in einem Topf mit dem Wasser übergießen. Zum Kochen bringen. Dann auf niedrigster Temperaturstufe etwa 15 Minuten quellen lassen, bis die Körner das Wasser vollständig aufgenommen haben und weich sind. Abgedeckt 5 Minuten beiseitestellen.

2 Quinoa in eine Schüssel umfüllen. Zucchini, Frühlingszwiebeln, Minze und Petersilie zufügen.

3 Alle Zutaten für das Dressing verrühren, über das Taboulé gießen und vorsichtig mischen.

4 Auf Zimmertemperatur abkühlen lassen, mit Walnüssen bestreuen und servieren.

# 12 RADIESCHEN UND RETTICH

**Radieschen und Rettiche regulieren den Hormonhaushalt und fördern die Entgiftung. Ihr Inhaltsstoff Raphanin hält die Schilddrüse gesund.**

Alle Kreuzblütler enthalten Glucosinolate und andere Schwefelverbindungen, die bei Frauen die Produktion von Östrogen und Progesteron regulieren, Eisprung und Befruchtung fördern und später das gesunde Wachstum des Fötus begünstigen. Außerdem wirken Radieschen günstig auf die Schilddrüse, die für Hormonhaushalt und Menstruationszyklus ebenfalls eine Rolle spielt. Glucosinolate fördern die Ausscheidung von Xenöstrogenen, die in Kunststoffen und Leitungswasser enthalten sind und den natürlichen Hormonhaushalt stören können. Folsäure und Kalzium bereiten den Körper auf die gesunde Entwicklung des Fötus vor und beugen einer vorzeitigen Geburt vor.

- Schwefelhaltige Glucosinolate regulieren den Hormonhaushalt vor der Schwangerschaft und fördern den Abbau von Xenöstrogenen, die das hormonelle Gleichgewicht stören können.
- Raphanin hält die Schilddrüse gesund, liefert Energie zur Fortpflanzung und reguliert den Haushalt der Sexualhormone.
- Schützt vor Folsäure- und Kalziummangel, der sich negativ auf die Fruchtbarkeit auswirken und eine Schwangerschaft verhindern kann.

**Praktische Tipps:**
Radieschen und Rettiche schmecken gut in Salaten und frischen Säften. Mit ihrem scharfen Aroma regen sie die Bildung von Verdauungssäften an. Probieren Sie Daikon oder andere exotische Sorten.

### SCHON GEWUSST?

Wer zu Darmträgheit neigt, sollte vor einer Schwangerschaft viel Radieschen essen, um Hämorrhoiden vorzubeugen. Vitamin C und Ballaststoffe fördern die Gewebeheilung und verhindern die Ablagerung von Giftstoffen im Dickdarm.

### HAUPTNÄHRSTOFFE IN 2 RADIESCHEN

| | |
|---|---|
| Kalorien (kcal) | 2 |
| Gesamtfettgehalt | 0 g |
| Eiweiß | 0,06 g |
| Kohlenhydrate | 0,30 g |
| Ballaststoffe | 0,2 g |
| Vitamin C | 1,4 mg |
| Folsäure | 2 µg |
| Kalium | 20 mg |
| Kalzium | 2 mg |

# Geflügelsalat mit Radieschen

FÜR 2 PERSONEN

*2 Hähnchenbrustfilets à 200 g*
*2 EL Olivenöl*
*2 TL getrockneter Thymian*
*2 TL gemahlener Koriander*
*Pfeffer*
*100 g Mungbohnen*
*1 Miniromanasalat, in einzelne Blätter zerteilt*
*50 g Zuckererbsen, schräg halbiert*
*1 große Frühlingszwiebel, schräg in dünne Ringe geschnitten*
*5 Radieschen, in Scheiben*

**Dressing**

*1 Handvoll frische Minze*
*100 g Bionaturjoghurt*
*Saft von 1/2 Limette*
*Pfeffer*
*1/2 TL Kreuzkümmel*

(W) (A) (N)

**Zubereitung**

1 Die Hähnchenbrustfilets auf eine Stärke von 1 cm flach klopfen. Das Olivenöl in eine große, flache Schüssel geben und mit Thymian und Koriander verrühren. Mit Pfeffer würzen. Das Fleisch in der Marinade wenden.

2 Eine Grillpfanne bei mittlerer bis hoher Temperatur vorheizen. Das Fleisch 6 Minuten braten, bis es goldbraun ist. Zwischendurch einmal wenden. Das Fleisch vollständig durchgaren.

3 Inzwischen die Mungbohnen in etwas kochendem Wasser 3–4 Minuten garen. Abgießen und mit kaltem Wasser abschrecken.

4 Die ersten drei Zutaten für das Dressing mit einem Pürierstab verrühren. In eine Schüssel umfüllen, mit Pfeffer und Kreuzkümmel würzen.

5 Die Salatblätter auf zwei tiefe Teller legen. Darauf Zuckererbsen, Frühlingszwiebeln, Radieschen und Mungbohnen anrichten. Das Fleisch längs in Streifen schneiden und auf das Gemüse legen. Mit dem Dressing beträufeln und servieren.

# 13 MAKRELE

## Makrele enthält wertvolle Omega-3-Fettsäuren, die für ein ausgewogenes Fettverhältnis in Spermien, Eizellen und den Zellen des Uterus sorgen.

Die Bedeutung von Omega-3-Fettsäuren kann man nicht hoch genug schätzen, denn sie fördern die Fruchtbarkeit und sind beim Fötus wichtig für die gesunde Entwicklung des Gehirns. In Makrelen und anderen fetthaltigen Fischen kommen diese Fettsäuren in Form von DHA (Docosahexaensäure) und EPA (Eicosapentaensäure) vor. Sie regulieren überschüssige Omega-6-Fettsäuren, die wir mit Getreideprodukten und Nüssen zu uns nehmen. DHA und EPA regen die Produktion der „Glücksstoffe" Serotonin und Dopamin an, die sich vorteilhaft auf die Libido auswirken. Stress ist einer der Hauptfaktoren, die für einen unerfüllten Kinderwunsch verantwortlich sind. Der hohe Protein- und Vitamin-B-Gehalt in Makrelen reguliert den Blutzuckerspiegel und liefert die Energie, die zur Fortpflanzung notwendig ist.

- Die Omega-3-Fettsäuren DHA und EPA regulieren den Hormonhaushalt und wirken günstig auf den Fortpflanzungsapparat.
- Omega-3-Fettsäuren unterstützen die gesunde Funktion der Geschlechtsorgane.
- Omega-3-Fettsäuren, Proteine und B-Vitamine mildern Stressreaktionen und verbessern die Energiebilanz des Körpers.

**Praktische Tipps:**
Makrele gehört zu den fetthaltigen Fischen, die man bedenkenlos essen kann: Sie enthält nur wenig Quecksilber, das sich negativ auf die Fruchtbarkeit auswirkt. Während der Schwangerschaft aber höchstens zweimal pro Woche verzehren und auf Königsmakrele ganz verzichten.

### SCHON GEWUSST?

Einige Forscher vermuten, dass sich unser heutiges bewusstes und kognitives Denkvermögen überhaupt nur dadurch entwickeln konnte, weil unsere Vorfahren viel fetthaltigen Fisch verzehrten.

### DIE WICHTIGSTEN NÄHRSTOFFE IN 100 G FRISCHFISCH

| | |
|---|---|
| Kalorien (kcal) | 105 |
| Gesamtfettgehalt | 2 g |
| Omega-3-Fettsäuren – EPA | 0,136 g |
| Omega-3-Fettsäuren – DHA | 0,18 g |
| Eiweiß | 20,28 g |
| Vitamin $B_3$ | 8,6 mg |
| Vitamin A | 727 IE |

# Pikante Makrele mit Tomatensalat

FÜR 4 PERSONEN

*4 Knoblauchzehen, zerdrückt*
*abgeriebene Schale und Saft von 1 Zitrone*
*1 TL gemahlener Kreuzkümmel*
*1 TL Rauchpaprika*
*2–3 EL Olivenöl*
*4 große Makrelenfilets à 200 g (oder 8 kleine à 100 g)*

**Tomatensalat**
*300 g saftige, vollreife Tomaten, in Scheiben*
*1 kleine rote Zwiebel, in dünnen Ringen*
*1 gehäufter EL frisch gehackte Kräuter, z. B. Thymian, Minze oder Petersilie*
*2 EL Olivenöl*
*1 EL Weißweinessig*
*Pfeffer*

(W) (A) (E)

**Zubereitung**

1 Knoblauch, Zitronenschale und -saft, Kreuzkümmel, Paprikapulver und Öl in einer Schüssel verrühren. Die Makrelenfilets in eine flache Schale legen und beide Seiten mit der Würzmischung einreiben. Abgedeckt im Kühlschrank 30 Minuten marinieren.

2 Den Grill auf hoher Stufe vorheizen. Die Makrelenfilets in die Grillpfanne legen und von einer Seite 3 Minuten grillen. Dann wenden, mit der restlichen Marinade beträufeln und die andere Seite 2–3 Minuten grillen, bis der Fisch durchgegart ist.

3 Inzwischen den Tomatensalat zubereiten. Tomatenscheiben und Zwiebelringe auf einer Servierplatte anrichten. Kräuter, Öl und Essig in ein Schraubglas geben und gut schütteln. Mit Pfeffer würzen.

4 Den Tomatensalat mit dem Dressing beträufeln und zu den heißen Makrelenfilets servieren.

# 14 KORIANDER

## Korianderblätter fördern die Ausscheidung toxischer Schwermetalle aus dem Körper und erhöhen damit die Chancen auf eine Schwangerschaft.

Schwermetalle haben auch in geringsten Mengen erhebliche negative Auswirkungen. Quecksilber aus Zahnfüllungen, Thunfisch und Impfstoffen wird besonders oft mit Unfruchtbarkeit bei Frauen in Verbindung gebracht. Männliche Unfruchtbarkeit hat häufiger mit Blei zu tun, das in Abgasen, Zigarettenrauch und Wasser aus alten Rohrleitungen enthalten ist. Toxische Metalle können sich in den Fortpflanzungsorganen sammeln und Schäden anrichten, die man im Alltag nicht wahrnimmt. Koriander enthält die Vitamine A und C sowie die Carotinoide Betacarotin, Lutein und Zeaxanthin. Sie schützen Zellen und Gewebe vor Schäden durch toxische Schwermetalle. Außerdem verringert Koriander die Ablagerung von Blei in den Knochen.

- Beseitigt giftige Schwermetalle wie Quecksilber und Blei, die bei Frauen und Männern Unfruchtbarkeit begünstigen können.
- Reich an Antioxidantien, die den Körper vor Schäden durch Schwermetalle schützen.
- Neutralisiert Blei und stabilisiert so den Kalziumhaushalt.
- Enthält ätherische Öle mit antibakterieller Wirkung, schützt also das Immunsystem.

**Praktische Tipps:**
Frische Korianderblätter an Salate geben oder zum Garnieren von Suppen und Salaten verwenden. Nicht mitkochen, um die Nährstoffe zu schonen. Eine Handvoll Blätter an Smoothies geben oder ein schnelles Pesto mit gehackten Nüssen, Öl und Knoblauch zubereiten.

### SCHON GEWUSST?

Der intensive Duft zeigt, dass Koriander reichlich ätherische Öle enthält. Diese wirken antibakteriell und schützen vor Infektionen, die einer Schwangerschaft im Wege stehen könnten.

### DIE WICHTIGSTEN NÄHRSTOFFE IN 15 G KORIANDERBLÄTTERN

| | |
|---|---|
| Kalorien (kcal) | 3,45 |
| Gesamtfettgehalt | 0,08 g |
| Eiweiß | 0,32 g |
| Kohlenhydrate | 0,55 g |
| Ballaststoffe | 0,42 g |
| Vitamin C | 4,05 mg |
| Vitamin A | 1012 IE |
| Vitamin K | 46,5 µg |
| Betacarotin | 589,5 µg |
| Lutein/Zeaxanthin | 129,75 µg |

# Putenspieße mit Korianderpesto

FÜR 4 PERSONEN

*500 g Putenbrust, in 5 cm dicken Würfeln*
*2 Zucchini, in dicken Scheiben*
*1 rote und 1 gelbe Paprika, entkernt und in 5 cm großen Stücken*
*8 Cocktailtomaten*
*8 sehr kleine Zwiebeln, geschält, im Ganzen*

**Marinade**

*4 EL Olivenöl*
*2 TL Dijon-Senf*
*1 TL grüne Pfefferkörner, zerdrückt*
*2 EL frisch gehackter Koriander*

**Korianderpesto**

*50 g frische Korianderblätter*
*20 g frische glatte Petersilie*
*1 Knoblauchzehe*
*50 g Pinienkerne*
*25 g geriebener Parmesan*
*75 ml natives Olivenöl extra*
*Saft von 1 Zitrone*

(A) (N)

**Zubereitung**

1 Das Fleisch in eine große Glasschüssel legen. Für die Marinade Olivenöl, Senf, grünen Pfeffer und Koriander gut verrühren. Über das Fleisch gießen und das Fleisch in der Marinade wenden. Mit Frischhaltefolie abdecken und 2 Stunden im Kühlschrank marinieren.

2 Den Grill auf hoher Stufe vorheizen. Für den Pesto Koriander und Petersilie im Mixer fein hacken. Knoblauch und Pinienkerne zugeben und ebenfalls fein zerkleinern. Parmesan, Öl und Zitronensaft zufügen und nochmals kurz mixen. In eine Schüssel füllen, mit Frischhaltefolie abdecken und bis zum Verzehr in den Kühlschrank stellen.

3 Die Fleischwürfel abwechselnd mit Zucchini, Paprika, Tomaten und Zwiebeln auf Holzspieße stecken. Die Marinade aufbewahren. Bei mittlerer bis hoher Temperatur 10–12 Minuten grillen, dabei mehrmals wenden und mit der Marinade einpinseln. Sofort mit dem Korianderpesto servieren.

# 15 ZIMT

## Zimt gilt traditionell als Aphrodisiakum. Er reduziert den Appetit auf süße Lebensmittel, die uns Nährstoffe rauben, die wir zur Fortpflanzung brauchen.

Der aktive Inhaltsstoff von Zimt heißt Methylhydroxychalcon-Polymer (MHCP) und wirkt ebenso wie das Hormon Insulin: Er transportiert Zuckerstoffe aus der Nahrung aus dem Blutstrom in die Zellen, wo aus ihnen Energie gewonnen wird. Isst man zu viel raffinierten Zucker in Form von Kuchen, Plätzchen und Süßigkeiten, steigt der Blutzuckerspiegel rapide an. Wenn er danach ebenso schnell wieder abfällt, reagiert der Körper mit Verlangen nach mehr Zucker und oft auch Koffein, um das Energietief zu überwinden. Ein halber Teelöffel Zimt pro Tag genügt, um Blutzuckerschwankungen und die daraus resultierende Gier nach Süßem zu reduzieren. Zimt enthält außerdem Antioxidantien, die unsere Zellen schützen.

- Enthält MHCP, das den Blutzuckerspiegel und den Energiehaushalt reguliert.
- Verringert Gier nach Süßigkeiten, Zucker und anderen Stimulanzien, die die Fruchtbarkeit beeinträchtigen können.
- Enthält starke Antioxidantien, die Schäden durch übermäßigen Zuckergenuss vorbeugen und sie sogar reparieren können.

**Praktische Tipps:**
Zimtpulver ist wirksamer als Zimtstangen, hält sich aber nicht so lange. Ersetzen Sie es, wenn der typische Geruch verflogen ist. Als natürliches Süßungsmittel passt Zimt gut zu Säften, Müsli und Joghurt. Während der Schwangerschaft sollte Zimt nur in geringen Mengen verzehrt werden, da er sonst zu vorzeitigen Wehen führen kann.

### SCHON GEWUSST?

In der TCM wird Zimt gegen Unfruchtbarkeit eingesetzt. Er soll die männliche Energie (Yang) stärken und bei beiden Geschlechtern die Durchblutung der Fortpflanzungsorgane verbessern.

### DIE WICHTIGSTEN NÄHRSTOFFE IN 15 G GEMAHLENEM ZIMT

| | |
|---|---|
| Kalorien (kcal) | 37 |
| Gesamtfettgehalt | 0,19 g |
| Eiweiß | 0,59 g |
| Kohlenhydrate | 12,09 g |
| Ballaststoffe | 7,97 g |
| Vitamin C | 0,57 mg |
| Vitamin A | 44,25 IE |
| Kalzium | 150,3 mg |
| Mangan | 2,62 mg |

# Apfel-Brombeer-Dessert mit Zimt

FÜR 2 PERSONEN

*2 Tafeläpfel, geschält, entkernt und gewürfelt*
*75 ml Wasser*
*50 g kernige Haferflocken*
*1 TL gemahlener Zimt, plus etwas mehr zum Bestreuen*
*3 TL Honig*
*125 g Brombeeren*
*250 g griechischer Biojoghurt*
*2 EL Mandelblättchen*

(A) (N) (V) (E)

**Zubereitung**

1 Die Äpfel mit dem Wasser in einen Topf geben und abgedeckt 10–12 Minuten dünsten, bis sie weich sind. Mit einer Gabel oder einem Kartoffelstampfer grob zerdrücken.

2 Inzwischen die Haferflocken in einer großen beschichteten Pfanne ohne Fett 5 Minuten hell goldbraun rösten. Dabei ständig umrühren. Aus der Pfanne nehmen und abkühlen lassen.

3 Zimt, 2 Teelöffel Honig und die Brombeeren unter das Apfelmus rühren.

4 Je ein Viertel der Haferflocken in zwei große Weingläser oder Dessertschälchen füllen. Darauf je ein Viertel des Joghurts geben, dann die Hälfte der Fruchtmischung. Den restlichen Joghurt aufteilen und darauffüllen. Mit den restlichen Haferflocken bestreuen, mit dem restlichen Honig beträufeln, mit etwas Zimt bestreuen und mit den Mandelblättchen garnieren.

# 16 MISO

## In Japan wird Miso seit langer Zeit mit Frauengesundheit und Fruchtbarkeit in Zusammenhang gebracht. Viele Japanerinnen essen mehrmals wöchentlich Miso.

Miso wird aus fermentierten Sojabohnen hergestellt. Wie Joghurt und andere fermentierte Lebensmittel kann es Verdauung und Immunsystem gesund erhalten und so vor schädlichen Bakterien schützen, die auch die Fruchtbarkeit beeinträchtigen können. Miso enthält Phytoöstrogene, die bei maßvollem Verzehr den Hormonhaushalt des Körpers regulieren, und Vitamin K, das für den Transport von Kalzium zu den Knochen benötigt wird. Frauen sollten schon vor einer geplanten Schwangerschaft auf eine ausreichende Kalziumversorgung achten, damit ihre Vorräte nicht durch den Skelettaufbau des Babys aufgezehrt werden.

- Fermentiertes Lebensmittel, fördert die Verdauung und stärkt die Abwehr gegen schädliche Bakterien.
- Pflanzliche Östrogene können den Hormonhaushalt regulieren, wenn Miso mehrmals wöchentlich gegessen wird.
- Vitamin K sorgt für den Transport von Kalzium zu den Knochen und fördert die Knochengesundheit von Mutter und Kind.

**Praktische Tipps:**
Hatcho Miso wird aus Sojabohnen hergestellt und reguliert den Hormonhaushalt. Wer Sojaprodukte nicht verträgt, kann Miso aus Reis, Gerste oder Weizen probieren. Misopaste ist wesentlich gehaltvoller als Misopulver. Für eine schnelle Misosuppe grünes Blattgemüse kurz in Wasser garen und Misopaste nach Geschmack zugeben – aber nicht zu viel, denn Miso enthält viel Natrium.

### SCHON GEWUSST?

Sojaprodukte sind zwar umstritten, aber natürliche Lebensmittel aus fermentierten Sojabohnen, z. B. Miso und Tempeh, fördern nachweislich die Fruchtbarkeit.

### DIE WICHTIGSTEN NÄHRSTOFFE IN 15 G

| | |
|---|---|
| Kalorien (kcal) | 34 |
| Gesamtfettgehalt | 1,03 g |
| Eiweiß | 2,01 g |
| Kohlenhydrate | 4,55 g |
| Ballaststoffe | 0,93 g |
| Vitamin $B_1$ | 0,02 mg |
| Vitamin $B_2$ | 0,04 mg |
| Vitamin $B_3$ | 0,16 mg |
| Vitamin $B_5$ | 0,06 mg |
| Vitamin $B_6$ | 0,03 mg |
| Vitamin $B_{12}$ | 0,01 µg |
| Vitamin K | 4,98 µg |
| Eisen | 0,43 mg |
| Selen | 1,2 µg |
| Zink | 0,44 mg |

# Fischsuppe mit Miso

FÜR 4 PERSONEN

*1 l Fischfond oder Gemüsebrühe*
*1 EL frisch geriebener Ingwer*
*1 EL Fischsauce*
*1 frische Thai-Chili, entkernt und gehackt*
*100 g Karotte, in feinen Scheiben*
*50 g Daikon (japanischer Rettich), in feinen Streifen*
*1 gelbe Paprika, in feinen Streifen*
*80 g Shiitake-Pilze, in Scheiben*
*50 g chinesische Eierfadennudeln*
*250 g Seezungenfilet, gehäutet und in Streifen*
*1 EL Misopaste*
*4 Frühlingszwiebeln, in feinen Streifen*

(W) (A) (N) (E)

**Zubereitung**

1 Fond oder Brühe in einem großen Topf erhitzen und Ingwer, Fischsauce und Chili zufügen. Aufkochen, dann die Hitze reduzieren und 5 Minuten köcheln lassen.

2 Karotte, Daikon, Paprika, Pilze und Nudeln zugeben und weitere 3 Minuten kochen.

3 Die Fischstreifen und die Misopaste zufügen und 2 Minuten köcheln lassen, bis der Fisch gar ist. Die Suppe auf vier Teller verteilen, mit den Frühlingszwiebeln bestreuen und heiß servieren.

# 17 BIRNEN

## Birnen haben eine antibakterielle Wirkung. Sie enthalten Ballaststoffe und Antioxidantien, die vorbeugend gegen Krebs und Magen-Darm-Entzündungen wirken können.

Pektin wirkt regulierend auf die Darmtätigkeit und fördert so andere Körperfunktionen, die für die Fruchtbarkeit wichtig sind. Es bindet Giftstoffe, die mit der Nahrung aufgenommen und über die Leber ausgeschieden werden, und kann so verhindern, dass Schwermetalle wie Quecksilber und Blei in die Blutbahn gelangen und in der Folge das Fortpflanzungssystem schädigen. Pektin wirkt leicht entwässernd, und seine unlöslichen Faserstoffe fördern die Verdauung, was bei Frauen wichtig für einen ausgeglichenen Hormonhaushalt ist. Die Faserstoffe im Pektin begünstigen die Bildung einer gesunden Darmflora, wirken dadurch regulierend auf den Östrogen- und Progesteronspiegel und können so eine Schwangerschaft begünstigen.

- Der lösliche Faserstoff Pektin beseitigt Giftstoffe, die eine Schwangerschaft verhindern können.
- Pektin und unlösliche Faserstoffe fördern die Verdauung und somit die Ausscheidung von Schadstoffen.
- Pektin fördert eine gesunde Darmflora, reguliert den weiblichen Hormonhaushalt und ist so der Fruchtbarkeit zuträglich.

**Praktische Tipps:**
Um in den Genuss der unlöslichen Faserstoffe zu kommen, Birnen immer mit Schale essen – entweder roh oder leicht gedünstet mit etwas Zimt. Birnen sind hypoallergen und werden auch von Allergikern normalerweise gut vertragen.

### SCHON GEWUSST?

Birnen sind eine ideale Zwischenmahlzeit, weil das Pektin die Aufnahme des in ihnen enthaltenen Zuckers verlangsamt. Kekse und andere zuckerhaltige Snacks dagegen bewirken oft Schwankungen des Blutzuckerspiegels und damit der Energie und der Stimmung.

### DIE WICHTIGSTEN NÄHRSTOFFE IN EINER BIRNE

| | |
|---|---|
| Kalorien (kcal) | 58 |
| Gesamtfettgehalt | Spuren |
| Eiweiß | 0,68 g |
| Kohlenhydrate | 27,52 g |
| Ballaststoffe | 5,5 g |
| Vitamin C | 7,5 mg |
| Kalium | 212 mg |

# Birnensaft mit Roter Bete und Spinat

FÜR 1 PERSON

*1 Rote Bete, geschält und gewürfelt*
*1 Birne, entkernt und gewürfelt*
*25 g frischer Blattspinat, plus 1 Blatt zum Garnieren*
*gefiltertes Wasser nach Geschmack*

(A) (V) (E)

**Zubereitung**

**1** Rote Bete, Birne und Spinat im Mixer glatt pürieren. Nach Belieben mit gefiltertem Wasser verdünnen. In ein Glas füllen und mit dem einzelnen Spinatblatt garnieren. Sofort servieren.

# 18 MARACUJA

**Maracujas sind reich an wertvollen Antioxidantien und empfehlen sich darum für Männer und Frauen, die sich Nachwuchs wünschen.**

Maracujas sollte man regelmäßig essen, denn sie schützen mit den Antioxidantien Vitamin C, Vitamin A und Betacarotin vor ungesunden Umwelteinflüssen, die auch Spermien und Eizellen schädigen können. Vitamin C ist wasserlöslich und schützt darum auch die wässrigen Körperbereiche in und zwischen den Zellen. Außerdem erhöht es Zahl und Qualität der Spermien. Vitamin A und Betacarotin sind fettlöslich. Sie schützen die fettreichen Hoden und Spermien sowie die Zellwände von Eizelle und Gebärmutter. Antioxidantien verhindern darüber hinaus, dass das männliche Immunsystem die eigenen Spermien zerstört, und die Faserstoffe der Maracuja fördern die Verdauung und die Ausscheidung von Schadstoffen.

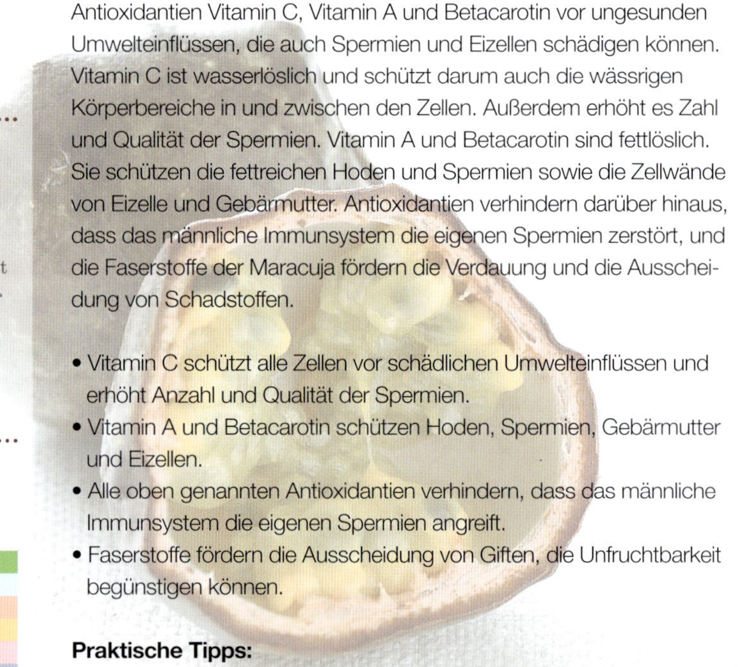

- Vitamin C schützt alle Zellen vor schädlichen Umwelteinflüssen und erhöht Anzahl und Qualität der Spermien.
- Vitamin A und Betacarotin schützen Hoden, Spermien, Gebärmutter und Eizellen.
- Alle oben genannten Antioxidantien verhindern, dass das männliche Immunsystem die eigenen Spermien angreift.
- Faserstoffe fördern die Ausscheidung von Giften, die Unfruchtbarkeit begünstigen können.

**Praktische Tipps:**
Reife Maracujas erkennt man daran, dass die Schale runzlig ist. Sie halten sich im Kühlschrank etwa eine Woche. Man verwendet das Mark oder den Saft (ohne Kerne) für Joghurts oder Obstsalate.

### SCHON GEWUSST?

Die Maracuja oder Passionsfrucht stammt aus Südamerika. Sie gilt als Aphrodisiakum und wird gern als Zutat für Cocktails verwendet. Zur Förderung der Fruchtbarkeit sind diese wegen ihres Alkoholgehalts aber wenig empfehlenswert.

### DIE WICHTIGSTEN NÄHRSTOFFE IN EINER MARACUJA

| | |
|---|---|
| Kalorien (kcal) | 17 |
| Gesamtfettgehalt | 0,13 g |
| Eiweiß | 0,4 g |
| Kohlenhydrate | 4,21 g |
| Ballaststoffe | 1,9 g |
| Vitamin C | 5,4 mg |
| Vitamin A | 229 IE |
| Betacarotin | 134 µg |
| Kalium | 63 mg |

# Lachssteaks mit Maracuja-Salsa

FÜR 4 PERSONEN

*4 Lachssteaks à 200 g*
*fein abgeriebene Schale und Saft von 1 Limette*
*Salz und Pfeffer*

**Maracuja-Salsa**

*1 große Mango, klein gewürfelt*
*1 rote Zwiebel, fein gehackt*
*Kerne und Mark von 2 Maracujas*
*1 Handvoll Basilikumblätter*
*2 EL Limettensaft*
*Salz*

**Zum Servieren**

*2 Maracujas, halbiert*
*Zitronenspalten*

(W) (A) (E)

**Zubereitung**

1. Den Grill vorheizen. Die Lachssteaks unter fließend kaltem Wasser abspülen und mit Küchenpapier trocken tupfen. In eine große Schüssel geben. Mit der abgeriebenen Limettenschale bestreuen und mit dem Saft beträufeln. Mit Salz und Pfeffer würzen, abdecken und kurz ziehen lassen.
2. Für die Salsa alle Zutaten in einer Schüssel verrühren, abdecken und bis zum Gebrauch kalt stellen.
3. Die Lachssteaks über mittelstarker Glut 3–4 Minuten von jeder Seite grillen. Sofort mit der Maracuja-Salsa servieren. Mit halben Maracujas und Zitronenspalten servieren.

# 19 GRÜNER TEE

## Grüner Tee enthält ein Antioxidans namens Epigallocatechingallat (EGCG), das in die Zellen eindringt und die DNA vor Schäden schützt.

Diese Wirkung des grünen Tees ist für die Fortpflanzung besonders wichtig, denn die DNA bestimmt, auf welche Weise die Zellteilung abläuft. Die aktiven Inhaltsstoffe des grünen Tees, darunter EGCG, ähnliche Catechine und Hypoxanthine begünstigen möglicherweise auch die Befruchtung von Eizellen. Außerdem enthält grüner Tee das Bioflavonoid Quercetin, das die Qualität der Spermien verbessert, den Kreislauf anregt und die Durchblutung der Sexualorgane fördert. Es empfiehlt sich, rechtzeitig vor einer Schwangerschaft von schwarzem Tee und Kaffee auf grünen Tee umzusteigen, um später Koffeinentzugserscheinungen zu vermeiden.

- Reich an Antioxidantien wie EGCG, die vor Schäden an der DNA schützen und die Zellteilung fördern.
- Diese Inhaltsstoffe können auch die Befruchtung der Eizelle und das Wachstum des Embryos fördern.
- Gesundes, koffeinarmes Getränk

**Praktische Tipps:**
Grüner Tee enthält etwa 5 mg Koffein pro Tasse. Er wird aus den getrockneten Blättern der Teepflanze *Camellia sinensis* hergestellt. Schwarzer Tee wird aus derselben Pflanze gewonnen, wird jedoch fermentiert. Er enthält etwa 50 mg Koffein pro Tasse. Grünen Tee während der Schwangerschaft nur in Maßen trinken und nicht länger als 1 Minute ziehen lassen.

### SCHON GEWUSST?

Manche Studien lassen vermuten, dass schon gut eine halbe Tasse grüner Tee pro Tag ausreicht, um die Chancen auf eine Schwangerschaft zu verdoppeln – wegen der enthaltenen Antioxidantien.

### DIE WICHTIGSTEN NÄHRSTOFFE IN 225 ML GRÜNEM TEE

| | |
|---|---|
| Kalorien (kcal) – circa* | 2 |
| Gesamtfettgehalt | 0 g |
| Eiweiß | 0 g |
| Kohlenhydrate | 0 g |
| Ballaststoffe | 0 g |
| Catechin* | 3,75 g |

* große Schwankungsbreite je nach Sorte und Ziehzeit

# Pochierte Gewürzbirnen mit grünem Tee

FÜR 2 PERSONEN

*2 feste Birnen, halbiert und geschält*
*1 TL Zitronensaft*
*850 ml Wasser*
*4 Scheiben frischer Ingwer*
*2 Sternanis*
*1 Zimtstange*
*1 EL flüssiger Honig*
*2 TL loser grüner Tee*

(A) (V) (E)

**Zubereitung**

1 Mit einem Melonenausstecher oder Teelöffel die Kerngehäuse entfernen. Die Birnen mit Zitronensaft beträufeln.

2 Das Wasser in einer großen Pfanne mit hohem Rand aufkochen. Die Temperatur reduzieren, bis es nur noch schwach köchelt. Ingwer, Sternanis, Zimt und Honig zufügen. Den Honig unter ständigem Rühren auflösen, dann die Birnen hineinlegen.

3 Die Birnen im Topf mit schräg aufliegendem Deckel 15–20 Minuten gar ziehen lassen. Mit einem Schaumlöffel aus der Flüssigkeit nehmen. Die Temperatur etwas erhöhen, den Tee zufügen und 5 Minuten köcheln.

4 Den Sirup durch ein Sieb gießen. Pro Person zwei Birnenhälften mit Sirup servieren.

# 20 PARANÜSSE

Paranüsse sind reich an Selen, Zink und Vitamin E. Diese Stoffe verbessern die Qualität der Spermien und schützen die Eizellen vor Schäden.

Paranüsse enthalten wertvolle Proteine, Faserstoffe, komplexe Kohlenhydrate und gesunde Fettsäuren. Alle diese Stoffe werden für die Fortpflanzung benötigt. Vitamin $B_6$, Zink und Magnesium sind an der Produktion von Sexualhormonen beteiligt, während ein gesunder Zink- und Folsäurehaushalt für die Entwicklung des Fötus wichtig ist. Die Mineralien Kalzium und Magnesium fördern gesundes Knochenwachstum und können zur Linderung von nervlicher Anspannung beitragen, die einer Schwangerschaft im Wege stehen kann.

- Reich an Antioxidantien, die für gesunde Spermien und Eizellen wichtig sind.
- Ein natürliches „Fruchtbarkeitspaket“ mit wertvollen Faserstoffen, Fettsäuren, Kohlenhydraten, Proteinen, Vitaminen und Mineralien.
- Vitamin $B_6$, Zink und Magnesium wirken regulierend auf den Hormonhaushalt.
- Zink und Folsäure sind wichtig für das gesunde Wachstum des Embryos.
- Kalzium und Magnesium fördern die Knochengesundheit von Mutter und Kind und lindern Stresssymptome.

**Praktische Tipps:**
Mit ihrem mild-cremigen Geschmack eignen sich Paranüsse als Protein-Snack oder als Zugabe zu Müsli, Früchten oder Joghurt. Die essenziellen Fettsäuren sind hitze- und lichtempfindlich, darum sollten Paranüsse (wie alle Nüsse) nicht gekocht oder gebacken werden.

### SCHON GEWUSST?

Paranüsse aus biologischem Anbau enthalten deutlich mehr Selen als Nüsse aus nicht biologischem Anbau. Man sollte die Nüsse außerdem grundsätzlich mit Schale kaufen.

### DIE WICHTIGSTEN NÄHRSTOFFE IN 25 G PARANÜSSEN

| | |
|---|---|
| Kalorien (kcal) | 197 |
| Gesamtfettgehalt | 19,9 g |
| Omega-6-Fettsäuren | 6169 mg |
| Eiweiß | 4,3 g |
| Kohlenhydrate | 3,7 g |
| Ballaststoffe | 23 g |
| Vitamin $B_3$ | 0,06 mg |
| Vitamin $B_6$ | 0,30 mg |
| Vitamin E | 1,72 mg |
| Folsäure | 7 µg |
| Kalzium | 48 mg |
| Magnesium | 113 mg |
| Zink | 1,2 mg |
| Selen | 575 µg |

# Knuspermüsli mit Nüssen

ERGIBT 8 PORTIONEN

*Olivenöl, zum Einfetten*
*100 g kernige Haferflocken*
*25 g Pinienkerne*
*40 g Pistazien oder Haselnüsse*
*40 g Mandeln*
*40 g Paranüsse, grob gehackt*
*2 EL Sonnenblumenkerne*
*2 EL Kürbiskerne*
*50 g getrocknete Aprikosen, gewürfelt*
*40 g Sultaninen*
*1 TL gemahlener Zimt*

(W) (A) (V) (E)

**Zubereitung**

1 Eine beschichtete Pfanne bei mittlerer Temperatur erhitzen und mit Öl einfetten. Haferflocken und Pinienkerne zugeben und unter ständigem Rühren 8–10 Minuten rösten, bis sie hell goldbraun werden und nussig duften. Abkühlen lassen.

2 Die Haferflocken in einer großen Schüssel mit allen anderen Zutaten gut vermischen. Zu Joghurt oder Obstsalat essen. Die Mischung hält sich im Kühlschrank etwa 2 Wochen.

2

# Erstes Drittel

Herzlichen Glückwunsch! Wahrscheinlich bemerken Sie schon erste Veränderungen an Ihrem Körper. Für viele Frauen sind die ersten drei Monate am schwierigsten, weil sie zu Müdigkeit und morgendlicher Übelkeit neigen. Eine achtsame Ernährung kann helfen, weil sie den Blutzuckerspiegel reguliert und ausreichend Nährstoffe – vor allem Vitamin C und Eisen – liefert, die in dieser Phase oft fehlen. Folsäure, Vitamin E und Zink fördern das Wachstum des Babys und der Plazenta.

Manche Lebensmittel können typische Beschwerden lindern. Besonders bekannt ist Ingwer gegen Übelkeit. Lebensmittel, die das Immunsystem stärken, sind jetzt besonders wichtig, denn es befindet sich in der Frühschwangerschaft in einem Ausnahmezustand: Der mit väterlichen Merkmalen ausgestattete Embryo darf nicht abgestoßen werden und dennoch muss der Körper der Mutter gegen drohende Infektionen gewappnet sein. Lebensmittel, die Abbau und Ausscheidung von Giftstoffen fördern, schützen das Kind.

- (W) Wachstum des Kindes
- (G) Gehirnentwicklung des Kindes
- (A) Antioxidantien
- (N) Naturmedizin
- (V) Für Vegetarier geeignet
- (E) Einfache und schnelle Zubereitung

# 21 INGWER

## Die Substanzen in frischem Ingwer haben eine starke krebs- und entzündungshemmende Wirkung, können Übelkeit lindern und die Verdauung anregen.

Es ist wichtig, sich in allen Phasen der Schwangerschaft gesund zu ernähren, doch während der ersten Monate tritt oft Übelkeit auf, die das erschwert. Ingwer lindert Übelkeit und Verdauungsprobleme. Er wirkt antibakteriell und bekämpft auch Viren und Pilze, die den Embryo schädigen könnten. Außerdem enthält er zwölf verschiedene Antioxidantien, die gemeinschaftlich stärker wirken als Vitamin C und das wachsende Kind vor Schäden schützen.

- Lindert Schwangerschaftsübelkeit, fördert den normalen Appetit und unterstützt die Aufnahme wichtiger Nährstoffe.
- Reich an Antioxidantien, die den Embryo vor Schäden schützen.
- Bekämpft schädliche Bakterien und beugt damit Infektionen während der Schwangerschaft vor.

**Praktische Tipps:**
Schnelle Hilfe bei morgendlicher Übelkeit bringt Ingwersirup, aufgegossen mit sprudelndem Mineralwasser, oder Ingwertee. Er ist in Aufgussbeuteln erhältlich, aber wirksamer sind einige Scheiben frischer Ingwer in heißem Wasser. Ingwerplätzchen sind ein Mittel für den Notfall, doch der Zuckergehalt kann bei reichlichem Verzehr Übelkeit eher verstärken.

### SCHON GEWUSST?

Studien belegen, dass Ingwer besser gegen Übelkeit wirkt als manches Medikament. Vor allem in der Schwangerschaft sollte man Medikamente vermeiden und auf Naturprodukte ausweichen.

### DIE WICHTIGSTEN NÄHRSTOFFE IN 15 G FRISCHEM INGWER

| | |
|---|---|
| Kalorien (kcal) | 12 |
| Gesamtfettgehalt | 0,11 g |
| Eiweiß | 0,27 g |
| Kohlenhydrate | 2,66 g |
| Ballaststoffe | 0,3 g |
| Vitamin C | 2,4 mg |
| Kalium | 62 mg |

# Hühnchensalat mit Ingwer & Gemüse

FÜR 4 PERSONEN

*600 g Hähnchenbrustfilet, in 2 cm dicken Würfeln*
*4 Frühlingszwiebeln, gehackt*
*3-cm-Stück Ingwer, fein gehackt*
*4 Knoblauchzehen, 2 zerdrückt und 2 gehackt*
*3 EL Erdnussöl*
*1 Zwiebel, in Ringen*
*120 g Babymaiskolben, längs halbiert*
*120 g Zuckererbsen, längs halbiert*
*1 rote Paprika, in Streifen*
*8-cm-Stück Salatgurke, geschält, entkernt und in Streifen*
*4 EL Sojasauce*
*1 EL Honig*
*1 EL frisch gehacktes Thai-Basilikum*
*175 g dünne chinesische Eiernudeln*

(A) (N)

**Zubereitung**

1 Hähnchen, Frühlingszwiebeln, Ingwer, zerdrückten Knoblauch und 2 Esslöffel Öl in einer flachen Schüssel mischen. 3 Stunden marinieren. Das Fleisch aus der Marinade nehmen und beiseitestellen.

2 Das restliche Öl in einem Wok erhitzen. Zwiebel und gehackten Knoblauch 1–2 Minuten darin anbraten, dann Babymais, Zuckererbsen und Paprika zugeben. Alles 2–3 Minuten braten, bis das Gemüse gerade weich ist. Die Gurke, die Hälfte der Sojasauce, Honig und Basilikum zugeben und vorsichtig unterheben.

3 Die Nudeln nach Packungsanweisung garen. Mit der restlichen Sojasauce beträufeln und auf vier Teller verteilen. Gemüse darübergeben.

4 Gegebenenfalls noch etwas Öl in den Wok geben und die Fleischwürfel bei starker Hitze braun anbraten und garen. Das Fleisch auf dem Salat anrichten und heiß oder lauwarm servieren.

# 22 ROOIBOS-TEE

**Rooibos-Tee ist koffeinfrei. Seine Antioxidantien stärken die Abwehr, die in der Frühschwangerschaft verändert ist, um ein Abstoßen des Embryos zu verhindern.**

In der Frühschwangerschaft befindet sich das Immunsystem der Mutter in einem Ausnahmezustand, damit das wachsende Kind nicht für einen Fremdkörper gehalten und abgestoßen wird. Rooibos-Tee ist reich an Polyphenolen wie Quercetin, Rutin und Ferulasäure, die den Kreislauf anregen, allergischen Reaktionen und Überreaktionen des Immunsystems vorbeugen. Der Tee enthält außerdem das Enzym Superoxiddismutase, das die Körperzellen – auch die des ungeborenen Kindes – vor Schäden durch oxidativen Stress schützt. „Echter" Tee wird aus der Teepflanze *Camellia sinensis* gewonnen und ist reich an Tanninen, die die Aufnahme von Eisen behindern können. Eisen ist aber in der Schwangerschaft sehr wichtig, weil es die Blutversorgung des ungeborenen Kindes sichert. Rooibos ist ein Schmetterlingsblütler, enthält nur sehr wenig Tannin und behindert die Eisenaufnahme nicht.

- Stärkt durch Antioxidantien das Immunsystem.
- Fördert die Durchblutung, beugt Allergien vor und reduziert das Risiko einer Fehlgeburt.
- Wegen des geringen Tanningehalts vorteilhafter als Schwarztee, denn Tannin behindert die Eisenaufnahme.

**Praktische Tipps:**
Wie schwarzen Tee mit Milch, Zitrone oder Honig genießen, jedoch max. 2–3 Tassen pro Tag. Manche Rooibos-Teemischungen enthalten Kräuter, die während der Schwangerschaft gemieden werden sollten.

### SCHON GEWUSST?

Die Buschmänner Afrikas gehören zu den ältesten Völkern der Erde. Sie setzen Rooibos-Tee seit Jahrhunderten gegen Übelkeit, Magenkrämpfe und Verstopfung in der Schwangerschaft ein.

### DIE WICHTIGSTEN NÄHRSTOFFE IN 225 ML ROOIBOS-TEE

| | |
|---|---|
| Kalorien (kcal) – circa* | 2 |
| Gesamtfettgehalt | 0 g |
| Eiweiß | 0 g |
| Kohlenhydrate | 0 g |
| Ballaststoffe | 0 g |
| Polyphenole* | 60–80 mg |

* große Schwankungsbreite je nach Sorte und Ziehzeit

# Obstsalat aus Trockenfrüchten in Gewürztee

FÜR 4 PERSONEN

*100 g getrocknete Aprikosen*
*50 g getrocknete Apfelringe, gewürfelt*
*50 g getrocknete Birnen*
*100 g Sultaninen*
*50 g getrocknete Kirschen*
*2 Aufgussbeutel Rooibos-Tee*
*fein abgeriebene Schale von 1 unbehandelten Zitrone*
*1 Zimtstange*
*1 Sternanis*

**Zum Servieren**

*griechischer Joghurt (10 % Fett)*
*Honig*

(A) (N) (V)

**Zubereitung**

1 Trockenfrüchte und Teebeutel in einer hitzebeständigen Schüssel mit so viel kochendem Wasser übergießen, dass sie 2 cm hoch bedeckt sind. 2–12 Stunden quellen lassen.

2 Die Früchte mit der Einweichflüssigkeit, Zitronenschale, Zimtstange und Sternanis in einem Topf bei mittlerer Temperatur erhitzen. Falls nötig, Wasser zugießen, bis die Früchte gerade bedeckt sind. 10–20 Minuten köcheln, bis die Früchte weich und prall sind.

3 Den Topf vom Herd nehmen und die Früchte in der Flüssigkeit abkühlen lassen.

4 Die Früchte in Schälchen füllen, Joghurt und Honig darauf verteilen und servieren.

# 23 AVOCADOS

## Die wertvollen Fette und Ballaststoffe der Avocado helfen der Leber, den Hormonhaushalt stabil zu halten. Das nutzt dem heranwachsenden Kind und beugt Übelkeit vor.

Sorgen wegen des Fettgehalts von Avocados sind vor allem im ersten Schwangerschaftsdrittel ganz unnötig. Das heranwachsende Kind braucht diese wertvollen Öle, vor allem für die Entwicklung von Herz und Gehirn. Die Öle enthalten fettlösliche Nährstoffe wie die Vitamine A und E sowie das Carotinoid Lutein, die die empfindlichen Organe des ungeborenen Kindes schützen. Die Mineralien Kalzium, Magnesium und Kalium – Avocados enthalten 60 % mehr Kalium als Bananen – helfen dem mütterlichen Körper, die Erhöhung von Stoffwechselrate und Herzschlag zu verkraften. Außerdem stabilisieren sie den Flüssigkeitshaushalt und den Blutdruck. Bluthochdruck ist in dieser Schwangerschaftsphase zwar selten, vorbeugende Maßnahmen sind aber ratsam.

- Gesunde Fette stärken die Leber und fördern die Entwicklung von Herz und Gehirn des Kindes.
- Fettlösliche Nährstoffe wie die Vitamine A und E sowie Lutein schützen fetthaltige Körperteile des Kindes vor Schäden.
- Kalzium, Magnesium und Kalium stabilisieren den mütterlichen Körper bei erhöhtem Puls, Stoffwechsel und Blutdruck.

**Praktische Tipps:**
Avocado ist auch bei morgendlicher Übelkeit eine gute Wahl, wenn man nur geringe Mengen zu sich nehmen möchte. Wer nichts Festes verträgt, kann einen Smoothie zubereiten.

### SCHON GEWUSST?

Avocados zählen zu den besten natürlichen Lebensmitteln, weil sie alles enthalten, was ein Mensch – also auch ein Baby – zum Überleben braucht.

### DIE WICHTIGSTEN NÄHRSTOFFE IN EINER AVOCADO

| | |
|---|---|
| Kalorien (kcal) | 322 |
| Gesamtfettgehalt | 29,47 g |
| einfach unges. Fettsäuren | 19,7 g |
| mehrfach unges. Fettsäuren | 3,65 g |
| Eiweiß | 4,02 g |
| Kohlenhydrate | 17,15 g |
| Ballaststoffe | 13,5 g |
| Vitamin A | 293 IE |
| Vitamin E | 4,16 mg |
| Kalium | 975 mg |
| Magnesium | 58 mg |
| Kalzium | 24 mg |
| Lutein/Zeaxanthin | 545 µg |

# Avocado-Powerdrink

FÜR 1–2 PERSONEN

*1 Birne, geschält, entkernt und in Scheiben*
*50 g junger Blattspinat*
*4 Stängel Petersilie*
*1/4 Salatgurke*
*1/2 reife Avocado*
*1/2 TL Spirulina-Pulver (Apotheke oder Reformhaus)*
*1 Paranuss, grob gehackt*

(W) (G) (A) (V) (E)

**Zubereitung**

1 Birne, Spinat, Petersilie, Gurke und Avocado im Mixer glatt pürieren. In ein Glas füllen.

2 Das Spirulina-Pulver mit etwas Wasser glatt rühren, dann unter den Drink mischen. Mit Nussstücken bestreuen und servieren.

# 24 WALNUSSÖL

## Die gesättigten Fettsäuren im Walnussöl sind im ersten Schwangerschaftsdrittel besonders wertvoll, wenn sich das Nervensystem des Kindes rasch entwickelt.

Die Omega-6-Fettsäuren im Walnussöl wirken regulierend auf die Sexualhormone und verringern so das Risiko einer Fehlgeburt. Die Omega-3-Fettsäuren des Öls sind wichtig für die Entwicklung von Gehirn und Rückenmark des Babys und fördern zusammen mit Omega-9-Fettsäuren auch die Entwicklung des kindlichen Herzes. Walnussöl enthält außerdem Phytosterole und Ellagsäure. Diese Antioxidantien stärken das Immunsystem, was in der Schwangerschaft besonders wichtig ist. Sie unterstützen die Leber bei der Ausscheidung von Giftstoffen, die Zellschäden verursachen oder das Risiko von Infektionen und Entzündungen erhöhen können.

- Omega-6-Fettsäuren regulieren den Hormonhaushalt, Omega-3-Fettsäuren fördern die Gehirnentwicklung.
- Omega-3- und Omega-9-Fettsäuren stärken das Herz und schützen vor problematischen Infektionen.
- Ellagsäure und Phytosterole bekämpfen Giftstoffe und Krankheitserreger und reduzieren so das Risiko einer Fehlgeburt.

**Praktische Tipps:**
Walnussöl immer in dunklen Glasflaschen aufbewahren. Ihre Fettsäuren können aus Plastikflaschen Stoffe aufnehmen, die den Hormonhaushalt stören. Das Öl kühl und dunkel lagern und nur kalt für Salate und Smoothies verwenden, denn beim Erhitzen von Walnussöl können schädliche Transfettsäuren entstehen. Kalt gepresstes Öl verwenden und Öl aus gerösteten Nüssen vermeiden.

### SCHON GEWUSST?

Walnussöl enthält Melatonin. Unser Gehirn braucht diesen Stoff zur Regulierung des Schlafrhythmus', der bei manchen Frauen in der Schwangerschaft durcheinandergeraten kann. Das Öl schützt die DNA und anderes Erbmaterial vor Schäden.

### DIE WICHTIGSTEN NÄHRSTOFFE IN 15 ML WALNUSSÖL

| | |
|---|---|
| Kalorien (kcal) | 120 |
| Gesamtfettgehalt | 13,6 g |
| einfach unges. Fettsäuren | 3,1 g |
| Omega-3-Fettsäuren | 1404 mg |
| Omega-6-Fettsäuren | 7141 mg |
| Omega-9-Fettsäuren | 2997 mg |
| Vitamin E | 0,1 mg |
| Phytosterol | 23,8 mg |

# Gerösteter Wintersalat mit Walnussdressing

FÜR 2 PERSONEN

*1 Pastinake, in Stiften*
*350 g Butternut-Kürbis, geschält, entkernt und in mundgerechte Stücke geschnitten*
*1 rohe Rote Bete, halbiert und in Spalten*
*1 große Zwiebel, in Spalten*
*1 EL Olivenöl*
*2 große Knoblauchzehen, ungeschält*

**Dressing**
*2 EL Walnussöl*
*2 TL Apfelessig*
*1/2 TL flüssiger Honig*
*1 TL körniger Senf*
*Pfeffer*
*1 TL warmes Wasser*

(G) (A) (V)

**Zubereitung**

1 Den Backofen auf 200 °C vorheizen. Pastinake, Kürbis, Rote Bete und Zwiebel im Olivenöl wenden und in einer Schicht in einen großen Bräter legen. Den Knoblauch zufügen. Das Gemüse 30–35 Minuten rösten, zwischendurch einmal wenden.

2 Inzwischen für das Dressing alle Zutaten verrühren.

3 Das gegarte Gemüse in eine Servierschüssel geben. Den Knoblauch aus der Schale drücken, auf einem Teller mit einer Gabel zerdrücken und unter das Dressing rühren. Das Dressing über das Gemüse träufeln. Den Salat warm oder zimmerwarm servieren.

# 25 GRANATAPFEL

## Neueren Forschungen zufolge enthält der Granatapfel dreimal so viele wertvolle Polyphenole wie Rotwein oder grüner Tee.

Die Polyphenole des Granatapfels fördern die Durchblutung und verbessern so die Versorgung des ungeborenen Babys mit Blut und Sauerstoff. Dadurch können auch Gehirnschädigungen vermieden werden, die durch Blut- und Sauerstoffunterversorgung drohen, wenn ein Baby vor der 34. Woche zur Welt kommt. Granatapfelsaft enthält reichlich Vitamin C und Folsäure, die ebenfalls Wachstum und Entwicklung fördern. Er lindert Beschwerden, die bei Schwangeren in großen Höhen auftreten können, etwa bei Flugreisen, die in der Frühschwangerschaft unvermeidlich sein können. Der hohe Kaliumgehalt beugt Dehydrierung vor und unterstützt diese Wirkung.

- Polyphenole fördern die Versorgung des kindlichen Gehirns mit Blut und Sauerstoff und können Schäden bei Frühgeburten vorbeugen.
- Vitamin C und Folsäure fördern alle Wachstumsvorgänge.
- Granatapfelsaft verhindert Beschwerden bei Flugreisen, Kalium beugt Dehydrierung vor.

**Praktische Tipps:**
Seit die Beliebtheit von Granatapfelsaft in den letzten Jahren zugenommen hat, kann man ihn in gut sortierten Supermärkten kaufen. Er enthält viel Zucker, darum sollte man ihn nur in Maßen trinken und zur Hälfte mit Wasser verdünnen. Noch besser ist es, die Früchte zu essen, um auch in den Genuss der wertvollen Faserstoffe zu kommen. Granatapfelkernextrakt kann Uteruskontraktionen auslösen und sollte während der Schwangerschaft vermieden werden.

### SCHON GEWUSST?

Der Granatapfel war das Symbol der griechischen Göttin Aphrodite, von deren Name sich das Wort „Aphrodisiakum" ableitet. Im Iran schätzen Frauen die hübschen Früchte auch wegen ihres hohen Eisengehaltes.

### DIE WICHTIGSTEN NÄHRSTOFFE IN EINEM GRANATAPFEL

| | |
|---|---|
| Kalorien (kcal) | 234 |
| Gesamtfettgehalt | 3,3 g |
| Eiweiß | 4,71 g |
| Kohlenhydrate | 52,73 g |
| Ballaststoffe | 11,3 g |
| Vitamin C | 28,8 mg |
| Folsäure | 107 µg |
| Kalzium | 28 mg |
| Magnesium | 34 mg |
| Kalium | 666 mg |
| Eisen | 0,85 mg |
| Selen | 1,4 µg |

# Hähnchenbrust mit Granatapfel-Salsa

FÜR 2 PERSONEN

*2 Hähnchenbrustfilets à 200 g*
*1 EL Olivenöl*
*Salz und Pfeffer*

**Granatapfel-Salsa**

*1 kleine Avocado*
*1 EL rote Zwiebelwürfel*
*3-cm-Stück Salatgurke, entkernt und gewürfelt*
*Saft von 1/2 Limette*
*2 EL frisch gehackter Koriander*
*4 EL Granatapfelkerne*

(W) (G) (A) (N) (E)

**Zubereitung**

1 Die Hähnchenbrustfilets flach klopfen. Eine Grillpfanne erhitzen. Das Fleisch mit Öl einpinseln, mit Salz und Pfeffer würzen und bei mittlerer bis hoher Temperatur 6 Minuten grillen. Zwischendurch einmal wenden. Das Fleisch soll gar und stellenweise sehr dunkel sein.

2 Die Avocado halbieren, den Stein herauslösen und die Schale abziehen. Die Avocado in kleine Würfel schneiden. Mit Zwiebel- und Gurkenwürfeln, Limettensaft, Koriander und Granatapfel in eine Schüssel geben. Mit Pfeffer würzen und gut umrühren.

3 Das Fleisch mit einem großzügigen Klecks Salsa servieren.

# 26 STANGEN-SELLERIE

## Mit seinem hohen Gehalt an Kalium und Kalzium wirkt Sellerie entwässernd und blutdrucksenkend.

Sellerie enthält die beiden gefäßerweiternden Stoffe Apigenin und Phthalid sowie die drei Mineralien Kalium, Kalzium und Magnesium, die die Blutgefäße entspannen. Im Zusammenwirken regulieren diese Stoffe den Blutdruck. Außerdem enthält Sellerie die beruhigende Aminosäure Tryptophan, aus der unser Körper den schlaf- und stimmungsregulierenden Neurotransmitter Serotonin gewinnt. Die Folsäure des Selleries trägt zur Verhütung angeborener Störungen bei, und mit seinem hohen Gehalt an Kalium und Wasser verhütet er Dehydrierung und sorgt dafür, dass dem Embryo genug Flüssigkeit zur Verfügung steht. Vitamin C, B-Vitamine und Magnesium liefern der werdenden Mutter Energie, sodass sie weniger versucht ist, zu zuckerhaltigen Zwischenmahlzeiten zu greifen.

- Apigenin, Phthalid, Tryptophan, Kalium, Kalzium und Magnesium regulieren den Blutdruck und lindern Stress.
- Folsäure fördert die gesunde Entwicklung des Embryos.
- Der hohe Kalium- und Wassergehalt beugt Dehydrierung der Mutter vor und versorgt den Embryo mit Flüssigkeit.
- Vitamin C, B-Vitamine und Magnesium regulieren den Blutzuckerspiegel und beugen Energieschwankungen vor.

**Praktische Tipps:**
Sellerie ist ein unkomplizierter Snack: Man kann die Stangen roh knabbern oder, um zusätzlich Proteine zu sich zu nehmen, in Kräuterquark, Hummus oder Tofucreme dippen. Ideal als später Snack für Menschen mit Einschlafschwierigkeiten.

### SCHON GEWUSST?

Sellerie gilt seit langer Zeit als Mittel gegen Anspannung, hohen Blutdruck und Schlafstörungen. Solche Beschwerden kommen bei schwangeren Frauen recht häufig vor.

### DIE WICHTIGSTEN NÄHRSTOFFE IN 100 G STANGENSELLERIE

| | |
|---|---|
| Kalorien (kcal) | 16 |
| Gesamtfettgehalt | 0,17 g |
| Eiweiß | 0,69 g |
| Kohlenhydrate | 2,97 g |
| Ballaststoffe | 1,6 g |
| Vitamin C | 3,1 mg |
| Vitamin $B_3$ | 0,32 mg |
| Vitamin $B_5$ | 0,25 mg |
| Folsäure | 36 µg |
| Kalzium | 40 mg |
| Magnesium | 11 mg |
| Kalium | 260 mg |

# Gazpacho mit Sellerie-Salsa

FÜR 2 PERSONEN

*2 Scheiben feines Dinkelbrot vom Vortag, ohne Rinde*
*100 ml Wasser zum Einweichen*
*500 g Tomaten, entkernt und gehäutet, Saft auffangen*
*1 kleine Salatgurke, entkernt, geschält und fein gewürfelt*
*1 rote Paprika, entkernt und gehackt*
*1 große rote Chili, entkernt und fein gehackt*
*1 große Knoblauchzehe*
*3 EL Olivenöl*
*Saft von 1 Zitrone*
*Pfeffer*

**Sellerie-Salsa**

*1 Stange Sellerie, in Scheiben*
*1 kleine Avocado, geschält, entsteint und gewürfelt*
*6 große Blätter Basilikum*

(W) (A) (N) (V)

**Zubereitung**

1 Eine Scheibe Brot 5 Minuten in dem Wasser einweichen.
2 Brot, Tomaten und aufgefangenen Saft, Gurke, Paprika, drei Viertel der Chili, Knoblauch, 1 Esslöffel Öl und den Zitronensaft (1 Teelöffel aufbewahren) im Mixer fein, aber nicht ganz glatt pürieren. Mit Pfeffer würzen und 2–3 Stunden kalt stellen.
3 Kurz vor dem Servieren die Sellerie-Salsa zubereiten. Sellerie, Avocado, restlichen Zitronensaft, Basilikum und restliche Chili in einer Schüssel vermengen.
4 Die zweite Brotscheibe würfeln. Das restliche Olivenöl in einer Pfanne erhitzen und die Brotwürfel darin 5 Minuten knusprig braun braten.
5 Die Suppe in Schüsseln füllen, die Salsa und die Croûtons darauf anrichten und servieren.

# 27 SONNEN-BLUMENKERNE

Sonnenblumenkerne enthalten in hohem Maße Folsäure, Vitamin E und Zink. Diese Nährstoffe sind für die gesunde Entwicklung eines Babys unverzichtbar.

### SCHON GEWUSST?

Um ihren Proteinhaushalt während der Schwangerschaft zu stabilisieren, können Nüsse und Kerne, oder auch Fleisch, Eier, Milch und Bohnen besonders hilfreich sein.

### DIE WICHTIGSTEN NÄHRSTOFFE IN 15 G SONNENBLUMENKERNEN

| | |
|---|---|
| Kalorien (kcal) | 88 |
| Gesamtfettgehalt | 7,72 g |
| einfach unges. Fettsäuren | 2,78 g |
| Omega-6-Fettsäuren | 3457,2 mg |
| Omega-9-Fettsäuren | 2756,5 mg |
| Eiweiß | 3,12 g |
| Kohlenhydrate | 3 g |
| Ballaststoffe | 1,3 g |
| Vitamin E | 5,28 mg |
| Folsäure | 34 µg |
| Magnesium | 49 mg |
| Kalium | 97 mg |
| Phosphor | 99 mg |
| Eisen | 0,79 mg |
| Selen | 7,9 µg |
| Zink | 0,75 mg |

In den ersten zwölf Schwangerschaftswochen sind nährstoffreiche Lebensmittel wie Sonnenblumenkerne besonders wichtig für die Entwicklung von Embryo und Plazenta. Vitamin E und Folsäure verbessern den Anschluss der Plazenta an die Uteruswand und fördern so die gute Versorgung des Kindes. Die beiden Stoffe sind auch für die Bildung roter Blutkörperchen nötig, die sowohl die Plazenta als auch das Baby mit Nährstoffen und Sauerstoff versorgen. Aus dem Eisen in Sonnenblumenkernen gewinnt der Körper Hämoglobin, das den Sauerstoff durch die Blutbahn überall hinbringt, wo er benötigt wird. Vitamin E und Magnesium stärken die Muskulatur der Mutter, sodass ihr Körper das Gewicht des wachsenden Kindes gut tragen kann und sich nach der Geburt schnell erholt. Selen und Zink fördern die Bildung von Enzymen, die das Kind vor Schäden schützen.

- Folsäure, Vitamin E und Zink fördern das Wachstum der Plazenta.
- Vitamin E wird für den Anschluss der Plazenta benötigt. In Verbindung mit Eisen verbessert es die Sauerstoffversorgung des Kindes.
- Vitamin E und Magnesium stärken die Muskulatur der Mutter und fördern die Erholung nach der Schwangerschaft.
- Selen und Zink schützen den Embryo vor Toxinen.

**Praktische Tipps:**
Luftdicht verpackt, dunkel und kühl aufbewahren. Nicht rösten: Die Fettsäuren werden durch Hitze verändert und können dann schädlich sein. Auf Salate streuen oder ins Müsli mischen.

# Müsliriegel mit Sonnenblumenkernen

ERGIBT 12 RIEGEL

*70 g kernige Haferflocken*
*5 EL Kokosraspel*
*4 EL Sonnenblumenkerne*
*250 g getrocknete Aprikosen, kleingeschnitten*
*70 g Rosinen*
*100 ml frisch gepresster Orangensaft*
*30 g Mandelblättchen*

(W) (G) (A) (V)

**Zubereitung**

**1** Die Haferflocken in einer Pfanne ohne Fett bei mittlerer Temperatur 5 Minuten hell goldbraun rösten. Dabei die Pfanne regelmäßig rütteln. Aus der Pfanne nehmen und abkühlen lassen.

**2** Die Kokosraspel 2 Minuten goldbraun rösten, dabei die Pfanne regelmäßig rütteln. Aus der Pfanne nehmen und abkühlen lassen.

**3** Haferflocken und Sonnenblumenkerne im Mixer grob zerkleinern. In eine Schüssel geben.

**4** Aprikosen, Rosinen und Orangensaft im Mixer zu einem dicken Püree zerkleinern. Mit den Mandelblättchen zu den Haferflocken und Sonnenblumenkernen geben und gut verrühren.

**5** Eine eckige Form (25 cm x 18 cm) mit Backpapier auslegen. Die Fruchtmasse einfüllen und mit einem Teigschaber glattstreichen. Die Schicht soll 1 cm dick sein. 1 Stunde in den Kühlschrank stellen, dann in zwölf Riegel schneiden.

# 28 HIMBEEREN

**Himbeeren gehören zu den nährstoffreichsten Obstsorten, stecken sie doch voller Vitamin C, Ballaststoffe und Antioxidantien, die das Herz schützen.**

Kaum eine Frucht enthält so viele Antioxidantien wie Himbeeren. Mit ihrem reichen Gehalt an Vitamin C, Quercetin und Proanthocyanidin schützen sie das neue Gewebe des wachsenden Kindes vor Schäden durch freie Radikale, fördern die Durchblutung und verbessern so die Versorgung mit Sauerstoff und Nährstoffen. Vitamin C ist wasserlöslich und hält die wässrigen Bereiche in und zwischen den Zellen sowie das Fruchtwasser frei von schädlichen Giftstoffen. Himbeeren enthalten 20 % Faserstoffe – mehr als jedes andere Obst – und fördern darum die Ausscheidung von Schadstoffen besonders gut.

- Außergewöhnlich reich an Antioxidantien, die das Baby vor Schadstoffen schützen und die Versorgung mit Sauerstoff und Nährstoffen verbessern.
- Reich an Faserstoffen, die die Ausscheidung von Giftstoffen verbessern.

**Praktische Tipps:**
Himbeeren kann man während der ganzen Schwangerschaft bedenkenlos essen. Täglich eine Handvoll – im Müsli, zum Joghurt oder im Smoothie – fördern die kontinuierliche, sanfte Entgiftung.

## SCHON GEWUSST?

Himbeeren sind außergewöhnlich reich an Ellagsäure. Sie unterstützt die Leber beim Abbau von Giftstoffen und kann Übelkeit lindern.

## DIE WICHTIGSTEN NÄHRSTOFFE IN 100 G HIMBEEREN

| | |
|---|---|
| Kalorien (kcal) | 52 |
| Gesamtfettgehalt | 0,65 g |
| Eiweiß | 1,2 g |
| Kohlenhydrate | 11,94 g |
| Ballaststoffe | 6,5 g |
| Vitamin C | 26,2 mg |
| Kalium | 151 mg |
| Lutein | 136 µg |

# Apfel-Himbeer-Smoothie

FÜR 1 PERSON

*1 Apfel, geschält, entkernt und in Stücken*
*2 EL kaltes Mineralwasser*
*50 g frische oder tiefgefrorene Himbeeren*
*1 TL klarer Honig*
*4 EL Buttermilch oder fettarmer Joghurt*
*Eiswürfel*

(A) (V) (E)

**Zubereitung**

**1** Apfel und Mineralwasser im Mixer 1 Minute pürieren.

**2** 3 Himbeeren zum Garnieren aufbewahren; die restlichen in den Mixer geben. Kurz pürieren, dann etwas Honig und Buttermilch oder Joghurt zufügen und glatt pürieren.

**3** Einige Eiswürfel in ein hohes Glas geben und den Smoothie darübergießen. Mit den zurückbehaltenen Himbeeren garnieren und sofort servieren.

# 29 HAFERFLOCKEN

## Haferflocken enthalten viele lösliche Ballaststoffe und gesunde Fettsäuren. Sie sind überaus sättigend, wirken cholesterolsenkend und blutzuckerregulierend.

Haferflocken und andere langsam verdauliche Lebensmittel regulieren den Blutzuckerspiegel, weil sie ihre Zuckerstoffe langsam und gleichmäßig in die Blutbahn abgeben. Sie beugen Heißhungerattacken auf Süßigkeiten vor und wirken lindernd bei Übelkeit. Auch Magnesium und Zink aus Haferflocken halten den Blutzuckerspiegel stabil, weil sie die Produktion von Insulin fördern. Daneben gleichen sie auch den Östrogen- und Progesteronhaushalt aus. Zink, Vitamin E, Kalzium, Eisen und Folsäure sind wichtig für Wachstum und Entwicklung des Kindes. Haferflocken sorgen für eine geregelte Verdauung und beugen Verstopfung vor, die bei Schwangeren häufiger vorkommt – aber vermieden werden sollte, damit Giftstoffe ausgeschieden und Hormonschwankungen vermieden werden.

- Langsam verdaulich, regulieren den Blutzuckerspiegel, beugen Heißhungerattacken vor und lindern morgendliche Übelkeit.
- Magnesium und Zink regulieren den Hormonhaushalt und können Frühgeburten vorbeugen.
- Zink, Vitamin E, Kalzium, Eisen und Folsäure sind wichtig für die Entwicklung des Embryos.
- Beugen Verstopfung vor, fördern die Ausscheidung von Giftstoffen.

**Praktische Tipps:**
Brei aus gekochten Haferflocken ist leichter verdaulich als rohe Flocken im Müsli. Bei Verstopfung die Flocken über Nacht in Wasser oder Apfelsaft einweichen, damit die Faserstoffe aufquellen.

### SCHON GEWUSST?

Haferflocken enthalten Beta-Glucan, das sich positiv auf das Immunsystem auswirken und dadurch das Risiko einer frühen Abstoßung des Embryos verringern kann.

### DIE WICHTIGSTEN NÄHRSTOFFE IN 60 G HAFERFLOCKEN

| | |
|---|---|
| Kalorien (kcal) | 233 |
| Gesamtfettgehalt | 4 g |
| Eiweiß | 10 g |
| Kohlenhydrate | 40 g |
| Ballaststoffe | 6,4 g |
| Folsäure | 34 µg |
| Vitamin E | 1,5 mg |
| Kalzium | 32 mg |
| Magnesium | 106 mg |
| Kalium | 257 mg |
| Zink | 2,4 mg |
| Eisen | 2,8 mg |

# Haferbrei mit Äpfeln und Gewürzen

FÜR 4 PERSONEN

*600 ml Milch oder Wasser*
*125 g zarte Haferflocken*
*2 große Äpfel, halbiert, entkernt und geraspelt*
*1/2 TL Lebkuchengewürz*
*Honig, zum Servieren (nach Belieben)*

(W) (A) (N) (V) (E)

**Zubereitung**

1 Milch oder Wasser aufkochen. Unter ständigem Rühren die Haferflocken einrieseln lassen. Die Hitze reduzieren und die Haferflocken 10 Minuten unter gelegentlichem Rühren köcheln.

2 Wenn die Flüssigkeit größtenteils aufgesogen ist und der Brei eine cremige Konsistenz hat, Äpfel und Gewürze unterrühren. In Schälchen füllen und nach Geschmack mit Honig beträufeln.

# 30 AUBERGINEN

## Die in Auberginen enthaltenen Nährstoffe und Antioxidantien schützen das Ungeborene vor Schäden durch toxische Stoffe.

Auberginen enthalten ein hochwirksames Antioxidans namens Chlorogensäure. Es trägt zur Regulierung des Blutzuckerspiegels bei, sorgt für einen ausgeglichenen Energiehaushalt und verbessert den Stoffwechsel, indem es die Zuckeraufnahme des Körpers reduziert. Die Vitamine $B_3$ und $B_5$ sowie Zink und Mangan verbessern die Aufnahme von Energie aus der Nahrung und beugen so Heißhungerattacken vor. Das Antioxidans Nasunin ist für Herz, Gehirn, Leber und Nieren des ungeborenen Kindes von besonderer Bedeutung. Das Spurenelement Kupfer wird für die Produktion von Collagen benötigt, das in allen menschlichen Geweben enthalten ist und das auch für die gleichmäßige Entwicklung des Kindes nötig ist. Wegen ihres Kaliumgehalts wirken Auberginen außerdem regulierend auf den Blutdruck.

- Chlorogensäure schützt die Zellen des Kindes vor Schäden und reguliert den Energiehaushalt.
- Die Vitamine $B_3$ und $B_5$, Zink und Mangan verbessern die Energieaufnahme aus der Nahrung und fördern das Wachstum des Kindes.
- Nasunin beugt Schäden an fetthaltigen Geweben des Embryos vor.
- Kupfer wird für die Collagenproduktion und das Wachstum des Babys benötigt.
- Kalium hält den Blutdruck auf einem gesunden Niveau.

**Praktische Tipps:**
Salz sollten alle Menschen – nicht nur Schwangere – sparsam verwenden. Statt Auberginen vor der Zubereitung zu salzen, kann man sie mit Olivenöl bestreichen und dann grillen.

### SCHON GEWUSST?

Auberginen gehören zur typischen Mittelmeerküche, die auch für werdende Mütter und ungeborene Kinder sehr gesund ist. Sie kann außerdem das Risiko für Fehlgeburten und angeborene Schädigungen reduzieren.

### DIE WICHTIGSTEN NÄHRSTOFFE IN 100 G AUBERGINEN

| | |
|---|---|
| Kalorien (kcal) | 24 |
| Gesamtfettgehalt | 0,19 g |
| Eiweiß | 1,01 g |
| Kohlenhydrate | 5,7 g |
| Ballaststoffe | 3,4 g |
| Vitamin $B_3$ | 0,65 mg |
| Vitamin $B_5$ | 0,28 mg |
| Zink | 0,16 mg |
| Kupfer | 0,08 mg |
| Mangan | 0,25 mg |
| Kalium | 230 mg |

# Caponata

FÜR 2 PERSONEN

*1 mittelgroße Aubergine, in mundgerechten Stücken*
*3 EL Olivenöl*
*1 Zwiebel, gehackt*
*3 Knoblauchzehen, gehackt*
*1 Stange Sellerie, in dünnen Scheiben*
*400 g Tomaten aus der Dose*
*1 TL Rotweinessig*
*1/2 TL Zucker*
*2 EL Kapern, abgespült und abgetropft*
*Pfeffer*
*4 Stängel frisches Basilikum, Blätter in Stücke gezupft*

(W) (G) (A) (V) (E)

**Zubereitung**

**1** Die Auberginenwürfel 10 Minuten dünsten, bis sie weich sind.

**2** Inzwischen das Olivenöl in einem Topf erhitzen und die Zwiebel darin 5 Minuten weich dünsten. Knoblauch und Sellerie zugeben und weitere 5 Minuten dünsten.

**3** Die Tomaten zugeben und mit der Rückseite eines Kochlöffels zerdrücken. Rotweinessig, Zucker, Kapern und Auberginenwürfel einrühren. Zum Kochen bringen, dann die Hitze reduzieren und mit schräg aufliegendem Deckel 10 Minuten köcheln, bis die Flüssigkeit eindickt.

**4** Mit Pfeffer würzen, in tiefe Teller füllen und mit Basilikum garnieren.

# 31 ÄPFEL

## Ein Apfel stillt den Appetit auf Süßes, hält den Blutzuckerspiegel stabil und sorgt so dafür, dass Schwankungen des Energiehaushalts vermieden werden.

Ein ausgeglichener Blutzuckerspiegel ohne starke Schwankungen ist wichtig, um den Appetit zu regulieren, der vor allem in der Frühschwangerschaft schwankt. Übelkeit lässt sich dadurch vorbeugen, dass der Magen beschäftigt ist – und ein Apfel ist eine sinnvolle Alternative zu ungesunden Süßigkeiten oder koffeinhaltigen Produkten. Äpfel enthalten den Faserstoff Pektin, der dafür sorgt, dass der in ihnen enthaltene Zucker langsam in die Blutbahn gelangt. Das Pektin bindet auch Giftstoffe im Verdauungstrakt und fördert ihre Ausscheidung, sodass sie dem Baby nicht gefährlich werden können. Das Antioxidans Quercetin stärkt das Immunsystem, das sich in der Frühschwangerschaft im Umbau befindet, und regt den Kreislauf an, sodass der Uterus ausreichend mit Sauerstoff und Nährstoffen versorgt wird.

- Äpfel regulieren auf natürliche Weise den Blutzuckerspiegel und den Appetit. Sie beugen Heißhungerattacken auf Zucker oder Koffein vor und helfen, Übelkeit zu vermeiden.
- Pektin fördert die Ausscheidung schädlicher Toxine.
- Das Antioxidans Quercetin stärkt das Immunsystem.

**Praktische Tipps:**
Kaufen Sie möglichst Äpfel aus Bioanbau, denn konventionell produzierte Äpfel werden oft mit Pestiziden gespritzt. Ein Apfel pro Tag genügt normalerweise für eine regelmäßige Verdauung. Falls etwas „Nachhilfe" nötig ist, können Sie auch Apfelmus mit getrockneten Pflaumen oder Aprikosen zubereiten.

### SCHON GEWUSST?

Studien haben ergeben, dass die Mütter von Kindern mit gut entwickelten Atemwegen während der Schwangerschaft reichlich Äpfel gegessen hatten. Vier oder mehr Äpfel pro Woche können das Risiko von Asthma beim Kind verringern.

### DIE WICHTIGSTEN NÄHRSTOFFE IN EINEM APFEL

| | |
|---|---|
| Kalorien (kcal) | 95 |
| Gesamtfettgehalt | 0,31 g |
| Eiweiß | 0,47 g |
| Kohlenhydrate | 25,13 g |
| Ballaststoffe | 4,4 g |
| Vitamin C | 8,4 mg |
| Vitamin A | 98 mg |
| Kalium | 195 mg |

# Apfelmuffins mit Haferflocken

ERGIBT 12 STÜCK

*200 g Vollkornmehl*
*75 g Haferflocken*
*2 TL Backpulver*
*1 TL Zimt*
*125 g hellbrauner Zucker*
*2 große Eier*
*225 ml fettarme Milch*
*100 ml Erdnussöl*
*1 Tütchen Vanillezucker*
*2 Kochäpfel, geschält, entkernt und gehackt*

(A) (N) (V)

**Zubereitung**

1 Den Backofen auf 180 °C vorheizen. Eine 12er-Muffinform mit Papierförmchen auslegen.

2 Mehl, Haferflocken, Backpulver und Zimt in eine große Schüssel sieben. Die Rückstände im Sieb kontrollieren und wieder zufügen, dann den Zucker untermengen.

3 Die Eier in einem Rührbecher oder einer Schüssel leicht verquirlen. Milch, Erdnussöl und Vanillezucker einrühren. In die Mitte der trockenen Zutaten eine Vertiefung drücken und die flüssigen Zutaten hineingießen. Nur kurz vermischen, nicht zu intensiv rühren. Dann die Äpfel untermengen.

4 Den Teig mit einem Löffel in die Förmchen füllen. 20–25 Minuten im vorgeheizten Ofen backen, bis die Muffins aufgegangen und goldbraun sind und auf Fingerdruck leicht nachgeben.

5 Die Muffins in der Form 5 Minuten abkühlen lassen. Warm servieren oder aus der Form nehmen und auf einem Kuchengitter vollständig abkühlen lassen.

# 32 MINZE

**Minze wirkt sanft beruhigend und lindert Anspannung, die in der Frühschwangerschaft oft auftritt. Weil sie auch den Magen beruhigt, kann sie Übelkeit lindern.**

Minze beruhigt und entspannt die glatten Muskeln und die Schleimhaut des Verdauungstraktes. Sie lindert Magenschmerzen, Übelkeit und Sodbrennen, unter denen viele Frauen während der ersten drei Schwangerschaftsmonate leiden. Dadurch wird auch Anspannung im Bauchraum vermieden, die zu Verstopfung und Ablagerung von Giftstoffen führen kann. Minze macht Bakterien unschädlich, ehe sie in die Blutbahn gelangen und dem heranwachsenden Kind Schaden zufügen können. Gleichzeitig fördert sie die Entwicklung einer gesunden Darmflora.

- Wirkt insgesamt beruhigend und lindert Anspannung, die in der Frühschwangerschaft oft auftritt.
- Beruhigt den Verdauungsapparat, lindert Übelkeit, Darmträgheit, Verstopfung und Magenbeschwerden.
- Bekämpft Bakterien, die dem Kind schaden könnten.

**Praktische Tipps:**
Bei hoher Dosierung kann Minze Uteruskontraktionen verursachen und Fehlgeburten begünstigen. Das gilt jedoch nur für hochdosierte Medikamente und Naturheilmittel. Einige Tassen Pfefferminztee pro Tag oder frische Blätter als Gewürz für Salate oder Smoothies sind für Schwangere bekömmlich und ungefährlich.

### SCHON GEWUSST?

Schon die alten Griechen setzten Minze gegen Schmerzen, Anspannung und Nervosität in der Schwangerschaft ein. Benannt ist das Kraut nach der Nymphe Mintha, die von Persephone in eine Pflanze verwandelt wurde.

### HAUPTNÄHRSTOFFE IN 15 G MINZE

| | |
|---|---|
| Kalorien (kcal) | 7 |
| Gesamtfettgehalt | 0 g |
| Eiweiß | 0,5 g |
| Kohlenhydrate | 1,2 g |
| Ballaststoffe | 1 g |
| Folsäure | 16 µg |
| Kalzium | 30 mg |
| Magnesium | 9 mg |
| Kalium | 69 mg |
| Eisen | 1,8 mg |

# Bohnen-Dip mit Minze

FÜR 6 PERSONEN

*175 g weiße Bohnen aus der Dose, abgespült und abgetropft*
*1 kleine Knoblauchzehe, zerdrückt*
*1 Bund Frühlingszwiebeln, grob gehackt*
*1 Handvoll frische Minzeblätter*
*2 EL Tahini*
*2 EL Olivenöl*
*1 TL gemahlener Kreuzkümmel*
*1 TL gemahlener Koriander*
*2 EL Zitronensaft*
*Pfeffer*

(W) (A) (N) (V) (E)

**Zubereitung**

1 Die Bohnen mit Knoblauch, Frühlingszwiebeln, Minze, Tahini und Olivenöl in einer Schüssel mit einer Gabel fein zerdrücken. Kreuzkümmel, Koriander und Zitronensaft unterrühren.

2 Mit Pfeffer abschmecken, nochmals gut umrühren und mit Frischhaltefolie abdecken. 30 Minuten an einen kühlen Platz (aber nicht in den Kühlschrank) stellen, damit sich die Aromen entfalten können.

3 Den Dip in Portionsschälchen füllen und zimmerwarm servieren.

# 33 NATURJOGHURT

## Unbehandelter Naturjoghurt enthält aktive Bakterienkulturen, die das Immunsystem stärken und die Verdauung fördern.

Naturjoghurt fördert die Vermehrung der nützlichen Bakterien, die von Natur aus den menschlichen Darm besiedeln. Dadurch treten seltener Entzündungen, Nahrungsmittelunverträglichkeiten und Allergien auf. Joghurt reguliert die Verdauungstätigkeit, beugt Durchfall vor und hilft, Verstopfung zu vermeiden, die vor allem in der Schwangerschaft auftreten und andere Beschwerden wie Übelkeit, Sodbrennen oder Blähungen nach sich ziehen kann. Ablagerungen von Giftstoffen im Darm sollten vor allem in der Schwangerschaft vermieden werden, weil sie das Immunsystem des Körpers schwächen und den Abbau von Schadstoffen behindern können. Joghurt ist reich an wertvollen Proteinen und eine gute Quelle für Vitamin $B_{12}$, das der Entwicklung von Körper und Gehirn des Kindes zugutekommt.

- Fördert eine gesunde Darmflora, stärkt Immunsystem und Giftstoffabbau.
- Unterstützt eine regelmäßige Verdauung, beugt Übelkeit, Sodbrennen und Blähungen vor.
- Enthält Proteine und Vitamin $B_{12}$, die für die Entwicklung von Körpergewebe und Gehirn des Kindes wichtig sind.

**Praktische Tipps:**
Griechischer oder türkischer Joghurt mit 10 % Fett ist leichter verdaulich, weil er weniger Laktose und mehr Proteine enthält. Er sättigt gut und kann helfen, morgendliche Übelkeit zu lindern. Kaufen Sie vorzugsweise Biomilchprodukte, um möglichst wenig Hormone und Antibiotika zu sich zu nehmen.

### SCHON GEWUSST?

Joghurt ist nicht nur zum Essen da. Er eignet sich auch zur Behandlung von Reizungen und Pilzbefall der Vaginalschleimhaut. Bei Pilzen den Zuckerverzehr einschränken!

### DIE WICHTIGSTEN NÄHRSTOFFE IN 100 G NATURJOGHURT, VOLLFETTSTUFE

| | |
|---|---|
| Kalorien (kcal) | 61 |
| Gesamtfettgehalt | 3,25 g |
| Eiweiß | 3,47 g |
| Kohlenhydrate | 4,66 g |
| Vitamin A | 99 IE |
| Vitamin $B_2$ | 0,14 mg |
| Vitamin $B_5$ | 0,39 mg |
| Vitamin $B_{12}$ | 0,37 µg |
| Cholin | 15,2 mg |
| Kalzium | 121 mg |
| Kalium | 155 mg |

# Joghurt-Aprikosen-Eis

FÜR 4–6 PERSONEN

*600 g Naturjoghurt*
*3–4 Tropfen Mandelaroma*
*2 EL klarer Honig*
*50 g Mandelblättchen*
*180 g getrocknete Aprikosen, gehackt*

(W) (G) (A) (N) (V) (E)

**Zubereitung**

**1** Eine 12er-Muffinform mit Papierförmchen auskleiden. Joghurt, Mandelaroma und Honig in einer Schüssel verrühren. Mandeln und Aprikosen zufügen und gut vermengen.

**2** Die Mischung in die Förmchen füllen und 2 Stunden ins Gefrierfach stellen, bis der Joghurt gerade angefroren ist. Sofort servieren.

# 34 SCHWARZE BOHNEN

## Alle Bohnen enthalten Antioxidantien, doch schwarze Bohnen sind besonders reich an Proanthocyanidin, das für eine gute Blutversorgung des Uterus sorgt.

100 g schwarze Bohnen enthalten etwa zehnmal so viele Antioxidantien wie 100 g Orangen und stärken das Immunsystem. Außerdem sind schwarze Bohnen reich an Folsäure, die in den ersten vier Schwangerschaftswochen für die Bildung des kindlichen Neuralrohrs und später für die Entwicklung des Nervensystems, die Bildung roter Blutkörperchen und die Zellteilung benötigt wird. Vitamin $B_1$ fördert diese Vorgänge, indem es den Körper bei der Energiegewinnung unterstützt. Mit Proteinen, Kalzium, Magnesium und Kalium stärken schwarze Bohnen die Muskulatur der Mutter und bereiten den Körper auf das Austragen des wachsenden Kindes vor.

- Reich an Antioxidantien, die das Kind während der Schwangerschaft vor Schäden schützen.
- Folsäure und Vitamin $B_1$ sind wichtig für die Entwicklung des kindlichen Nervensystems und das steigende Blutvolumen der Mutter.
- Protein, Kalzium, Magnesium und Kalium bereiten die Bauchmuskulatur darauf vor, sich zu dehnen und das Kind zu tragen.

**Praktische Tipps:**
Bohnen aus der Dose unterscheiden sich hinsichtlich des Nährstoffgehalts kaum von getrockneten. Achten Sie bei Konserven darauf, dass sie kein Salz enthalten. Getrocknete Bohnen vor der Zubereitung einweichen, damit die Faserstoffe nicht erst im Verdauungstrakt aufquellen. Über Nacht einweichen oder 2 Minuten kochen und dann abgedeckt im Wasser 2 Stunden stehen lassen.

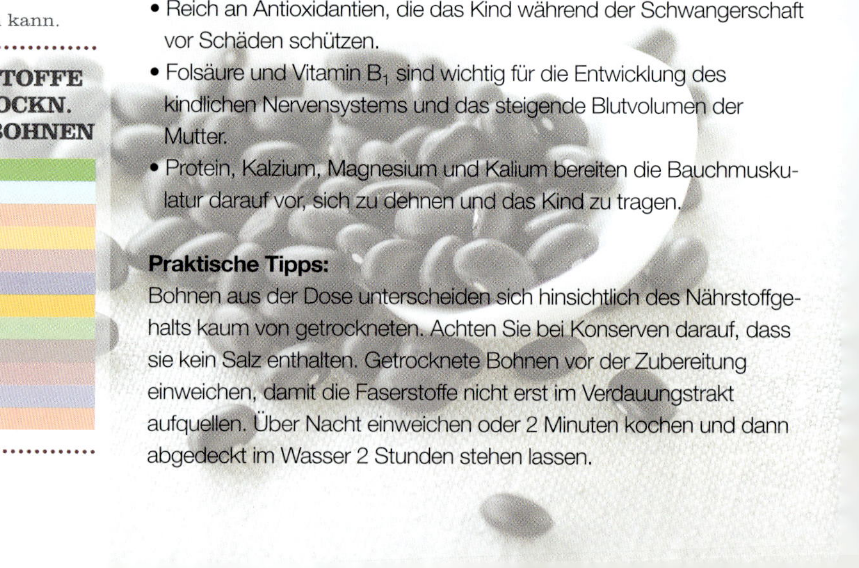

### SCHON GEWUSST?

Die Bedürfnisse des Körpers können über die Ernährung geregelt werden. Die Mineralien in Bohnen regulieren auf natürliche Weise den Blutdruck, der in der Frühschwangerschaft, wenn das Blutvolumen zunimmt, unangenehm schwanken kann.

### HAUPTNÄHRSTOFFE IN 100 G GETROCKN. SCHWARZEN BOHNEN

| | |
|---|---|
| Kalorien (kcal) | 341 |
| Gesamtfettgehalt | 1,42 g |
| Eiweiß | 21,6 g |
| Kohlenhydrate | 62,36 g |
| Ballaststoffe | 15,2 g |
| Vitamin $B_1$ | 0,9 mg |
| Folsäure | 444 µg |
| Vitamin E | 0,21 mg |
| Kalzium | 123 mg |
| Magnesium | 171 mg |
| Kalium | 1483 mg |
| Zink | 3,65 mg |

# Chili mit dreierlei Bohnen

FÜR 4–6 PERSONEN

*2 EL Olivenöl*
*1 Zwiebel, gehackt*
*2 Knoblauchzehen, fein gehackt*
*1 frische rote Chili, entkernt und gehackt*
*1 kleine rote Paprika, gehackt*
*1 TL gemahlener Kreuzkümmel*
*1 TL gemahlener Koriander*
*1 TL getrockneter Thymian*
*2 Tomaten, entkernt und gehackt*
*120 g getrocknete rote Kidneybohnen, über Nacht eingeweicht, abgespült und abgetropft*
*120 g getrocknete schwarze Bohnen, über Nacht eingeweicht, abgespült und abgetropft*
*120 g getrocknete Pintobohnen, über Nacht eingeweicht, abgespült und abgetropft*
*150 ml Gemüsebrühe*
*Pfeffer*
*frisch gehackter Koriander, zum Garnieren*

(W) (G) (A) (V) (E)

**Zubereitung**

1 Das Öl in einer großen, schweren Pfanne erhitzen. Die Zwiebel darin bei mittlerer Hitze unter gelegentlichem Rühren 5 Minuten andünsten. Knoblauch, Chili und Paprika zufügen und 3 Minuten mitdünsten. Kreuzkümmel, Koriander und Thymian zufügen und 1–2 Minuten pfannenrühren.

2 Tomaten, alle Bohnen und Gemüsebrühe zufügen und aufkochen. Die Hitze reduzieren und das Chili mit schräg aufliegendem Deckel 12 Minuten köcheln. Umrühren und mit Pfeffer abschmecken.

3 Die Hälfte des Chilis in eine Schüssel geben, mit einem Kartoffelstampfer zerdrücken und wieder in die Pfanne geben. Mit dem frisch gehackten Koriander garnieren und sofort servieren.

# 35 MANDELN

## Mandeln sind reich an Vitamin E, das die Fettzellen des Babys schützt und die Bildung von roten Blutkörperchen fördert.

Omega-6-Fettsäuren, B-Vitamine, Zink und Magnesium in Mandeln regulieren die Produktion von Östrogen und Progesteron und helfen so, das Risiko einer Fehlgeburt zu reduzieren. Außerdem stabilisieren sie den Energiehaushalt der Mutter und beugen Stimmungsschwankungen vor. Die Mineralien Kalzium und Magnesium, die in Mandeln in einem sehr ausgewogenen Verhältnis vorhanden sind, lindern Muskelverspannungen, regulieren den Blutdruck und fördern die Hirntätigkeit der Mutter. Im ersten Schwangerschaftsdrittel wird für den Knochenaufbau des Kindes viel Kalzium benötigt, das dem Körper der Mutter entzogen wird. Wenn durch die Nahrung nicht für ausreichend Nachschub gesorgt wird, können die Zähne der Mutter leiden oder es besteht in späteren Jahren ein erhöhtes Risiko für Osteoporose.

- Vitamin E beugt Entzündungen vor, stärkt das Immunsystem, schützt die fettreichen Gewebe des Kindes und wirkt bei der Bildung roter Blutkörperchen mit.
- Omega-6-Fettsäuren, B-Vitamine, Zink und Magnesium regulieren den Hormonhaushalt und schützen vor Stimmungsschwankungen.
- Kalzium und Magnesium regulieren den Blutdruck, fördern das Wachstum des Kindes und füllen die Speicher der Mutter auf.

**Praktische Tipps:**
Als Snack zum Mitnehmen helfen Mandeln dabei, Blutzuckerschwankungen zu vermeiden, die zu Übelkeit, Erschöpfung und Schwindel führen können. Mandeln roh essen und kühl und dunkel aufbewahren.

### SCHON GEWUSST?

Die alten Ägypter setzten Bittermandelöl zur Behandlung von Hautproblemen – wie beispielsweise auch Dehnungsstreifen – ein. Heute wird süßes Mandelöl gern als Grundlage für Massageöle verwendet.

### HAUPTNÄHRSTOFFE IN 25 G MANDELN

| | |
|---|---|
| Kalorien (kcal) | 174 |
| Gesamtfettgehalt | 15 g |
| einfach unges. Fettsäuren | 9,27 g |
| Omega-6-Fettsäuren | 3619 mg |
| Omega-9-Fettsäuren | 9182 mg |
| Eiweiß | 6,6 g |
| Kohlenhydrate | 6 g |
| Ballaststoffe | 3 g |
| Vitamin $B_3$ | 1,01 mg |
| Vitamin $B_5$ | 0,14 mg |
| Vitamin E | 7,4 mg |
| Kalzium | 80 mg |
| Magnesium | 80 mg |
| Kalium | 211,5 mg |
| Phosphor | 145,2 mg |
| Zink | 1,51 mg |
| Phytosterol | 42,9 mg |

# Pikante Mandelpaste

ERGIBT 10 PORTIONEN

*150 g ganze Mandeln, blanchiert*
*5 EL helles Olivenöl*
*2 TL Fajita-Gewürzmischung*
*1 Prise Meersalz*

(W) (A) (V) (E)

**Zubereitung**

1 Mandeln und Öl im Mixer zu einer groben Paste verarbeiten.

2 Die Paste in eine Schüssel füllen, Gewürzmischung und Salz unterrühren. Bis zum Verzehr im Kühlschrank aufbewahren.

# 36 HUHN

## Hühnerfleisch ist reich an Proteinen, die für Wachstum und Entwicklung des Babys benötigt werden. Proteine bilden die Grundlage aller Teile des menschlichen Körpers.

Beim Verzehr von Hühnerfleisch und anderen tierischen Produkten nimmt man eine gute Portion Eisen zu sich, das der Körper leicht verwerten kann. Es wird zur Bildung von Hämoglobin benötigt, das für den Sauerstofftransport und die Energiegewinnung wichtig ist. Bei Müdigkeit im ersten Schwangerschaftsdrittel sollte der Arzt konsultiert werden, weil häufig Eisenmangel vorliegt. Auch morgendliche Übelkeit wird oft durch eine Unterversorgung mit Eisen und seinem „Gehilfen" Vitamin $B_6$ verursacht. Vitamin $B_6$ verbessert die Eisenaufnahme und reguliert die Östrogenproduktion. Schwankungen dieses Hormons sind oft für Übelkeit und Erbrechen in der Frühschwangerschaft verantwortlich. Selen im Hühnerfleisch fördert die Ausscheidung von Schwermetallen wie Quecksilber und Blei, die dem Embryo schaden können.

- Gute Proteinquelle, liefert alle „Baustoffe", die für die Entwicklung des Kindes nötig sind.
- Leicht verwertbares Eisen und Vitamin $B_6$ fördern die Energiegewinnung, beugen Erschöpfung und morgendlicher Übelkeit vor.
- Selen unterstützt die Ausscheidung von Schwermetallen.

**Praktische Tipps:**
Das Fleisch von frei laufenden Hühnern enthält mehr Proteine und weniger Fett als anderes Geflügel, weil das Tier sich viel bewegen konnte. Schwangere sollten Biofleisch bevorzugen, weil die Hormone und Antibiotika in Fleisch aus konventioneller Tierhaltung den Hormonhaushalt und das Immunsystem stören können.

### SCHON GEWUSST?

Hyaluronsäure ist in vielen Hautpflegeprodukten enthalten, weil sie die Haut praller und frischer wirken lässt. Sie ist ein natürlicher Bestandteil von Hühnerfleisch und kommt auch dem Wasserhaushalt des kindlichen Körpers zugute.

### DIE WICHTIGSTEN NÄHRSTOFFE IN 100 G HUHN, OHNE HAUT

| | |
|---|---|
| Kalorien (kcal) | 114 |
| Gesamtfettgehalt | 2,59 g |
| gesättigte Fettsäuren | 0,57 g |
| einfach unges. Fettsäuren | 0,76 g |
| Eiweiß | 21,23 g |
| Kohlenhydrate | 0 g |
| Vitamin $B_3$ | 10,43 mg |
| Vitamin $B_5$ | 1,43 mg |
| Vitamin $B_6$ | 0,75 mg |
| Selen | 32 µg |
| Eisen | 0,37 mg |

# Hühnertopf mit Graupen und Gemüse

FÜR 4 PERSONEN

*2 EL Pflanzenöl*
*8 kleine Hähnchenschenkel ohne Haut*
*500 ml Hühnerbrühe*
*100 g Perlgraupen, gewaschen und abgetropft*
*200 g kleine neue Kartoffeln, abgebürstet und längs halbiert*
*2 große Karotten, in Scheiben*
*1 Porreestange, in Ringen*
*2 Schalotten, in Ringen*
*1 EL Tomatenmark*
*1 Lorbeerblatt*
*1 Zucchini, in Scheiben*
*2 EL frisch gehackte glatte Petersilie, plus ein paar Blätter mehr zum Garnieren*
*2 EL Mehl*
*Salz und Pfeffer*
*knuspriges Brot, zum Servieren*

(W) (G) (A)

**Zubereitung**

**1** Das Öl in einem großen Topf erhitzen. Die Hähnchenschenkel darin 3 Minuten anbraten, dann wenden und weitere 2 Minuten braten. Brühe zugießen und Graupen, Kartoffeln, Karotten, Porree, Schalotten, Tomatenmark sowie Lorbeerblatt zufügen. Aufkochen und bei geringer Hitze 30 Minuten köcheln.

**2** Zucchini und Petersilie zugeben und alles abgedeckt weitere 20 Minuten köcheln, bis das Fleisch gar ist. Dann das Lorbeerblatt entfernen.

**3** Das Mehl mit 4 Esslöffeln Wasser in einer Schale glatt rühren. In den Topf geben und das Gericht bei geringer Hitze unter Rühren 5 Minuten köcheln. Mit Salz und Pfeffer abschmecken.

**4** Vom Herd nehmen, auf Suppenteller verteilen und mit Petersilienblättern garnieren. Mit knusprigem Brot servieren.

# 37 TILAPIA

## Tilapia ist so proteinreich wie Hühnerfleisch, enthält aber zusätzlich die Omega-3-Fettsäure DHA, die für Entwicklung und Funktion des kindlichen Gehirns wichtig ist.

Die DHA (Docosahexaensäure) in Tilapia wird für die Entwicklung von Zentralnervensystem, Augen und Gehirn benötigt. Manche Studien stellen eine Verbindung zwischen der DHA-Aufnahme während der Schwangerschaft und der späteren kognitiven Entwicklung des Kindes her, doch diese Frage ist noch nicht erschöpfend erforscht. Der tägliche DHA-Bedarf einer Frau liegt bei 200 mg, in der Schwangerschaft höher (der genaue Wert ist noch unklar). Tilapia enthält außerdem Omega-6-Fettsäuren, die zusammen mit den Omega-3-Fettsäuren den Hormonhaushalt ausgleichen. Sein Vitamin D fördert die gesunde Entwicklung des kindlichen Skeletts, und Cholin, das zu den B-Vitaminen gehört, unterstützt die Entwicklung des Gehirns.

- Proteine und DHA fördern die Entwicklung von Gehirn und Zentralnervensystem des Kindes.
- Eine ausreichende DHA-Aufnahme während der Schwangerschaft hat möglicherweise positiven Einfluss auf die spätere kognitive Entwicklung des Kindes.
- Vitamin D wird für die Skelettbildung benötigt.
- Cholin ist wichtig für die Entwicklung des Gehirns.

**Praktische Tipps:**
Tilapia schmeckt und riecht sehr mild – ein Vorteil für Frauen, die generell nicht so gern Fisch mögen oder während der Frühschwangerschaft eine Aversion entwickeln. Um die Nährstoffe zu schonen, sollte man ihn grillen, dünsten oder backen.

### SCHON GEWUSST?
Da Thun- und Schwertfisch am Ende der Nahrungskette stehen, haben sie einen hohen Gehalt an Schwermetallen. Diese können das Risiko einer Frühgeburt erhöhen. Tilapia enthält nur wenig Quecksilber.

### DIE WICHTIGSTEN NÄHRSTOFFE IN 100 G FRISCHFISCH

| | |
|---|---|
| Kalorien (kcal) | 92 |
| Gesamtfettgehalt | 8,8 g |
| Omega-3-Fettsäuren | 443 mg |
| Eiweiß | 83 g |
| Kohlenhydrate | 0,2 g |
| Vitamin A | 37 IE |
| Vitamin E | 0,4 IE |
| Vitamin $B_3$ | 3,3 mg |
| Vitamin $B_5$ | 0,4 mg |
| Vitamin $B_6$ | 0,3 mg |
| Vitamin $B_{12}$ | 3,2 µg |
| Folsäure | 24 µg |
| Cholin | 65 mg |
| Selen | 36,5 µg |

# Tilapia mit Brunnenkressesauce

FÜR 4 PERSONEN

*4 Tilapiafilets ohne Haut à 200 g*
*Saft von 1/2 Zitrone*
*Salz und Pfeffer*
*5 EL Olivenöl*
*1 Schalotte, fein gehackt*
*1 Knoblauchzehe, fein gehackt*
*125 g Brunnenkresse, fein gehackt, plus einige ganze Stängel zum Garnieren*
*250 ml Crème fraîche*
*neue Kartoffeln, als Beilage*

(W) (G) (E)

**Zubereitung**

**1** Die Fischfilets mit Zitronensaft beträufeln und mit Pfeffer würzen. 3 Esslöffel Olivenöl in einer Pfanne erhitzen. Den Fisch darin bei mittlerer bis niedriger Temperatur von jeder Seite 3–4 Minuten braten.

**2** Das restliche Öl in einem Topf erhitzen. Schalotte und Knoblauch darin bei niedriger Temperatur unter Rühren 5 Minuten weich dünsten. Die Brunnenkresse zugeben und unter gelegentlichem Rühren 2 Minuten dünsten, bis sie zusammenfällt. Die Crème fraîche einrühren. Mit etwas Salz und Pfeffer würzen und behutsam erhitzen.

**3** Die Fischfilets mit einem breiten Pfannenwender auf vorgewärmte Teller legen. Die Sauce darübergießen, mit Kresseblättern garnieren und sofort zu neuen Kartoffeln servieren.

# 38 OLIVENÖL

## Die Fettzusammensetzung von Olivenöl ähnelt der von menschlicher Muttermilch. Es fördert die Entwicklung des Kindes in Schwangerschaft und Stillzeit.

Olivenöl ist eine Grundzutat der mediterranen Küche. Seine Inhaltsstoffe Quercetin und Ölsäure stärken das Immunsystem der Mutter und des ungeborenen Kindes. Es ist außerdem reich an Vitamin E, das nachweislich günstigen Einfluss auf die Entwicklung von Leber, Nieren und Bauchspeicheldrüse des Embryos hat. Die Funktion dieser Organe ist bei Frühgeborenen besonders wichtig. Der Inhaltsstoff Oleocanthal wirkt schmerzstillend und kann typische Schwangerschaftsbeschwerden auf ganz natürliche Weise lindern.

- Gesunde Fette stärken das Immunsystem von Mutter und Kind während Schwangerschaft und Stillzeit.
- Der Verzehr während der Schwangerschaft wirkt sich nachweislich günstig auf die Atmung des Kindes aus.
- Vitamin E hilft, bei Frühgeborenen Probleme von Leber, Nieren und Bauchspeicheldrüse zu vermeiden.
- Oleocanthal besitzt eine gute schmerzlindernde Wirkung.

**Praktische Tipps:**
Verwenden Sie für Salatdressings hochwertiges, kalt gepresstes, natives Olivenöl. Weil es reichlich einfach ungesättigte Fettsäuren enthält, kann man es auch bedenkenlos zum Braten bei mittlerer Temperatur verwenden.

### SCHON GEWUSST?

Olivenöl ist ein hervorragendes Hautpflegemittel und enthält im Gegensatz zu kommerziellen Kosmetika keine Chemikalien, die den Hormonhaushalt stören können. Olivenölmassagen können Dehnungsstreifen vorbeugen.

### DIE WICHTIGSTEN NÄHRSTOFFE IN 15 ML OLIVENÖL

| | |
|---|---|
| Kalorien (kcal) | 132 |
| Gesamtfettgehalt | 15 g |
| einfach unges. Fettsäuren | 4,62 g |
| Omega-6-Fettsäuren | 1464 mg |
| Omega-9-Fettsäuren | 10689 mg |
| Kohlenhydrate | 0 g |
| Vitamin E | 2,15 mg |

# Grüner Pesto

ERGIBT 125 ML

*40 frische Basilikumblätter*
*3 Knoblauchzehen, zerdrückt*
*25 g Pinienkerne*
*50 g Parmesan, fein gerieben*
*2–3 EL natives Olivenöl extra*
*Pfeffer*

(W) (A) (N) (V) (E)

**Zubereitung**

1 Das Basilikum abspülen und mit Küchenpapier abtupfen. Basilikum, Knoblauch, Pinienkerne und Parmesan im Mixer 30 Sekunden zerkleinern, bis eine glatte Masse entstanden ist. Alternativ einen Mörser verwenden.

2 Bei Zubereitung im Mixer bei laufendem Motor langsam das Olivenöl zugießen. Im Mörser das Öl tröpfchenweise zugeben und jeweils sehr gut unterrühren. Mit Pfeffer abschmecken.

# 39 PAPAYA

## Papaya enthält das Enzym Papain, das die Proteinverdauung erleichtert und während der Schwangerschaft hilft, Sodbrennen, Verstopfung und Übelkeit zu vermeiden.

Während der Schwangerschaft steigt der Progesteronspiegel an und die Muskeln werden weicher, damit sich der Uterus dehnen kann. Durch dieselbe Wirkung auf die Muskeln des Verdauungstraktes kann es jedoch zu Sodbrennen, Übelkeit und Darmträgheit kommen. Dem wirkt das Enzym Papain entgegen. Das Vitamin C der Papaya fördert die Aufnahme von Eisen und Kalzium. Außerdem regt es die Schilddrüsenfunktion an, was der Entwicklung des kindlichen Gehirns und Nervensystems zugutekommt, und fördert die Produktion von Collagen, das für den Zellaufbau wichtig ist. Die Carotinoide Betacarotin, Lutein und Zeaxanthin schützen beim Embryo die Fettgewebe von Herz, Gehirn, Augen und Haut. Unser Körper wandelt Betacarotin nur nach Bedarf in Vitamin A um.

- Das Enzym Papain fördert die Proteinverdauung und lindert morgendliche Übelkeit, Darmträgheit und Sodbrennen.
- Vitamin C verbessert die Absorption von Eisen und Kalzium, fördert die Schilddrüsenfunktion und die Produktion von Collagen für Haut, Knochen und Organe.
- Carotinoide schützen die Fettgewebe des wachsenden Babys und dienen als Grundlage von Vitamin A für Herz, Gehirn, Augen und Haut.

**Praktische Tipps:**
Essen Sie Papaya zu Salat mit Fisch oder Fleisch. Während der Schwangerschaft keine unreifen Papayas essen; sie können Uteruskontraktionen auslösen.

### SCHON GEWUSST?

Den hohen Karotingehalt exotischer Früchte erkennt man an ihren intensiven Farben. Diese Antioxidantien schützen die reifenden Früchte vor Schäden durch Sonnenlicht – und später die Zellen des menschlichen Körpers.

### DIE WICHTIGSTEN NÄHRSTOFFE IN EINER PAPAYA

| | |
|---|---|
| Kalorien (kcal) | 120 |
| Gesamtfettgehalt | 0,4 g |
| Eiweiß | 1,5 g |
| Kohlenhydrate | 30 g |
| Ballaststoffe | 5,5 g |
| Vitamin C | 180 mg |
| Kalium | 780 mg |
| Lutein/Zeanxathin | 228 µg |
| Carotin | 839 µg |

# Salat mit Papaya, Avocado und Paprika

FÜR 4–6 PERSONEN

*200 g gemischter Blattsalat*
*2–3 Frühlingszwiebeln, gehackt*
*3–4 EL frisch gehackter Koriander*
*1 kleine Papaya*
*2 rote Paprika*
*1 Avocado*
*1 EL Limettensaft*
*3–4 EL Kürbiskerne (nach Belieben)*

**Dressing**

*Saft von 1 Limette*
*1 Prise Paprikapulver*
*1 Prise gemahlener Kreuzkümmel*
*1 Knoblauchzehe, fein gehackt*
*4 EL natives Olivenöl extra*
*Pfeffer und Salz*

(W) (G) (A) (N) (V) (E)

**Zubereitung**

**1** Blattsalat, Frühlingszwiebeln und Koriander in einer Schale mischen, dann in eine Salatschüssel füllen.

**2** Die Papaya halbieren und die Kerne mit einem Löffel herausschaben. Die Frucht vierteln, schälen und das Fruchtfleisch in Scheiben schneiden. Auf den Salatblättern anrichten. Die Paprikaschoten halbieren, entkernen und in dünne Streifen schneiden. Auf den Salat geben. Die Avocado halbieren, den Stein entfernen und die Frucht schälen. Das Fleisch würfeln und sofort mit Limettensaft beträufeln, damit es nicht braun wird. Zum Salat geben.

**3** Für das Dressing alle Zutaten in einer kleinen Schüssel verrühren und mit Pfeffer und Salz abschmecken. Über den Salat gießen und kurz unterheben. Nach Belieben mit Kürbiskernen bestreuen.

# 40 RUCOLA

## Rucola oder Rauke gehört zu den Kohlgewächsen. Alle Mitglieder dieser Pflanzenfamilie enthalten wertvolle Sulforaphane.

Sulforaphane neutralisieren Giftstoffe und fördern die Produktion von Enzymen in der Leber, die noch lange nach dem Essen wirksam bleiben. Durch diese Langzeitwirkung beugen sie Schäden an der kindlichen DNA vor und fördern die gesunde Entwicklung des Körpers. Sie aktivieren außerdem die anderen Antioxidantien, die mit der Nahrung aufgenommen werden, und verstärken deren schützende Wirkung. An den dunklen Blättern der Rauke erkennt man, dass sie reich an Carotinoiden sind. Darüber hinaus fördert ihr Gehalt an Vitamin C, E und Folsäure die gesunde Entwicklung der kindlichen Gewebe. Kalzium, unterstützt von Vitamin C und Betacarotin, ist wichtig für den gesunden Knochenaufbau. Kalium reguliert den Flüssigkeitshaushalt und beugt in der Schwangerschaft Wassereinlagerungen und hohem Blutdruck vor.

- Sulforaphane bieten Langzeitschutz und verstärken die Wirkung anderer Antioxidantien.
- Die Vitamine C, E und Folsäure spielen gemeinsam eine wichtige Rolle für die Entwicklung des Babys.
- Kalzium, Vitamin C und Betacarotin sind für die Knochen wichtig.
- Kalium beugt Wassereinlagerungen und Bluthochdruck vor.

**Praktische Tipps:**
Rucola ist eine gesunde Zutat zu Salaten aller Art. Sein pfeffriger Geschmack regt die Verdauung an. Vor der Verwendung gründlich waschen und an warme Gerichte erst am Ende der Garzeit geben, damit er nicht zusammenfällt.

### SCHON GEWUSST?

Detoxkuren sind während der Schwangerschaft tabu, weil die frei werdenden Toxine das Kind schädigen könnten. Grünes Blattgemüse, das die Ausscheidung von Giftstoffen sanft fördert, kann aber täglich gegessen werden.

### DIE WICHTIGSTEN NÄHRSTOFFE IN 15 G RUCOLA

| | |
|---|---|
| Kalorien (kcal) | 4 |
| Gesamtfettgehalt | 0 g |
| Eiweiß | 0,4 g |
| Kohlenhydrate | 0,5 g |
| Ballaststoffe | 0,2 g |
| Vitamin C | 2,3 mg |
| Folsäure | 15 µg |
| Vitamin E | 1,5 mg |
| Kalzium | 24 mg |
| Kalium | 55 mg |
| Betacarotin | 214 µg |
| Lutein/Zeaxanthin | 533 µg |

# Gegrillte Garnelen mit Rucola und Radicchio

FÜR 4 PERSONEN

*1 Knoblauchzehe, zerdrückt*
*Saft von 1/2 Zitrone*
*4 EL natives Olivenöl extra*
*1/4 TL getrocknete Chiliflocken*
*Pfeffer*
*250 g große Garnelen ohne Kopf und Schale*
*8 Radicchioblätter, in Streifen*
*125 g Rucola*
*1 TL Balsamico-Essig*
*2 EL frisch gehacktes Basilikum*

(W) (A) (E)

**Zubereitung**

1 Knoblauch und Zitronensaft mit 3 Esslöffeln Öl, Chiliflocken und Pfeffer nach Geschmack verrühren. Über die Garnelen gießen und 30 Minuten marinieren.

2 Radicchio und Rucola in eine Schüssel geben. Mit dem restlichen Öl beträufeln und mischen. Mit dem Essig beträufeln und nochmals mischen. Die Blätter auf Portionsteller verteilen.

3 Eine Grillpfanne aus Gusseisen bei hoher Temperatur vorheizen. Die Garnelen etwa 2 Minuten braten, bis sie nicht mehr glasig sind. Zwischendurch wenden und mit der restlichen Marinade einpinseln. Auf dem Salat anrichten und mit Basilikum bestreut servieren.

3

# Zweites Drittel

Der Fötus wächst jetzt so schnell, dass man die Veränderung des Bauches beobachten kann. Die Plazenta versorgt das Kind mit Sauerstoff und Nährstoffen, sodass Müdigkeit und Übelkeit der ersten Wochen abklingen. Weil Herzschlag und Blutvolumen aber zunehmen, ist es wichtig, auf eine gute Versorgung mit Eisen, Magnesium und Vitamin $B_{12}$ zu achten. Eine hochwertige Ernährung ist auch für das schnelle Wachstum und die Entwicklung des Kindes notwendig.

Wenn während der Schwangerschaft der Progesteronspiegel steigt, kann es zu Sodbrennen und Darmträgheit kommen. Die größere Blutmenge kann Nasenbluten, Neigung zu Blutergüssen, Hämorrhoiden und Krampfadern nach sich ziehen. Solche Beschwerden lassen sich durch eine Ernährung, die den Kreislauf und die Verdauung anregt, vermeiden oder wenigstens lindern.

(W) Wachstum des Kindes
(G) Gehirnentwicklung des Kindes
(A) Antioxidantien
(N) Naturmedizin
(V) Für Vegetarier geeignet
(E) Einfache und schnelle Zubereitung

# 41 KAMILLE

## Eine Schwangerschaft kann zu Grübeleien Anlass geben, die manchmal den Schlaf stören. Da kann die mild-beruhigende Wirkung von Kamillentee willkommen sein.

Der anschwellende Bauch kann Schmerzen in Becken und Rücken verursachen, und auch die Brüste werden empfindlicher, sodass manche Schlafpositionen unbequem sind. Kamille enthält die beruhigenden Wirkstoffe Apigenin und Glycin, die solche Beschwerden lindern und die Schlafqualität verbessern können. Kamille erfrischt und wirkt Übelkeit entgegen, die bis ins zweite Schwangerschaftsdrittel andauern kann. Weil sie das Nervensystem beruhigt, lindert sie Sodbrennen und Verstopfung sowie Stress, der diese Beschwerden noch verstärken kann. Der Inhaltsstoff Hippursäure beugt Harnwegsinfektionen vor, die wegen des verstärkten Drucks auf Nieren und Blase in der Schwangerschaft häufiger vorkommen.

- Enthält beruhigendes Apigenin und Glycin, die Schlafprobleme verringern können.
- Kamille ist ein natürliches Laxativum, das Verdauungsstörungen lindern kann.
- Hippursäure beugt Blasen- und Harnwegsinfektionen vor, die in der Schwangerschaft häufiger auftreten können.

**Praktische Tipps:**
Kräutertee sollte während der Schwangerschaft generell nur in kleinen Mengen getrunken werden, weil die Nebenwirkungen nicht immer einzuschätzen sind. Benutzte, abgekühlte Kamillenteebeutel eignen sich als Kompressen bei geschwollenen Augen. Bei Beifußallergie Kamille vorsichtshalber meiden.

### SCHON GEWUSST?

Eine oder zwei Tassen Kamillentee erleichtern das Einschlafen während der Schwangerschaft. Größere Mengen wirken aber anregend, vor allem, wenn man sie mit Zucker süßt.

### DIE WICHTIGSTEN NÄHRSTOFFE IN 225 ML KAMILLENTEE

| | |
|---|---|
| Kalorien (kcal) – circa* | 2 |
| Gesamtfettgehalt | 0 g |
| Eiweiß | 0 g |
| Ballaststoffe | 0 g |
| Kohlenhydrate | 0,47 g |

* große Schwankungsbreite je nach Sorte und Ziehzeit

# Feiner Kamillentee

FÜR 2 PERSONEN

*2 EL Kamillenblüten*
*40 g frischer Ingwer, in dünnen Scheiben*
*600 ml frisch gekochtes Wasser*
*1–2 TL flüssiger Honig (nach Belieben)*
*Eiswürfel und Zitronenscheiben, zum Servieren (nach Belieben)*

(N) (V) (E)

**Zubereitung**

1 Zunächst die Kanne anwärmen. Kamillenblüten und Ingwer in die Kanne geben. Das kochende Wasser etwas abkühlen lassen, in die Kanne gießen und umrühren. Den Tee 3–5 Minuten ziehen lassen.

2 Den Tee durch ein feines Sieb in zwei Tassen gießen, nach Geschmack mit Honig süßen und servieren. Der Tee schmeckt auch gekühlt mit Eiswürfeln und Zitronenscheiben.

# 42 RINDFLEISCH

Rindfleisch ist reich an B-Vitaminen und Mineralstoffen. Bei gelegentlichem Verzehr trägt es dazu bei, den Hormonhaushalt des Körpers zu regulieren.

Während der Schwangerschaft muss der Körper mehr rote Blutkörperchen erzeugen. Dafür benötigt er Eisen und Vitamin $B_{12}$. Das Ubichinon-10 aus Rindfleisch hilft bei der Gewinnung der nötigen Energie und stabilisiert den Herzschlag des Fötus. Die B-Vitamine fördern den Proteinstoffwechsel, sodass die Proteine in Aminosäuren aufgespalten werden und der Entwicklung des Fötus zugutekommen können. Zink und Selen aus Rindfleisch unterstützen das Gewebewachstum des Kindes und beugen bei der Mutter Hautproblemen wie Akne vor, die durch die erhöhte Östrogenproduktion in der Schwangerschaft oft auftreten.

- B-Vitamine und Mineralien regulieren den Hormonhaushalt, liefern Energie und stärken Körper und Geist von Mutter und Kind.
- Eisen und Vitamin $B_{12}$ sind für die vermehrte Bildung roter Blutkörperchen notwendig.
- Ubichinon-10 erzeugt Energie in den Zellen, vor allem im wachsenden Herzen des Fötus.
- Hochwertige Proteine werden durch im Fleisch enthaltene B-Vitamine verfügbar gemacht. Sie fördern das Wachstum des Kindes.
- Zink und Selen sorgen für reine Haut.

**Praktische Tipps:**
Um die Vorzüge von Rindfleisch zu genießen, muss man es nicht oft essen. Kaufen Sie magere Zuschnitte von Weidevieh aus Biohaltung, um Hormone und Antibiotika zu vermeiden.

### SCHON GEWUSST?

Wenn der Energiebedarf zunimmt, können proteinhaltige Lebensmittel wie Rindfleisch den Appetit auf Süßigkeiten zügeln. Kuchen und Plätzchen liefern zwar schnell Energie, enthalten aber wenig wertvolle Nährstoffe.

### DIE WICHTIGSTEN NÄHRSTOFFE IN 100 G RINDERHACK

| | |
|---|---|
| Kalorien (kcal) | 215 |
| Gesamtfettgehalt | 15 g |
| gesättigte Fettsäuren | 5,87 g |
| einfach unges. Fettsäuren | 6,56 g |
| Eiweiß | 18,59 g |
| Kohlenhydrate | 0 g |
| Ballaststoffe | 0 g |
| Vitamin $B_3$ | 4,65 mg |
| Vitamin $B_5$ | 0,55 mg |
| Vitamin $B_6$ | 0,35 mg |
| Vitamin $B_{12}$ | 2,17 µg |
| Eisen | 2,09 mg |
| Zink | 4,48 mg |
| Selen | 15,8 µg |

# Asiatischer Rindfleischtopf mit Spargel

FÜR 4 PERSONEN

*15 Stangen grüner Spargel, schräg in Stücke geschnitten*
*2 EL Pflanzenöl*
*1 Stängel Zitronengras, geschält und fein gehackt*
*200 g Bohnensprossen*
*1 rote Paprika, in schmalen Streifen*
*1 EL gehackter Knoblauch*
*500 g Filetsteak, in schmalen Streifen*
*5 EL Hühnerbrühe*
*Pfeffer*
*Saft und Zesten von 1 Limette*

(W) (G) (E)

**Zubereitung**

1 In einem Topf Wasser zum Kochen bringen und den Spargel darin kurz blanchieren. In Eiswasser abschrecken.

2 Einen Wok bei hoher Temperatur vorheizen, dann das Öl hineingeben. Zitronengras, Bohnensprossen, Paprika, Knoblauch und Rindfleisch 1 Minute unter ständigem Rühren anbraten. Brühe, Spargel und Pfeffer nach Geschmack zugeben. Weiterbraten, bis das Fleisch gar ist. Limettensaft und einige Zesten einrühren und noch 1 Minute braten. Vom Herd nehmen und sofort servieren.

# 43 GETROCKNETE FEIGEN

Getrocknete Feigen sind eine gesunde Energiequelle. Ihre Mineralstoffzusammensetzung ist der anderer Obst- und Gemüsesorten überlegen.

In der Schwangerschaft ist es wichtig, auf eine gute Kaliumversorgung zu achten, damit trotz der zunehmenden Flüssigkeitsmenge im Körper der Mineralstoffhaushalt im Gleichgewicht bleibt. Das ist besonders wichtig, wenn Übelkeit in der Frühschwangerschaft mit Erbrechen einherging, denn dabei gehen neben Kalium auch Magnesium, Kalzium und Natrium verloren. Diese sind aber für einen ausgeglichenen Elektrolythaushalt und für die Funktion von Muskeln und Nerven erforderlich. Eine gesunde Ernährung mit viel Gemüse sorgt normalerweise für eine ausreichende Mineralstoffzufuhr, trotzdem kann es manchmal zu Kaliummangel kommen. Die Mineralien aus Feigen stabilisieren den Elektrolythaushalt und beugen damit auch Bluthochdruck vor.

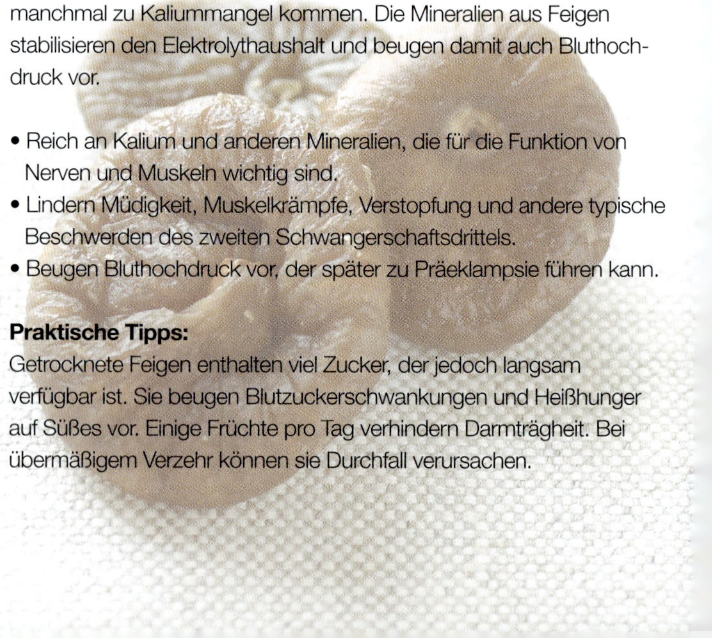

- Reich an Kalium und anderen Mineralien, die für die Funktion von Nerven und Muskeln wichtig sind.
- Lindern Müdigkeit, Muskelkrämpfe, Verstopfung und andere typische Beschwerden des zweiten Schwangerschaftsdrittels.
- Beugen Bluthochdruck vor, der später zu Präeklampsie führen kann.

**Praktische Tipps:**
Getrocknete Feigen enthalten viel Zucker, der jedoch langsam verfügbar ist. Sie beugen Blutzuckerschwankungen und Heißhunger auf Süßes vor. Einige Früchte pro Tag verhindern Darmträgheit. Bei übermäßigem Verzehr können sie Durchfall verursachen.

### SCHON GEWUSST?

Getrocknete Feigen enthalten mehr Faserstoffe als alle anderen Obstsorten. Das Enzym Ficin unterstützt die Verdauung von Proteinen und beugt Verstopfung vor.

### DIE WICHTIGSTEN NÄHRSTOFFE IN 25 G GETR. FEIGEN

| | |
|---|---|
| Kalorien (kcal) | 75 |
| Gesamtfettgehalt | 0,28 g |
| Eiweiß | 0,99 g |
| Kohlenhydrate | 19,16 g |
| Ballaststoffe | 2,9 g |
| Kalzium | 49 mg |
| Magnesium | 20 mg |
| Kalium | 204 mg |
| Eisen | 0,61 mg |

# Gefüllte Feigen mit Honig

FÜR 4 PERSONEN

*150 ml frisch gepresster Orangensaft*
*6 EL Wald- oder Thymianhonig*
*12 getrocknete Feigen*
*40 g Pistazienkerne, fein gehackt*
*25 g getrocknete Aprikosen, sehr fein gehackt*
*1 TL Sesam*
*griechischer Joghurt (10 % Fett), zum Servieren*

(A) (N) (V)

**Zubereitung**

**1** Den Backofen auf 180 °C vorheizen. Den Orangensaft mit 4 Esslöffeln Honig in einem Topf erwärmen, bis der Honig aufgelöst ist. Die Feigen zugeben und 10 Minuten weich kochen. Vom Herd nehmen und die Feigen in der Flüssigkeit abkühlen lassen.

**2** Inzwischen die Füllung vorbereiten. Pistazien, Aprikosen, Sesam und den restlichen Honig in einer Schüssel verrühren.

**3** Die Feigen mit einem Schaumlöffel aus der Kochflüssigkeit nehmen. Jede Feige oben am Stielansatz einschneiden, mit den Fingern etwas auseinanderziehen und etwa 1 Teelöffel Füllung hineingeben. Wieder zudrücken und in eine ofenfeste Form setzen. Mit der Kochflüssigkeit übergießen.

**4** Die Feigen im vorgeheizten Backofen 10 Minuten backen. Warm oder kalt mit der Sauce und griechischem Joghurt servieren.

# 44 ERDBEEREN

## Erdbeeren sind reich an Inhaltsstoffen, die den Kreislauf anregen und dadurch den Bedarf des wachsenden Kindes decken.

Der Bedarf eines Babys an Nährstoffen und Sauerstoff, die über das Blut transportiert werden, nimmt während seiner schnellen Entwicklung zu. Zur Produktion von Hämoglobin im Blut ist Eisen nötig, und zur Absorption von Eisen braucht der Körper Vitamin C. Dieses stärkt auch das Immunsystem, sodass die Mutter weniger anfällig für Infektionen ist, also auf Medikamente verzichten kann. Zusammen mit Folsäure, die ebenfalls in Erdbeeren enthalten ist, fördert Vitamin C die Bildung neuer Zellen bei Mutter und Kind und trägt zur Vermeidung von Schwangerschaftsstreifen bei. Erdbeeren sind reich an Proanthocyanidinen, die gemeinsam mit Vitamin C den Kreislauf anregen und die Blutgefäße intakt halten. Dadurch wird Nasenbluten, Hämorrhoiden, Krampfadern und anderen typischen Beschwerden des zweiten Schwangerschaftsdrittels vorgebeugt.

- Vitamin C verbessert die Absorption von Eisen, das zur Bildung roter Blutkörperchen nötig ist.
- Vitamin C und Folsäure fördern das Wachstum des Fötus und beugen Dehnungsstreifen vor.
- Proanthocyanidine und Vitamin C beugen Folgen schlechter Durchblutung vor, z. B. Nasenbluten und Hämorrhoiden.

**Praktische Tipps:**
Erdbeeren sind reich an Antioxidantien und empfehlen sich als Zutat zu Joghurt oder Müsli. Stielansatz und Blattrosette erst unmittelbar vor dem Verzehr entfernen, damit kein Vitamin C verloren geht.

### SCHON GEWUSST?

Es ist ein Ammenmärchen, dass der Genuss von Erdbeeren während der Schwangerschaft rote Muttermale beim Kind verursacht.

### DIE WICHTIGSTEN NÄHRSTOFFE IN 100 G ERDBEEREN

| | |
|---|---|
| Kalorien (kcal) | 32 |
| Gesamtfettgehalt | 0,3 g |
| Eiweiß | 0,67 g |
| Kohlenhydrate | 7,68 g |
| Ballaststoffe | 2 g |
| Vitamin C | 58,8 mg |
| Kalium | 153 mg |
| Folsäure | 24 µg |
| Lutein/Zeaxanthin | 26 µg |

# Frühstücks-Smoothie mit Beeren

FÜR 2 PERSONEN

*200 g Erdbeeren*
*100 g Himbeeren*
*150 ml Milch*
*50 g ungesüßtes Müsli*

(W) (A) (V) (E)

**Zubereitung**

1 Eine Erdbeere zur Dekoration beiseitelegen. Alle anderen Zutaten im Mixer pürieren. In Gläser füllen, jede Portion mit einer halben Erdbeere garnieren und servieren.

# 45 CHEDDAR

Käse ist eine sinnvolle Ergänzung einer Ernährung mit reichlich Gemüse, Omega-3-Fettsäuren und sehr wenig raffiniertem Zucker.

### SCHON GEWUSST?

Viele Menschen meiden Käse wegen seines hohen Cholesterolgehalts. Cholesterol ist jedoch sehr wichtig für die Produktion der Hormone Östrogen und Progesteron.

### DIE WICHTIGSTEN NÄHRSTOFFE IN 100 G CHEDDAR

| | |
|---|---|
| Kalorien (kcal) | 403 |
| Gesamtfettgehalt | 106 g |
| gesättigte Fettsäuren | 21,09 g |
| einfach unges. Fettsäuren | 9,39 g |
| Eiweiß | 24,9 g |
| Kohlenhydrate | 1,28 g |
| Ballaststoffe | 0 g |
| Vitamin $B_2$ | 0,38 mg |
| Vitamin $B_5$ | 0,41 mg |
| Vitamin $B_{12}$ | 0,83 µg |
| Vitamin A | 1002 IE |
| Vitamin D | 12 IE |
| Cholin | 16,5 mg |
| Kalzium | 721 mg |
| Magnesium | 28 mg |
| Kalium | 98 mg |
| Eisen | 0,68 mg |
| Zink | 3,11 mg |
| Selen | 13,9 µg |

Käse ist reich an gesättigten Fetten, die in den letzten Jahren in Verruf gekommen sind. Eine gewisse Menge solcher Fette ist aber notwendig, um die Kommunikation der Zellen aufrechtzuerhalten und das Immunsystem zu stärken. Gesättigte Fette sind auch für das Herz wichtig, das während der Schwangerschaft eine größere Blutmenge pumpen muss, um auch den Körper des Kindes zu versorgen. Das Kalzium im Käse trägt zur Regulierung des Herzschlags bei, und die Aminosäure Tryptophan fördert die Ausschüttung des „Glücksstoffes" Serotonin. Auch Zink wirkt stimmungsaufhellend. Hochwertige Proteine und B-Vitamine tragen zur Vermeidung von Depressionen und Stimmungsschwankungen bei, die in der Schwangerschaft auftreten können.

- Gesättigte Fette im Rahmen einer gesunden Ernährung fördern Nervenfunktion und Herzgesundheit von Mutter und Kind.
- Phosphor und Vitamin A binden Kalzium und unterstützen so das Knochenwachstum.
- Tryptophan, B-Vitamine und Proteine helfen, Depressionen und Stimmungsschwankungen in der Schwangerschaft zu vermeiden.

**Praktische Tipps:**

Besonders gesund und schmackhaft ist reifer Hartkäse, in kleinen Mengen genossen. Er enthält Bakterienkulturen, die verdauungsfördernd wirken können.

# Brokkoli-Käse-Suppe

FÜR 6 PERSONEN

*25 g Butter*
*1 Zwiebel, fein gehackt*
*2 TL frisch gehackter Estragon, plus etwas mehr zum Garnieren*
*500 g Kartoffeln, gerieben*
*Salz und Pfeffer*
*1,75 l Gemüsebrühe*
*700 g Brokkoliröschen*
*175 g geriebener Cheddar*
*1 EL frisch gehackte Petersilie*

(W) (A) (V) (E)

**Zubereitung**

**1** Die Butter in einem großen Topf zerlassen und die Zwiebel darin 5 Minuten weich dünsten. Estragon und geriebene Kartoffeln zugeben, mit Salz und Pfeffer würzen und unter Rühren anbraten. So viel Brühe zugießen, dass die Kartoffeln gerade bedeckt sind, und zum Kochen bringen. Die Hitze reduzieren, den Topf abdecken und alles 10 Minuten köcheln.

**2** In der Zwischenzeit die restliche Brühe in einem weiteren Topf zum Kochen bringen. Den Brokkoli zugeben und 8 Minuten kochen, bis er bissfest ist.

**3** Beide Töpfe vom Herd nehmen und leicht abkühlen lassen. Den Inhalt beider Töpfe in der Küchenmaschine glatt pürieren. In einen sauberen Topf geben, Käse und Petersilie einrühren und kurz erwärmen, aber nicht mehr kochen. In vorgewärmte Suppenschalen füllen, mit Estragon garnieren und sofort servieren.

# 46 FRÜHLINGS-ZWIEBELN

**Wie Porree, Knoblauch und andere Verwandte sind Frühlingszwiebeln reich an Schwefel, der das ungeborene Kind vor schädlichen Giftstoffen schützt.**

Schwefel ist ein Mineral mit reinigender Wirkung. Es beseitigt Giftstoffe aus den Zellen, sodass Nährstoffe eindringen können. Es fördert die Entgiftungsfunktion der Leber und die Ausscheidung von Schwermetallen aus dem Körper. Neben den Vitaminen A und C, die ebenfalls in Frühlingszwiebeln enthalten sind, wird Schwefel zur Bildung von Collagen benötigt, das für das Wachstum von Haut und Organen wichtig ist. Frühlingszwiebeln enthalten Phosphor und deutlich mehr Vitamin K als normale Zwiebeln. Beide Stoffe sorgen dafür, dass Kalzium zur Knochenbildung genutzt werden kann. Der Genuss von Zwiebeln kann Erkältungen vorbeugen.

- Schwefel beseitigt Giftstoffe aus den Zellen und fördert ihre Ausscheidung durch die Leber. Dadurch verbessert er die Nährstoffaufnahme.
- Schwefel, die Vitamine C und A regen die Collagenbildung an und fördern das Zellwachstum.
- Vitamin K und Phosphor fördern die Mineralisierung von Kalzium zur Bildung von Knochensubstanz.
- Zwiebeln beugen Erkältungen vor, die in der Schwangerschaft oft besonders hartnäckig sind.

**Praktische Tipps:**
Alle Teile von Frühlingszwiebeln sind essbar. Fein gehackt geben sie Wokgerichten, Salaten und Suppen würzigen Biss. Man kann sie auch zur Garnierung von Suppen und Eintöpfen verwenden. Kaufen Sie saubere, weiße Zwiebeln mit frischem, gesundem Grün.

### SCHON GEWUSST?

Manche Frauen sind in der Schwangerschaft ganz wild auf Zwiebeln, andere entwickeln einen Widerwillen dagegen. Milde Frühlingszwiebeln werden meist besser vertragen als ausgebildete Speisezwiebeln.

### DIE WICHTIGSTEN NÄHRSTOFFE IN 5 CM FRÜHLINGSZWIEBELN

| | |
|---|---|
| Kalorien (kcal) | 5 |
| Gesamtfettgehalt | 0,03 g |
| Eiweiß | 0,27 g |
| Kohlenhydrate | 1,10 g |
| Ballaststoffe | 0,4 g |
| Vitamin C | 2,8 mg |
| Vitamin A | 150 IE |
| Vitamin K | 31,1 µg |
| Kalium | 41 mg |
| Lutein/Zeaxanthin | 171 µg |

# Tomaten-Frühlingszwiebel-Drink

FÜR 1–2 PERSONEN

*3 Tomaten, gehäutet*
*2 Frühlingszwiebeln*
*25 g frisches Basilikum*
*1 Knoblauchzehe*
*Eiswürfel zum Servieren*
*Streifen von Frühlingszwiebeln, zum Garnieren*

(W) (A) (N) (V) (E)

**Zubereitung**

1 Eine Tomate in den Mixer geben. Darauf Zwiebeln, Basilikum und Knoblauch füllen und gut andrücken. Die restlichen Tomaten darauflegen. Das Gemüse fein pürieren, dann mit den Eiswürfeln in Gläser füllen. Mit Streifen von Frühlingszwiebeln garnieren und servieren.

# 47 SESAM

## Sesam steckt voll wertvoller Inhaltsstoffe. Er enthält essenzielle Fettsäuren, Antioxidantien und Mineralien und kann für viele Gerichte verwendet werden.

Die hochwertigen essenziellen Fettsäuren im Sesam regen die Produktion von Collagen an und fördern dadurch das gesunde Wachstum. Seine fettlöslichen Nährstoffe, die Vitamine A und E, schützen diese Fettsäuren sowie Augen, Gehirn, Herz und Haut des Kindes vor Schäden. Sesamin und Sesamolin sind zwei Stoffe, die nur in Sesam vorkommen. Sie reaktivieren Vitamin E und steigern dadurch seine positive Wirkung. Zink verteilt das Vitamin A im Körper und fördert die Entwicklung der kindlichen Lunge. Sesam enthält mehr Phytosterole als andere Lebensmittel. Er reguliert das Immunsystem und verringert die Gefahr von Allergien und Überempfindlichkeiten.

- Essenzielle Fettsäuren, Vitamine A und E, fördern das Wachstum der kindlichen Fettgewebe und schützen sie.
- Sesamin und Sesamolin reaktivieren Vitamin E.
- Zink verteilt Vitamin A im Körper und fördert die Entwicklung der Lunge.
- Phytosterole beugen Infektionen und Allergien vor.

**Praktische Tipps:**
Verwenden Sie ungeschälten Sesam, denn auch die Schalen enthalten wertvolle Faserstoffe, Öle, fettlösliche Vitamine und Mineralien. Sesam sollte nicht gekocht oder geröstet werden, weil Hitze die essenziellen Fettsäuren zerstört. Einfach vor dem Servieren über Wokgerichte, Salate oder gedünstetes Gemüse streuen. Tahin (Sesampaste) enthält oft Knoblauch und Olivenöl, die ebenfalls überaus gesund sind.

### SCHON GEWUSST?

Früher nahm man an, dass Sesam das Risiko von Fehlgeburten erhöhen könnte. Inzwischen ist jedoch erwiesen, dass diese Gefahr nicht besteht.

### DIE WICHTIGSTEN NÄHRSTOFFE IN 15 G SESAM

| | |
|---|---|
| Kalorien (kcal) | 86 |
| Gesamtfettgehalt | 7,45 g |
| einfach unges. Fettsäuren | 2,81 g |
| Omega-3-Fettsäuren | 56,4 mg |
| Omega-6-Fettsäuren | 3206 mg |
| Eiweiß | 2,66 g |
| Kohlenhydrate | 3,52 g |
| Ballaststoffe | 1,8 g |
| Vitamin $B_3$ | 0,68 mg |
| Vitamin $B_6$ | 0,12 mg |
| Kalzium | 146 mg |
| Magnesium | 53 mg |
| Eisen | 2,18 mg |
| Zink | 1,16 mg |
| Selen | 5,2 µg |

# Nudeln mit Tofu und Sesam

FÜR 2 PERSONEN

*2 TL kalt gepresstes Kokosöl*
*5 EL Tamari*
*1 EL Honig*
*5-cm-Stück frischer Ingwer, geschält und fein gehackt*
*300 g schnittfester Tofu, abgetropft, abgetupft und in 1 cm dicken Streifen*
*175 g Soba-Nudeln*
*1 TL Sesamöl*
*Pfeffer*
*1 Karotte, gewürfelt*
*3 Radieschen, in Scheiben*
*2 Frühlingszwiebeln, schräg in Ringe geschnitten*
*25 g Zuckererbsen, schräg in Stücke geschnitten*
*1 kleine Handvoll frische Korianderblätter, gehackt*
*1 TL Sesamsaat*

(W) (A) (V)

**Zubereitung**

1 Den Backofen auf 190 °C vorheizen. Kokosöl, 3 Esslöffel Tamari, den Honig und die Hälfte des Ingwers in einem weiten Topf erhitzen und gut verrühren. Vom Herd nehmen. Den Tofu zugeben, in der Tamarimischung wenden und 10 Minuten marinieren.

2 Den Tofu auf ein beschichtetes Backblech legen und 20–25 Minuten goldbraun backen. Zwischendurch einmal wenden.

3 Inzwischen die Nudeln in leicht kochendem Wasser 5 Minuten oder nach Packungsanweisung garen. Abgießen und unter kaltem Wasser abschrecken, dann in eine Schüssel geben. Die restlichen Mengen Tamari und Ingwer mit dem Sesamöl mischen, mit Pfeffer würzen und über die Nudeln gießen.

4 Karotte, Radieschen, Frühlingszwiebeln, Zuckererbsen und Koriander vorsichtig unter die Nudeln heben.

5 Die Nudeln auf Portionsteller verteilen, mit Sesam bestreuen und den Tofu darauf anrichten.

# 48 ROTE BETEN

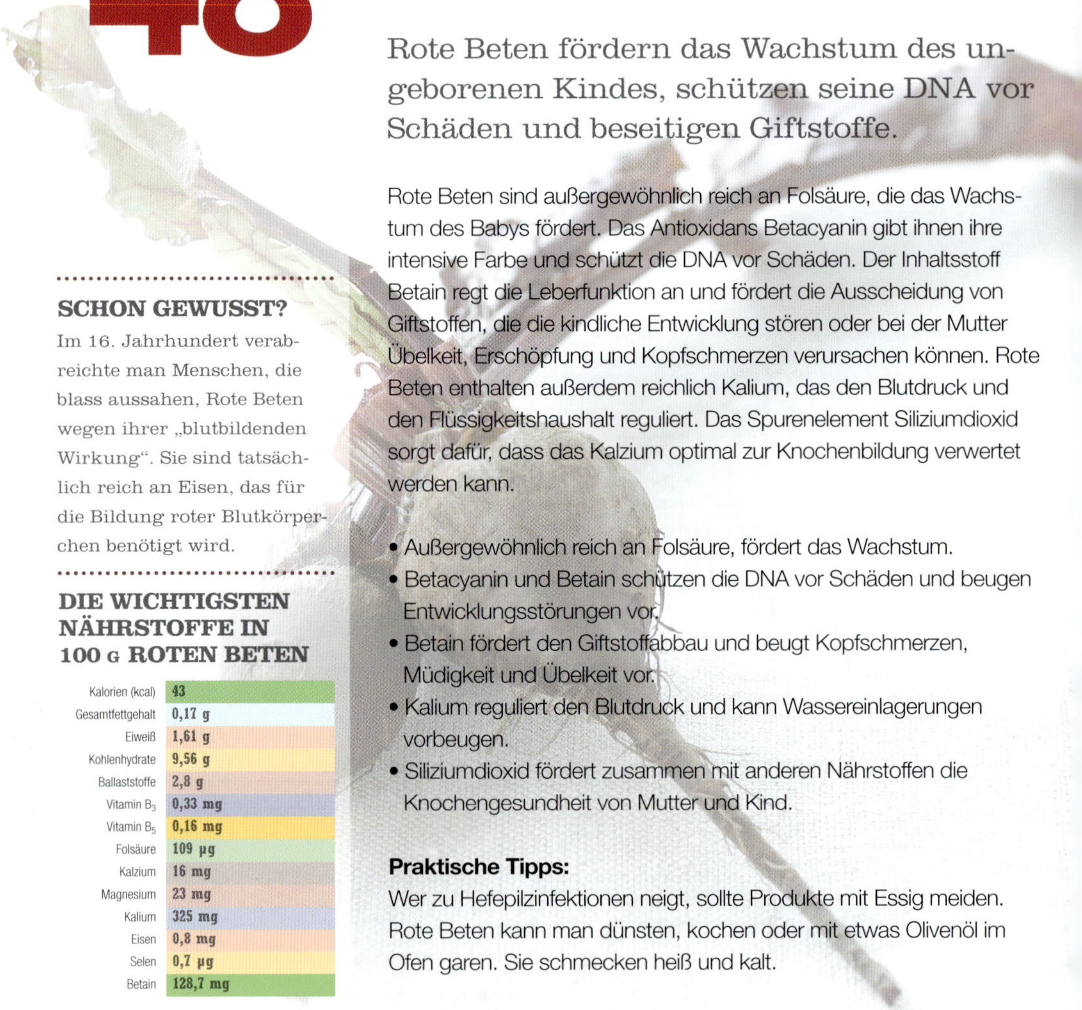

## Rote Beten fördern das Wachstum des ungeborenen Kindes, schützen seine DNA vor Schäden und beseitigen Giftstoffe.

Rote Beten sind außergewöhnlich reich an Folsäure, die das Wachstum des Babys fördert. Das Antioxidans Betacyanin gibt ihnen ihre intensive Farbe und schützt die DNA vor Schäden. Der Inhaltsstoff Betain regt die Leberfunktion an und fördert die Ausscheidung von Giftstoffen, die die kindliche Entwicklung stören oder bei der Mutter Übelkeit, Erschöpfung und Kopfschmerzen verursachen können. Rote Beten enthalten außerdem reichlich Kalium, das den Blutdruck und den Flüssigkeitshaushalt reguliert. Das Spurenelement Siliziumdioxid sorgt dafür, dass das Kalzium optimal zur Knochenbildung verwertet werden kann.

- Außergewöhnlich reich an Folsäure, fördert das Wachstum.
- Betacyanin und Betain schützen die DNA vor Schäden und beugen Entwicklungsstörungen vor.
- Betain fördert den Giftstoffabbau und beugt Kopfschmerzen, Müdigkeit und Übelkeit vor.
- Kalium reguliert den Blutdruck und kann Wassereinlagerungen vorbeugen.
- Siliziumdioxid fördert zusammen mit anderen Nährstoffen die Knochengesundheit von Mutter und Kind.

**Praktische Tipps:**
Wer zu Hefepilzinfektionen neigt, sollte Produkte mit Essig meiden. Rote Beten kann man dünsten, kochen oder mit etwas Olivenöl im Ofen garen. Sie schmecken heiß und kalt.

### SCHON GEWUSST?

Im 16. Jahrhundert verabreichte man Menschen, die blass aussahen, Rote Beten wegen ihrer „blutbildenden Wirkung“. Sie sind tatsächlich reich an Eisen, das für die Bildung roter Blutkörperchen benötigt wird.

### DIE WICHTIGSTEN NÄHRSTOFFE IN 100 G ROTEN BETEN

| | |
|---|---|
| Kalorien (kcal) | 43 |
| Gesamtfettgehalt | 0,17 g |
| Eiweiß | 1,61 g |
| Kohlenhydrate | 9,56 g |
| Ballaststoffe | 2,8 g |
| Vitamin $B_3$ | 0,33 mg |
| Vitamin $B_5$ | 0,16 mg |
| Folsäure | 109 µg |
| Kalzium | 16 mg |
| Magnesium | 23 mg |
| Kalium | 325 mg |
| Eisen | 0,8 mg |
| Selen | 0,7 µg |
| Betain | 128,7 mg |

# Rotkohlsalat mit Roten Beten

FÜR 4 PERSONEN

*350 g Rotkohl, fein geraspelt*
*175 g gekochte Rote Beten, in dünnen Stiften*
*1 Apfel, in dünnen Scheiben*
*1 EL Zitronensaft*
*Salz und Pfeffer*
*1 EL Sonnenblumenkerne*
*1 EL Kürbiskerne*

**Dressing**

*5 EL griechischer Joghurt (10 % Fett)*
*1 EL Rotweinessig oder Zitronensaft*

(W) (A) (V) (E)

**Zubereitung**

1 Rotkohl, Rote Beten und Apfelscheiben in eine Salatschüssel geben und mit dem Zitronensaft vermengen.

2 Für das Dressing Joghurt und Rotweinessig oder Zitronensaft in einer Schüssel glatt rühren. Über den Salat geben und alles gut verrühren. Mit Salz und Pfeffer würzen und abgedeckt 1 Stunde ziehen lassen.

3 Den Salat nochmals durchrühren und mit Salz und Pfeffer nachwürzen. Kurz vor dem Servieren mit den Kernen bestreuen.

# 49 KICHERERBSEN

**Diese blassgelben Hülsenfrüchte sind eine ausgezeichnete, günstige Eiweißquelle, reich an Ballaststoffen, Vitamin E und wertvollen sekundären Pflanzenstoffen.**

### SCHON GEWUSST?

Man vermutet, dass Kichererbsen das Herz schützen, denn in Ländern, in denen sie regelmäßig gegessen werden, treten seltener Herzkrankheiten auf. Darum empfehlen sie sich auch in der Schwangerschaft, wenn das Herz mehr Arbeit leisten muss.

### DIE WICHTIGSTEN NÄHRSTOFFE IN 100 G GETROCKNETEN KICHERERBSEN

| | |
|---|---|
| Kalorien (kcal) | 364 |
| Gesamtfettgehalt | 6,04 g |
| Eiweiß | 19,3 g |
| Kohlenhydrate | 60,65 g |
| Vitamin $B_3$ | 1,54 mg |
| Vitamin $B_5$ | 1,59 mg |
| Folsäure | 557 µg |
| Cholin | 95,2 mg |
| Kalzium | 105 mg |
| Magnesium | 115 mg |
| Kalium | 875 mg |
| Eisen | 6,24 mg |
| Selen | 13,9 µg |
| Zink | 0,49 mg |
| Mangan | 2,2 mg |

Kichererbsen und andere Hülsenfrüchte liefern wertvolle pflanzliche Proteine. Nimmt man sie neben tierischen Proteinen aus Fleisch, Fisch und Eiern zu sich, wird eine Übersäuerung des Körpers vermieden. Das ist gerade in der Schwangerschaft wichtig, um den Flüssigkeitshaushalt und die Ausscheidung von Giftstoffen zu regulieren. Kichererbsen enthalten komplexe Kohlenhydrate und B-Vitamine. Sie sättigen und liefern anhaltend Energie. So helfen sie, Heißhunger auf Süßigkeiten vorzubeugen und die durch Zuckergenuss begünstigten Energie- und Stimmungsschwankungen zu vermeiden. Kichererbsen sind reich an Mineralstoffen. Sie enthalten Eisen für die Bildung roter Blutkörperchen, Kalzium, Magnesium und Mangan für den Skelettaufbau des Kindes sowie Selen und Zink, die Mutter und Kind schützen.

- Proteine fördern die Entwicklung des Kindes, schützen vor Übersäuerung und regulieren Flüssigkeitshaushalt und Entgiftung.
- Kohlenhydrate, Faserstoffe und B-Vitamine liefern anhaltend Energie und helfen, Heißhunger auf Süßigkeiten, Energie- und Stimmungsschwankungen vorzubeugen.
- Reich an wichtigen Mineralien für Entwicklung und Immunsystem.

**Praktische Tipps:**
Getrocknete Kichererbsen müssen erst einige Stunden in Wasser eingeweicht und dann mindestens 1½ Stunden gekocht werden. Eine schnellere Alternative sind Kichererbsen aus der Dose, bei denen die wichtigen Nährstoffe erhalten sind.

# Kartoffelsuppe mit Kichererbsen

FÜR 4 PERSONEN

*1 EL Olivenöl*
*1 große Zwiebel, fein gehackt*
*2–3 Knoblauchzehen, zerdrückt*
*1 Karotte, geviertelt und in dünnen Scheiben*
*350 g Kartoffeln, gewürfelt*
*1/4 TL Garam masala*
*1/4 TL mildes Currypulver*
*400 g gewürfelte Tomaten aus der Dose*
*850 ml Wasser*
*1/4 TL Chilipulver (nach Belieben)*
*1 Prise Salz*
*400 g Kichererbsen aus der Dose, abgespült und abgetropft*
*100 g Erbsen (frisch oder TK)*
*Pfeffer*
*frisch gehackter Koriander, zum Garnieren*

(W) (G) (A) (V)

**Zubereitung**

1 Das Olivenöl bei mittlerer Temperatur in einem großen Topf erhitzen. Zwiebel und Knoblauch darin unter gelegentlichem Rühren 3–4 Minuten weich dünsten. Karotte, Kartoffeln, Garam masala und Currypulver zufügen und weitere 1–2 Minuten dünsten.

2 Tomaten, Wasser, Chilipulver (falls verwendet) und Salz zufügen. Die Temperatur reduzieren und abgedeckt unter gelegentlichem Rühren 30 Minuten köcheln.

3 Kichererbsen und Erbsen zugeben und weitere 15 Minuten köcheln, bis das Gemüse gar ist. Die Suppe pfeffern und bei Bedarf nachwürzen. In vorgewärmte Schälchen füllen, mit gehacktem Koriander garnieren und sofort servieren.

# 50 FORELLE

## Die wertvollen Fette halten die Haut des wachsenden Bauchs geschmeidig und fördern auch die Bildung des Unterhautfettgewebes beim Kind.

Forellen enthalten wertvolle Omega-3-Fettsäuren zweierlei Typs. EPA unterstützt die Funktion von Herz und Kreislauf, DHA wird für das Gehirn, das Zentralnervensystem und die Augen benötigt. Einige Studien legen nahe, dass die Kinder von Müttern mit einem hohen Spiegel von Omega-3-Fettsäuren bis zum zweiten Geburtstag und darüber hinaus eine bessere Gehirnentwicklung zeigen. Dies ist jedoch noch nicht endgültig bewiesen. Unsere wichtigste Quelle für Vitamin D ist das Sonnenlicht. In lichtarmen Jahreszeiten helfen Lebensmittel wie Forelle, den Spiegel hochzuhalten. Sie beugen Depressionen vor, fördern die Knochengesundheit und regulieren den Hormonhaushalt. Die B-Vitamine und Omega-3-Fettsäuren tragen auch dazu bei, Energie- und Stimmungsschwankungen in der Schwangerschaft zu vermeiden.

- Wertvolle Öle fördern die Bildung schützender Fettschichten.
- Omega-3-Fettsäuren stärken Herz, Kreislauf, Gehirn und Augen und fördern die Entwicklung des Embryos.
- DHA-reiche Ernährung der Mutter kann förderlich für die kognitive Entwicklung des Kindes sein.
- Vitamin D, B-Vitamine und Omega-3-Fettsäuren beugen Energie- und Stimmungsschwankungen vor.

**Praktische Tipps:**
Forellen enthalten weniger Quecksilber als andere Fischarten. Zwei Portionen pro Woche sind in der Schwangerschaft unbedenklich.

### SCHON GEWUSST?

Für die Rosafärbung der Lachsforelle ist das fetthaltige Antioxidans Astaxanthin verantwortlich, das vor allem die Nerven schützt. Der Verzehr von Forelle kommt darum auch Gehirn und Nervensystem des Kindes zugute.

### DIE WICHTIGSTEN NÄHRSTOFFE IN 100 G FRISCHFISCH

| | |
|---|---|
| Kalorien (kcal) | 148 |
| Gesamtfettgehalt | 6,61 g |
| Omega-3-Fettsäuren – EPA | 0,2 g |
| Omega-3-Fettsäuren – DHA | 0,53 g |
| Eiweiß | 20,77 g |
| Kohlenhydrate | 0 g |
| Ballaststoffe | 0 g |
| Vitamin $B_1$ | 0,35 mg |
| Vitamin $B_3$ | 4,5 mg |
| Vitamin $B_5$ | 1,94 mg |
| Vitamin $B_{12}$ | 7,79 µg |
| Vitamin D | 155 IE |

# Marinierte Forellenfilets

FÜR 4 PERSONEN

*4 Forellen, ausgenommen und filetiert*
*Zitronenspalten, zum Garnieren*
*grüne Bohnen und Bratkartoffeln, als Beilage*

**Marinade**

*4 EL Pflanzenöl*
*2 EL Zitrone*
*4 Stängel frisches Fenchelgrün, fein gehackt, plus etwas mehr zum Garnieren*
*Pfeffer*

(W) (G)

**Zubereitung**

1 Für die Marinade Öl und Zitronensaft in einer kleinen Schüssel verrühren. Fenchelgrün und etwas Pfeffer einrühren.

2 Die Forellenfilets in eine flache Schüssel aus Glas oder Porzellan legen. Mit der Marinade übergießen, mit Frischhaltefolie abdecken und 30 Minuten in den Kühlschrank stellen.

3 Die Forellenfilets aus dem Kühlschrank nehmen. Wenn sie wieder Zimmertemperatur haben, eine Grillpfanne auf mittlere Temperatur vorheizen. Die Fischfilets in die Grillpfanne legen und mit der Marinade bestreichen. 5 Minuten braten, dann wenden und die andere Seite 5 Minuten braten. Zwischendurch mit der restlichen Marinade bestreichen.

4 Die Forellenfilets auf einer Servierplatte anrichten. Mit Fenchelgrün und Zitronenspalten garnieren und sofort zu grünen Bohnen und Bratkartoffeln servieren.

# 51 PINTOBOHNEN

## Pintobohnen regulieren mit ihrem hohen Gehalt an Proteinen und komplexen Kohlenhydraten den Blutzuckerspiegel. Sie beugen Stimmungsschwankungen vor.

Pintobohnen sind reich an B-Vitaminen, die zum Aufschließen der in ihnen enthaltenen Energie wichtig sind. Von besonderer Bedeutung ist das weniger bekannte B-Vitamin Cholin, das den Fetttransport in der Leber verbessert und damit Übelkeit und Völlegefühl vorbeugt. Folsäure, ebenfalls ein B-Vitamin, unterstützt Bildung und Wachstum der roten Blutkörperchen. Bei Folsäuremangel im zweiten Schwangerschaftsdrittel haben die Kinder oft ein eher geringes Geburtsgewicht, außerdem steigt das Risiko einer Präeklampsie im letzten Schwangerschaftsdrittel. Kalzium, Magnesium und Kalium aus Pintobohnen stabilisieren den Elektrolythaushalt und die Funktionen von Herz, Gehirn und Muskeln bei Mutter und Kind.

- Proteine, komplexe Kohlenhydrate und B-Vitamine helfen, Energie- und Stimmungsschwankungen zu vermeiden.
- Cholin beugt Übelkeit und Wassereinlagerungen vor.
- Folsäure fördert Wachstum und Gewichtszunahme des Fötus und beugt Präeklampsie vor.
- Kalzium, Magnesium und Kalium regulieren die Funktion von Herz, Muskeln und Gehirn.

**Praktische Tipps:**
Pintobohnen eignen sich für Suppen, Eintöpfe und Salate, aber auch für leckere Dips. Einfach mit Olivenöl, Knoblauch und Zitronen- oder Grapefruitsaft im Mixer pürieren und mit Rohkost oder Knäckebrot servieren.

### SCHON GEWUSST?

Pintobohnen enthalten das Mineral Molybdän, das den Abbau von Sulfiten fördert. Sulfite werden zur Konservierung von Trockenfrüchten verwendet und können insbesondere in der Schwangerschaft Kopfschmerzen oder Herzrhythmusstörungen begünstigen.

### DIE WICHTIGSTEN NÄHRSTOFFE IN 100 G GETR. PINTOBOHNEN

| | |
|---|---|
| Kalorien (kcal) | 347 |
| Gesamtfettgehalt | 1,23 g |
| Eiweiß | 21,42 g |
| Kohlenhydrate | 62,55 g |
| Ballaststoffe | 15,5 g |
| Vitamin $B_1$ | 0,72 mg |
| Vitamin $B_2$ | 0,21 mg |
| Vitamin $B_3$ | 1,17 mg |
| Vitamin $B_5$ | 0,79 mg |
| Vitamin $B_6$ | 0,47 mg |
| Folsäure | 525 µg |
| Cholin | 66,2 mg |
| Kalzium | 113 mg |
| Magnesium | 176 mg |
| Kalium | 1393 mg |
| Zink | 2,28 mg |
| Selen | 27,9 µg |

# Vegetarische Paella

FÜR 4–6 PERSONEN

*1/2 TL Safranfäden*
*2 EL heißes Wasser*
*6 EL natives Olivenöl extra*
*1 Gemüsezwiebel, in Ringen*
*3 Knoblauchzehen, zerdrückt*
*1 rote Paprika, in Streifen*
*1 orangefarbene Paprika, in Streifen*
*1 große Aubergine, gewürfelt*
*200 g Paella-Reis*
*600 ml Gemüsebrühe*
*450 g Tomaten, gehäutet und gehackt*
*Salz und Pfeffer*
*120 g Champignons, in Scheiben*
*120 g grüne Bohnen, halbiert*
*400 g Pintobohnen aus der Dose*

(W) (G) (A) (V)

**Zubereitung**

1 Safranfäden in einer kleinen Schale einige Minuten im heißen Wasser einweichen.

2 Unterdessen das Öl in einer großen Pfanne (Paella-Pfanne) erhitzen. Die Zwiebel darin bei mittlerer Hitze 2–3 Minuten weich dünsten. Knoblauch, Paprika und Aubergine zufügen und unter Rühren 5 Minuten mitdünsten.

3 Den Reis zufügen und etwa 1 Minute unter Rühren anschwitzen. Dann Brühe, Tomaten und Safran samt Einweichwasser zufügen und alles mit Salz und Pfeffer würzen. Aufkochen, dann bei reduzierter Hitze 15 Minuten köcheln, dabei gelegentlich umrühren.

4 Champignons, grüne Bohnen und Pintobohnen samt der Flüssigkeit aus der Dose zugeben. Die Paella weitere 10 Minuten köcheln, dann sofort servieren.

# 52 PEKANNÜSSE

## Nüsse enthalten hochwertige Fette, Ballaststoffe und Kohlenhydrate. Pekannüsse sind überdies reich an Antioxidantien und B-Vitaminen, die dem Kind guttun.

Wenn sich das isolierende Unterhautfettgewebe und die Organe des Kindes entwickeln, ist eine ausreichende Versorgung mit Fetten wichtig. Die Omega-9-Fettsäuren in Pekannüssen schützen das Herz des Kindes, während Magnesium und Kalium den Pulsschlag regulieren. Das Spurenelement Mangan und die Omega-3 Fettsäuren fördern die Entwicklung der kindlichen Gehirnstruktur. Die Proteine unterstützen zusammen mit Mangan, Folsäure und Zink die Entwicklung des Körpers einschließlich Sehnen, Bändern, Fingern und Zehen.

- Liefern Energie und schützen durch Antioxidantien vor Zellschäden.
- Hochwertige Fette fördern die Bildung des kindlichen Unterhautfettgewebes.
- Einfach ungesättigte Fettsäuren, Magnesium und Kalium sind wichtig für die Herzgesundheit.
- Mangan und Omega-3-Fettsäuren fördern die Entwicklung und Funktion des kindlichen Gehirns.
- Proteine, Mangan, Folsäure und Zink unterstützen die Entwicklung der kindlichen Gewebe.

**Praktische Tipps:**
Eine Handvoll Pekannüsse verhindert Blutzuckerschwankungen, die zu Schwindel oder Ohnmacht führen können. Als Alternative zu Erdnussbutter können die Nüsse im Mixer zerkleinert werden. Die Nüsse nicht rösten oder zum Kochen und Backen verwenden, weil Hitze die essenziellen Fettsäuren schädigen kann.

### SCHON GEWUSST?

Pekannüsse stabilisieren den Blutzuckerspiegel und enthalten Magnesium. Heißhunger auf Schokolade ist oft eine Folge von Magnesiummangel.

### HAUPTNÄHRSTOFFE IN 25 G PEKANNÜSSEN

| | |
|---|---|
| Kalorien (kcal) | 207 |
| Gesamtfettgehalt | 21,6 g |
| einfach unges. Fettsäuren | 12,2 g |
| Omega-3-Fettsäuren | 295 mg |
| Omega-6-Fettsäuren | 6189 mg |
| Eiweiß | 2,7 g |
| Kohlenhydrate | 4,15 g |
| Ballaststoffe | 2,8 g |
| Vitamin $B_1$ | 0,19 mg |
| Vitamin $B_3$ | 0,35 mg |
| Vitamin $B_5$ | 0,25 mg |
| Folsäure | 55 µg |
| Magnesium | 36 mg |
| Kalium | 123 mg |
| Eisen | 1,4 mg |
| Mangan | 1,25 mg |
| Zink | 1,25 mg |
| Phytosterol | 32 mg |

# Brunnenkressesalat mit Pekannüssen

FÜR 2 PERSONEN

*1 Birne, halbiert, entkernt und in dünnen Scheiben*
*1 TL Zitronensaft*
*50 g Brunnenkresse*
*25 g Pekannusshälften*

**Dressing**

*2 EL natives Olivenöl extra*
*1/2 TL flüssiger Honig*
*1/2 TL körniger Senf*
*2 TL Zitronensaft*
*Salz und Pfeffer*

(W) (G) (A) (V) (E)

**Zubereitung**

**1** Die Birnenscheiben mit Zitronensaft beträufeln, damit sie nicht braun werden.

**2** Die Brunnenkresse in eine große, flache Servierschüssel geben. Die Birnenscheiben darauf verteilen und mit Pekannüssen bestreuen.

**3** Für das Dressing Öl, Honig, Senf und Zitronensaft verrühren. Mit Salz und Pfeffer würzen. Das Dressing erst kurz vor dem Servieren über den Salat geben.

# 53 SALATGURKE

**Gurken sind in der Schwangerschaft besonders wertvoll, weil sie Dehydrierung vorbeugen und so helfen, Müdigkeit und Kopfschmerzen zu vermeiden.**

Ein wichtiger Vorzug von Gurken ist ihr hoher Wassergehalt, der zusammen mit Kalium und Magnesium den Flüssigkeitshaushalt stabil hält und somit Bluthochdruck vorbeugt. Das Spurenelement Siliziumdioxid stärkt die Hautstruktur und erleichtert die Dehnung, wenn sich der Bauch rundet. Kalium, Vitamin C und Koffeinsäure helfen, Wassereinlagerungen um Knöchel und Handgelenke, Finger und Augen zu vermeiden. Koffeinsäure – nicht zu verwechseln mit Koffein – ist ein Antioxidans, das entzündungshemmend wirkt und das Immunsystem stärkt. Sie ist besonders wirksam gegen Pilzbefall in der Schwangerschaft, der später bei der Geburt oder beim Stillen auf das Kind übertragen werden kann.

- Wasser, Kalium und Magnesium beugen Dehydrierung vor und regulieren den Blutdruck.
- Siliziumdioxid stärkt die Hautstruktur, sodass sie die Dehnung am Bauch gut verkraftet.
- Kalium, Vitamin C und Koffeinsäure helfen, Schwellungen durch Wassereinlagerungen zu vermeiden.
- Koffeinsäure stärkt das Immunsystem und beugt Entzündungen und Pilzbefall vor.

**Praktische Tipps:**
Gurkenscheiben eignen sich gut als „Kompressen" für müde oder geschwollene Augen. Gurke, im Mixer mit Wasser und Minze püriert, ergibt einen schnellen Drink.

### SCHON GEWUSST?

Gurken und andere Lebensmittel mit entzündungshemmender Wirkung lindern auch Schmerzen, die im zweiten Schwangerschaftsdrittel auftreten können, wenn sich der Brustkorb dehnen muss, um Platz für das wachsende Kind zu schaffen.

### DIE WICHTIGSTEN NÄHRSTOFFE IN 100 G SALATGURKE MIT SCHALE

| | |
|---|---|
| Kalorien (kcal) | 16 |
| Gesamtfettgehalt | 0,11 g |
| Eiweiß | 0,65 g |
| Kohlenhydrate | 3,63 g |
| Ballaststoffe | 0,5 g |
| Vitamin C | 2,8 mg |
| Vitamin $B_5$ | 0,26 mg |
| Magnesium | 13 mg |
| Kalium | 147 mg |

# Kalte Gurken-Tomaten-Suppe

FÜR 6 PERSONEN

*4 Tomaten, gehäutet und entkernt*
*10-cm-Stück Salatgurke, geschält und entkernt*
*2 Frühlingszwiebeln, nur der grüne Teil, gehackt*
*1,5 kg Wassermelone, geschält und entkernt*
*1 EL frisch gehackte Minze*
*Salz und Pfeffer*
*frische Minze, zum Garnieren*

(W) (A) (N) (V) (E)

**Zubereitung**

**1** Die Tomaten im Mixer pürieren. Bei laufendem Motor allmählich Gurke, Frühlingszwiebeln, Wassermelone und Minze zugeben. Alles glatt pürieren und mit Salz und Pfeffer abschmecken.

**2** Die Suppe über Nacht in den Kühlschrank stellen. Vor dem Servieren nochmals abschmecken. In eine Servierschüssel umfüllen, mit Minze garnieren und servieren.

# 54 GRAPEFRUIT

**Grapefruits schmecken zwar herb, beugen aber einer Übersäuerung des Körpers vor und tragen so zur Schaffung optimaler Bedingungen für das Baby bei.**

Grapefruits stabilisieren den natürlichen pH-Wert des Körpers und sorgen so dafür, dass alle Organe gut arbeiten. So wird auch das Baby über die Plazenta mit ausreichend Nährstoffen und Sauerstoff versorgt. In der weißen Haut der Früchte sind Vitamin C und Bioflavonoide wie Limonen enthalten. Diese Antioxidantien stärken das Immunsystem und verhindern, dass Überempfindlichkeiten und Unverträglichkeiten an das Baby weitergegeben werden. Zusammen mit Selen und B-Vitaminen unterstützen diese Stoffe die Leberfunktion und die Ausscheidung von Toxinen, die dem Fötus schaden könnten. Wer jedoch Medikamente nimmt, sollte Grapefruits nur nach Rücksprache mit dem Arzt essen, denn sie enthalten den Stoff Naringin, der – in Kombination mit den anderen Inhaltsstoffen der Grapefruit – die Wirkung von Medikamenten beeinträchtigen kann.

- Beugt Übersäuerung durch Stress und Umweltgifte vor.
- Vitamin C und Bioflavonoide stärken das Immunsystem und verbessern die Versorgung des Kindes über die Plazenta.
- Vitamin C, Limonen, Selen und B-Vitamine fördern die Leberfunktion und schützen das Kind so vor gesundheitsschädlichen Toxinen.

**Praktische Tipps:**
Eine Grapefruit ist eine praktische, erfrischende Zwischenmahlzeit. Die Früchte halbieren und auslöffeln oder wie eine Orange schälen. Rosa Grapefruits schmecken besonders süß und mild.

## SCHON GEWUSST?

Saure Lebensmittel wie Grapefruits regen die Verdauung an und fördern die Verwertung von Speisen, die man anschließend isst. Darum sind sie eine ideale Vorspeise, wenn der anschwellende Bauch zu Darmträgheit führt.

## DIE WICHTIGSTEN NÄHRSTOFFE IN ½ GRAPEFRUIT

| | |
|---|---|
| Kalorien (kcal) | 39 |
| Gesamtfettgehalt | 0,12 g |
| Eiweiß | 0,81 g |
| Kohlenhydrate | 9,92 g |
| Ballaststoffe | 1,3 g |
| Vitamin C | 39,3 mg |
| Vitamin $B_3$ | 0,32 mg |
| Vitamin $B_5$ | 0,33 mg |
| Vitamin A | 39 IE µg |
| Kalium | 175 mg |
| Selen | 1,7 µg |

# Hühnchen-Grapefruit-Salat

FÜR 4 PERSONEN

*2 Hähnchenbrustfilets à 200 g*
*1 Bouquet garni*
*einige schwarze Pfefferkörner*
*2 rosafarbene Grapefruits*
*3 Romanasalatherzen, in einzelne Blätter getrennt*
*1 Chicorée, in Blätter getrennt*
*frische Kerbelzweige, zum Garnieren*

**Dressing**

*1 EL Olivenöl*
*3 EL griechischer Joghurt (10 % Fett)*
*1 TL grobkörniger Senf*
*1 Prise Zucker*
*1 EL frisch gehackter Kerbel*
*Salz und Pfeffer*

(W) (A)

**Zubereitung**

1 Das Hähnchenfleisch in einem großen Topf mit Wasser bedecken. Das Bouquet garni und die Pfefferkörner zufügen und aufkochen. Abdecken und 25–30 Minuten köcheln, bis das Fleisch soeben gar ist. Vom Herd nehmen und das Fleisch im Sud abkühlen lassen.

2 Mit einem Messer mit Wellenschliff Schale und weiße Haut der Grapefruits entfernen. Die Grapefruits über einer Schüssel filetieren – den Saft auffangen. 2 Esslöffel des Safts beiseitestellen.

3 Die Salatblätter und die Grapefruitfilets in einer Schüssel mischen.

4 Für das Dressing alle Zutaten in einer kleinen Schüssel mit dem aufgefangenen Grapefruitsaft sorgfältig verrühren.

5 Das pochierte Hühnerfleisch abgießen und mit Küchenpapier trocken tupfen. In mundgerechte Stücke zupfen oder in dünne Scheiben schneiden. Auf den Salat geben, mit Dressing beträufeln und mit Kerbel garniert servieren.

# 55 PETERSILIE

**Petersilie ist reich an Antioxidantien, die alle Körperzellen der Mutter und des heranwachsenden Kindes vor Schäden durch freie Radikale schützen.**

Petersilie enthält unter anderem die wirksamen Antioxidantien Vitamin C, Quercetin, Luteolin und Rutin. Sie beugen Schäden durch die ständige Belastung durch freie Radikale aus Umweltgiften und Chemikalien vor. Weil sie überdies entzündungshemmend wirken, verringern sie die Anfälligkeit für Präeklampsie, Völlegefühl und Akne in der Schwangerschaft. Die Antioxidantien stärken die Blutgefäße, verbessern dadurch die Versorgung des Kindes und beugen Krampfadern, Hämorrhoiden und der Neigung zu Blutergüssen vor, die in der zweiten Schwangerschaftshälfte häufiger auftreten. Die Carotinoide Betacarotin, Lutein und Zeaxanthin schützen durch ihre antioxidative Wirkung Nervensystem, Herz, Augen und Haut des Kindes.

- Die Antioxidantien Vitamin C, Quercetin, Luteolin und Rutin beugen Zellschäden in allen Geweben vor.
- Sie wirken entzündungshemmend, fördern die Durchblutung und beugen typischen Schwangerschaftsbeschwerden wie Akne und Hämorrhoiden vor.
- Betacarotin, Lutein und Zeaxanthin sind wichtig für die Gesundheit von Augen, Haut, Herz und Gehirn des Kindes.

**Praktische Tipps:**
Frisch gehackte Petersilie sieht hübsch aus und kann an viele Gerichte gegeben werden. Sie lässt sich auch gut einfrieren. Man kann sie an Smoothies und Säfte geben oder statt Basilikum für Pesto verwenden.

### SCHON GEWUSST?

Nahrungsergänzungspräparate mit Petersilienöl in der Schwangerschaft meiden, weil sie vorzeitige Kontraktionen auslösen können. Das Kraut selbst kann bedenkenlos genossen werden.

### DIE WICHTIGSTEN NÄHRSTOFFE IN 15 G PETERSILIE

| | |
|---|---|
| Kalorien (kcal) | 3 |
| Gesamtfettgehalt | 0,01 g |
| Eiweiß | 0,5 g |
| Kohlenhydrate | 1 g |
| Ballaststoffe | 0,5 g |
| Vitamin C | 20 mg |
| Folsäure | 23 µg |
| Kalzium | 21 mg |
| Magnesium | 8 mg |
| Kalium | 83 mg |
| Eisen | 0,9 mg |
| Betacarotin | 758 µg |
| Lutein/Zeaxanthin | 834 µg |

# Gebackener Fisch mit Chimichurro-Sauce

FÜR 2 PERSONEN

*2 dicke Fischfilets à 200 g, z. B. Dorsch, Kabeljau oder Schellfisch*
*Pfeffer*
*4 Zitronenscheiben*
*Blattsalat, als Beilage*

**Chimichurro-Sauce**

*1 große Handvoll frische, glatte Petersilie*
*1 große Knoblauchzehe*
*4 EL natives Olivenöl extra, plus etwas mehr zum Einfetten*
*1 TL getrockneter Oregano*
*1/2 TL gemahlener Kreuzkümmel*
*1 Prise getrocknete Chiliflocken*

(W) (G) (A) (E)

**Zubereitung**

**1** Den Backofen auf 200 °C vorheizen. Zwei Stücke Alufolie dünn mit Olivenöl einfetten. Mitten auf jedes Folienstück ein Fischfilet legen. Mit Pfeffer würzen und mit Zitronenscheiben belegen. Die Folien zu fest geschlossenen Päckchen falten. Die Folienpäckchen auf ein Backblech legen und je nach Dicke der Fischfilets 15–20 Minuten im heißen Ofen garen.

**2** Inzwischen für die Sauce alle Zutaten mit einem Stabmixer gut verrühren.

**3** Die Fischpäckchen aus dem Ofen nehmen, öffnen und die Zitronenscheiben entfernen. Die Sauce über den Fisch geben und dazu Blattsalat servieren.

# 56 ARTISCHOCKEN

## Artischocken sind reich an Mineralien, die den Kreislauf anregen, den Flüssigkeitshaushalt regulieren und die Knochenbildung fördern.

Als „essenziell" bezeichnet man Mineralien, die für das Wachstum des Kindes und die Gesundheit der Mutter wichtig sind und mit der Nahrung aufgenommen werden müssen. Sind in der Ernährung nicht genug dieser Mineralien enthalten, wird zuerst das Kind versorgt und bei der Mutter können sich Mangelerscheinungen einstellen. Artischocken sind reich an Kalzium und Magnesium. Ein Mangel an diesen Mineralien kann zu Knochen- und Zahnproblemen, zu Muskelkrämpfen, Kopfschmerzen und Schlafstörungen führen. Kaliummangel, der Müdigkeit und Muskelschwäche nach sich ziehen kann, wird durch Artischocken ebenfalls vorgebeugt. Artischocken enthalten außerdem Cynarin, das leicht abführend wirkt und die Gallentätigkeit anregt. Dadurch wird die Entgiftungsfunktion der Leber gefördert. Das Bioflavonoid Apigenin entspannt die Blutgefäße und beugt dadurch Bluthochdruck vor.

- Kalzium und Magnesium halten die Knochen von Mutter und Kind gesund, lindern Muskelschmerzen und Anspannung.
- Kalium schützt vor Müdigkeit und Muskelschwäche.
- Cynarin fördert die Verdauung und die Entgiftungsfunktion der Leber.
- Apigenin entspannt die Blutgefäße und beugt Bluthochdruck vor.

**Praktische Tipps:**
Frische Artischocken mit Zitronensaft beträufeln, damit sie sich nicht verfärben, und im Ganzen kochen. Einfacher ist es, vorgegarte Artischockenherzen zu kaufen.

### SCHON GEWUSST?

Nahrungsergänzungspräparate mit Artischockenextrakt in der Schwangerschaft meiden, weil ihre entgiftende Wirkung zu stark ist. Als frisches Gemüse können Schwangere Artischocken aber bedenkenlos genießen.

### DIE WICHTIGSTEN NÄHRSTOFFE IN 1 ARTISCHOCKE

| | |
|---|---|
| Kalorien (kcal) | 60 |
| Gesamtfettgehalt | 0 g |
| Eiweiß | 4,2 g |
| Kohlenhydrate | 13,4 g |
| Ballaststoffe | 6,5 g |
| Vitamin C | 12 mg |
| Folsäure | 65 µg |
| Kalzium | 54 mg |
| Magnesium | 72 mg |
| Kalium | 425 mg |
| Eisen | 1,5 mg |
| Lutein/Zeaxanthin | 557 µg |

# Rucolasalat mit Artischocken

FÜR 4 PERSONEN

*8 kleine Artischocken*
*Saft von 2 Zitronen*
*1 Bund Rucola*
*3–4 EL natives Olivenöl extra*
*125 g Pecorino*
*Pfeffer*

(W) (A) (V) (E)

**Zubereitung**

1 Die Stiele von den Artischocken abbrechen und die oberen 3 cm der Blätter abschneiden. Die harten, äußeren Blätter entfernen. Es sollen nur die hellen, inneren Blätter stehen bleiben. Das faserige „Heu" mit einem Löffel herausschaben. Die Artischocken sofort mit Zitronensaft beträufeln, damit sie nicht braun werden. In kochendem Salzwasser 30–40 Minuten garen. Abtropfen lassen.

2 Die Artischocken in dünne Scheiben schneiden und in eine Salatschüssel geben. Rucola, restlichen Zitronensaft und Olivenöl zugeben. Mit etwas Pfeffer würzen und gut mischen.

3 Mit einem Sparschäler Späne vom Pecorino abschneiden und auf den Salat streuen. Sofort servieren.

# 57 KAROTTEN

## Die Carotinoide, denen Karotten ihre intensive Farbe verdanken, schützen Gehirn, Leber, Augen, Haut und andere fetthaltige Gewebe des Kindes.

Das bekannteste Carotinoid ist Betacarotin. Karotten enthalten aber auch Alphacarotin, das die schützende, antioxidative Wirkung in allen Fettgeweben des Körpers anregt. Alle Zellwände, Organe und Gewebe lagern Fette ein, die permanent gefährdet sind. Die Carotinoide können in der Leber gespeichert und nach Bedarf in Vitamin A umgewandelt werden. Die Aufnahme von Provitamin A aus Karotten ist während der Schwangerschaft unbedenklich, weil auch größere Mengen von Carotin keinen Schaden anrichten. Vitamin A hingegen kann bei Überdosierung das Risiko von Genmutationen erhöhen. Eine gewisse Menge Vitamin A ist zur Zellbildung, zur Bekämpfung von Infektionen und für den Halt der Plazenta notwendig. In Entwicklungsländern konnte man beobachten, dass Vitamin-A-Mangel bei schwangeren Frauen zu Augenproblemen, Immunschwäche und Anämie führen kann.

- Beta- und Alphacarotin schützen die Fette in allen Zellen von Mutter und Kind vor Schäden.
- Carotinoide werden nach Bedarf in Vitamin A umgewandelt, das für das Immunsystem, die Zellbildung und die Plazenta wichtig ist.
- Ein risikoloser Vitamin A-Lieferant.

**Praktische Tipps:**

Rohe Karotten, zum Beispiel geraspelt als Salat, schmecken köstlich und geben ihre Zuckerstoffe langsam ab. Weil die Carotinoide fettlöslich sind, muss der Salat mit Öl angemacht werden.

### SCHON GEWUSST?

Die Carotinoide aus Karotten schützen das Herz. Das ist besonders nützlich, weil es durch die Zunahme der Blutmenge in der Schwangerschaft mehr Arbeit leisten muss, um auch das Baby mit Blut zu versorgen.

### DIE WICHTIGSTEN NÄHRSTOFFE IN 100 G KAROTTEN

| | |
|---|---|
| Kalorien (kcal) | 41 |
| Gesamtfettgehalt | 0,24 g |
| Eiweiß | 0,93 g |
| Kohlenhydrate | 9,58 g |
| Ballaststoffe | 2,8 g |
| Vitamin C | 5,9 mg |
| Vitamin A | 16 706 IE |
| Kalium | 320 mg |
| Betacarotin | 8 285 µg |
| Alphacarotin | 3 477 µg |

# Cremige Karotten-Pastinaken-Suppe

FÜR 4 PERSONEN

*4 EL Butter*
*1 große Zwiebel, gehackt*
*500 g Karotten, gehackt*
*2 große Pastinaken, gehackt*
*1 EL frisch geriebener Ingwer*
*1 TL abgeriebene Orangenschale*
*600 ml Gemüsebrühe*
*125 g Sahne*
*Salz und grob gemahlener schwarzer Pfeffer*
*frische Korianderstängel, zum Garnieren*

(G) (A) (V)

**Zubereitung**

**1** Die Butter bei geringer Hitze in einem Topf zerlassen und die Zwiebel darin unter Rühren 3 Minuten glasig dünsten. Karotten und Pastinaken zugeben und unter gelegentlichem Rühren 15 Minuten garen, bis sie gerade weich werden. Ingwer und Orangenschale einrühren und die Brühe zugießen. Aufkochen, die Hitze reduzieren und abgedeckt 30–35 Minuten köcheln, bis das Gemüse weich und gar ist. Vom Herd nehmen und 10 Minuten abkühlen lassen.

**2** Die Suppe in der Küchenmaschine oder im Mixer glatt pürieren. Wieder in den ausgespülten Topf geben, die Sahne einrühren und mit Salz und Pfeffer abschmecken. Bei schwacher Hitze sanft erhitzen.

**3** Die Suppe vom Herd nehmen und in Suppenschalen füllen. Mit grob gemahlenem Pfeffer und Koriander garniert servieren.

# 58 NATURREIS

## Schwangere sollten statt weißem Reis ungeschälten Naturreis bevorzugen, denn er enthält wesentlich mehr wichtige Nährstoffe, die Mutter und Kind zugutekommen.

Die Schale brauner Reiskörner enthält wertvolle Fette, Mineralien und Vitamine sowie probiotische Faserstoffe, die eine gesunde Darmflora fördern und dafür sorgen, dass an den Darmwänden entzündungshemmende Antikörper gebildet werden, die vor Infektionen schützen. Das ist gerade in der Schwangerschaft sehr wichtig. Selen und Mangan in braunem Reis regen die Bildung antioxidativer Enzyme in der Leber an, die nicht nur den Abbau von Giftstoffen fördern, sondern auch die Wirkung anderer Antioxidantien aus der Nahrung verstärken. Selen kann in das Ubichinon-10 umgewandelt werden, das neben B-Vitaminen zur Energieerzeugung in den Zellen benötigt wird, vor allem im Herzen von Mutter und Kind. Das B-Vitamin Cholin unterstützt die Bildung neuer Zellwände, während Vitamin E sie vor Schäden schützt.

- Probiotische Faserstoffe stärken das Immunsystem der Mutter.
- Selen und Mangan bilden antioxidative Enzyme, die den Giftstoffabbau fördern.
- Selen bildet das Ubichinon-10, das zur Energieerzeugung in den Zellen gebraucht wird, unter anderem im Herz von Mutter und Kind.
- Cholin und Vitamin E fördern die Bildung neuer Zellwände.

**Praktische Tipps:**
Bevorzugen Sie Langkornreis, der seine Zuckerstoffe langsamer an den Körper abgibt als Rundkornreis. Brauner Basmati-Reis enthält 20 Prozent mehr Faserstoffe als andere Naturreissorten.

### SCHON GEWUSST?

Brauner Naturreis hat einen vorteilhaften glykämischen Index, der angibt, wie die Wirkung eines kohlenhydrathaltigen Lebensmittels auf den Blutzuckerspiegel ist. Der Reis sättigt anhaltend und beugt dadurch Heißhunger vor.

### DIE WICHTIGSTEN NÄHRSTOFFE IN 100 G NATURREIS

| | |
|---|---|
| Kalorien (kcal) | 370 |
| Gesamtfettgehalt | 2,92 g |
| Omega-6-Fettsäuren | 1000 mg |
| Eiweiß | 7,94 g |
| Kohlenhydrate | 77,24 g |
| Ballaststoffe | 3,5 g |
| Vitamin $B_1$ | 0,4 mg |
| Vitamin $B_3$ | 5,09 mg |
| Vitamin $B_5$ | 1,49 mg |
| Vitamin $B_6$ | 0,51 mg |
| Cholin | 30,7 mg |
| Vitamin E | 1,2 mg |
| Magnesium | 143 mg |
| Eisen | 1,47 mg |
| Mangan | 3,74 mg |
| Selen | 23,4 µg |
| Zink | 2,02 mg |

# Reis mit indischen Gewürzen

FÜR 2 PERSONEN

*125 g brauner Basmati-Reis, abgespült*
*1 TL Gemüsebrühe (Instantpulver)*
*3 Kardamomkapseln, aufgebrochen*
*100 g rote Spaltlinsen*
*2 EL Erdnussöl*
*25 g Butter*
*1 Zwiebel, gehackt*
*3 Knoblauchzehen, gehackt*
*2 EL frisch geriebener Ingwer*
*1 TL gemahlener Kreuzkümmel*
*1 TL gemahlener Koriander*
*1 TL Kurkuma*
*1/2 TL getrocknete Chiliflocken (nach Belieben) oder Pfeffer*
*2 hart gekochte Eier, halbiert*
*2 EL frisch gehackter Koriander, zum Garnieren*

(W) (A) (V)

**Zubereitung**

1 Den Reis mit der anderthalbfachen Menge Wasser bedecken. Aufkochen. Gemüsebrühe und Kardamom einrühren. Auf niedrigste Temperaturstufe umschalten und einen gut schließenden Deckel auflegen. 25–30 Minuten köcheln, bis der Reis weich ist und das Wasser aufgesogen hat. Vom Herd nehmen und stehen lassen.

2 Inzwischen die Linsen in einem zweiten Topf mit Wasser bedecken und zum Kochen bringen. Die Temperatur reduzieren. Die Linsen bei schräg aufliegendem Deckel 12–15 Minuten köcheln, bis sie gar sind. Gut abtropfen lassen.

3 Öl und Butter in einer großen Pfanne erhitzen. Die Zwiebel darin 6 Minuten weich dünsten. Knoblauch, Ingwer und Gewürze zugeben und 1 Minute mitdünsten. Reis und Linsen zufügen und alles gut umrühren. Mit Chiliflocken oder Pfeffer abschmecken.

4 Den Reis in zwei Portionsschälchen füllen, mit hart gekochten Eiern und frischem Koriander garnieren und servieren.

# 59 GRÜNKOHL

## Beim Kauen von Grünkohl und anderen Kohlgewächsen werden Sulforaphane frei. Diese Stoffe fördern Abbau und Ausscheidung von Giftstoffen.

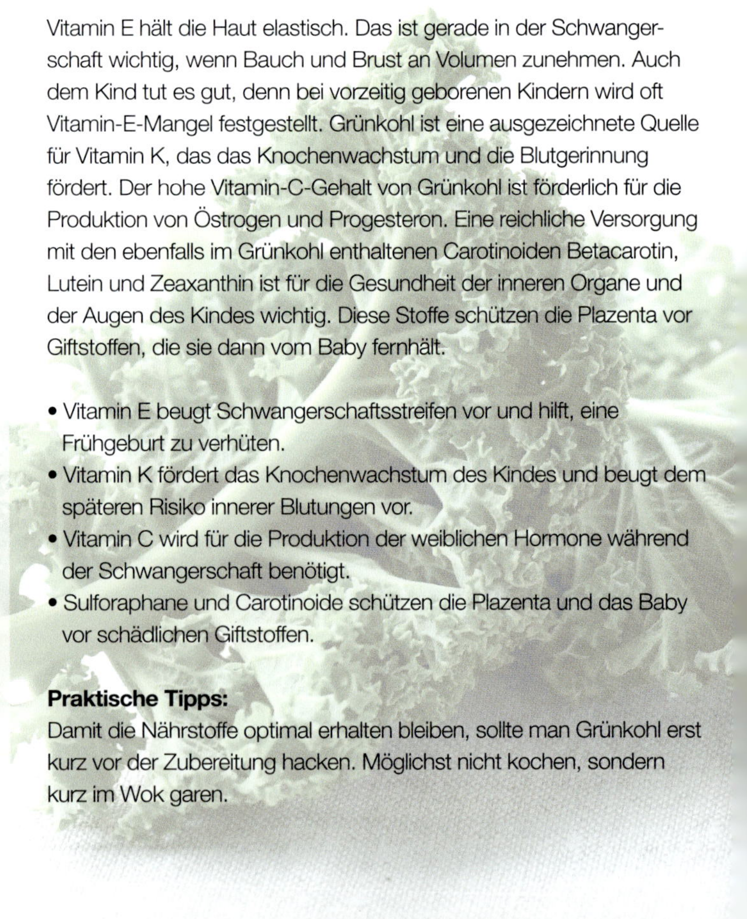

Vitamin E hält die Haut elastisch. Das ist gerade in der Schwangerschaft wichtig, wenn Bauch und Brust an Volumen zunehmen. Auch dem Kind tut es gut, denn bei vorzeitig geborenen Kindern wird oft Vitamin-E-Mangel festgestellt. Grünkohl ist eine ausgezeichnete Quelle für Vitamin K, das das Knochenwachstum und die Blutgerinnung fördert. Der hohe Vitamin-C-Gehalt von Grünkohl ist förderlich für die Produktion von Östrogen und Progesteron. Eine reichliche Versorgung mit den ebenfalls im Grünkohl enthaltenen Carotinoiden Betacarotin, Lutein und Zeaxanthin ist für die Gesundheit der inneren Organe und der Augen des Kindes wichtig. Diese Stoffe schützen die Plazenta vor Giftstoffen, die sie dann vom Baby fernhält.

- Vitamin E beugt Schwangerschaftsstreifen vor und hilft, eine Frühgeburt zu verhüten.
- Vitamin K fördert das Knochenwachstum des Kindes und beugt dem späteren Risiko innerer Blutungen vor.
- Vitamin C wird für die Produktion der weiblichen Hormone während der Schwangerschaft benötigt.
- Sulforaphane und Carotinoide schützen die Plazenta und das Baby vor schädlichen Giftstoffen.

**Praktische Tipps:**
Damit die Nährstoffe optimal erhalten bleiben, sollte man Grünkohl erst kurz vor der Zubereitung hacken. Möglichst nicht kochen, sondern kurz im Wok garen.

### SCHON GEWUSST?

Das im Kohl enthaltene Indol-3-Carbinol fördert die Reparaturprozesse der DNA und stoppt möglicherweise das Wachstum von Krebszellen. Es wird in der Schwangerschaft auf das Kind übertragen.

### HAUPTNÄHRSTOFFE IN 100 G GRÜNKOHL

| | |
|---|---|
| Kalorien (kcal) | 50 |
| Gesamtfettgehalt | 0,7 g |
| Eiweiß | 3,3 g |
| Kohlenhydrate | 10 g |
| Ballaststoffe | 2 g |
| Vitamin C | 120 mg |
| Vitamin E | 1,7 mg |
| Vitamin K | 817 µg |
| Folsäure | 29 µg |
| Kalzium | 135 mg |
| Magnesium | 34 mg |
| Kalium | 447 mg |
| Eisen | 1,7 mg |
| Betacarotin | 9226 µg |
| Lutein/Zeaxanthin | 39 550 µg |

# Bohnen-Grünkohl-Suppe

FÜR 4 PERSONEN

*250 g getrocknete weiße oder Cannellini-Bohnen*
*1 EL natives Olivenöl extra*
*2 Zwiebeln, fein gehackt*
*4 Knoblauchzehen, fein gehackt*
*1 Selleriestange, in dünnen Scheiben*
*2 Karotten, halbiert, in dünnen Scheiben*
*1,2 l Wasser*
*1/4 TL getrockneter Thymian*
*1/4 TL getrockneter Majoran*
*1 Lorbeerblatt*
*Salz und Pfeffer*
*250 g Grünkohl*

(W) (A) (V)

**Zubereitung**

1 Die Bohnen 6 Stunden (besser über Nacht) einweichen. Abgießen, in einen Topf geben und 5 cm hoch mit kaltem Wasser bedecken. Aufkochen und 10 Minuten kochen. Abgießen und abspülen.

2 Das Öl bei mittlerer Temperatur in einem großen Topf erhitzen. Die Zwiebeln zugeben und 3–4 Minuten weich dünsten.

3 Ab und zu umrühren. Knoblauch, Sellerie und Karotten zugeben und weitere 2 Minuten dünsten.

4 Wasser, abgegossene Bohnen und Kräuter zugeben. Zum Kochen bringen, dann die Hitze reduzieren und abgedeckt 75 Minuten köcheln, bis die Bohnen weich sind. Gelegentlich umrühren. Abhängig von der Bohnenart kann die Garzeit variieren. Mit Salz und Pfeffer würzen.

5 Das Lorbeerblatt entfernen. Die Suppe etwas abkühlen lassen, dann 1/2 l mit dem Pürierstab oder in der Küchenmaschine pürieren. Zurück zur Suppe geben.

6 Den Grünkohl portionsweise in schmale Streifen schneiden. Dabei zarte Blätter beiseitelegen. Die festeren Blätter zur Suppe geben und ohne Deckel 10 Minuten mitgaren. Die restlichen Blätter zugeben und weitere 5–10 Minuten garen. Die Suppe erneut abschmecken. In vorgewärmte Suppenschalen füllen und servieren.

# 60 GRÜNE BOHNEN

Alle Bohnen enthalten Proteine, komplexe Kohlenhydrate und lösliche Faserstoffe. Grüne Bohnen sind essbare Samenhülsen mit nicht löslichen Faserstoffen.

In der Schwangerschaft ist es besonders wichtig, Giftstoffe aus dem Körper zu beseitigen, weil die Plazenta nicht alle schädlichen Stoffe aus dem Blut filtern kann, das durch sie zum Kind fließt. Unlösliche Faserstoffe binden toxische Substanzen und überflüssige Salze. Wegen ihres Quellvermögens regulieren sie die Verdauung und können Durchfall ebenso wie Verstopfung vorbeugen. Vitamin C und B-Vitamine aus grünen Bohnen sind ebenfalls nützlich für die Verdauung. Grüne Bohnen liefern über längere Zeit Energie und stabilisieren den Blutzuckerspiegel. Alle Lebensmittel, die das tun, regulieren auch Appetit und Gewicht und helfen werdenden Müttern, gleichmäßig und nicht zu viel zuzunehmen.

- Nicht lösliche Faserstoffe regulieren die Verdauung, beugen Durchfall und Verstopfung vor und fördern die Ausscheidung von Giftstoffen, die dem Kind schaden können.
- Ballaststoffe, Vitamin C und B-Vitamine sind wichtig für eine gesunde Verdauung.
- Grüne Bohnen regulieren den Energiehaushalt und den Appetit. Sie helfen, übermäßige Gewichtszunahme zu vermeiden.

**Praktische Tipps:**
Zu den grünen Bohnen gehören Busch-, Stangen- und Prinzessbohnen sowie andere Sorten. Man kann die Samenhülsen mit den unreifen Samen im Inneren im Ganzen dünsten oder kochen oder an Suppen, Eintöpfe und Wokgerichte geben.

### SCHON GEWUSST?

Grüne Bohnen sind reich an Faserstoffen, die für eine geregelte Verdauung sorgen. Durch das Schwangerschaftshormon Relaxin, das die Dehnung der Gebärmutter erleichtert, entspannt sich die Darmmuskulatur, was oft zu Darmträgheit führt.

### DIE WICHTIGSTEN NÄHRSTOFFE IN 100 G GRÜNEN BOHNEN

| | |
|---|---|
| Kalorien (kcal) | 31 |
| Gesamtfettgehalt | 0,1 g |
| Eiweiß | 1,8 g |
| Kohlenhydrate | 7,1 g |
| Ballaststoffe | 3,6 g |
| Vitamin C | 16 mg |
| Vitamin $B_2$ | 0,1 mg |
| Vitamin $B_3$ | 0,7 mg |
| Vitamin $B_5$ | 0,2 mg |
| Vitamin $B_6$ | 0,1 mg |
| Folsäure | 33 µg |
| Cholin | 15,3 mg |

# Kartoffel-Curry mit grünen Bohnen

FÜR 2–4 PERSONEN

*3 EL Pflanzenöl*
*1 TL Kreuzkümmelsamen*
*1/2 TL Schwarzkümmelsamen*
*1/2 TL Senfkörner*
*4 getrocknete rote Chillies*
*3 Tomaten, in Scheiben*
*1 Prise Salz*
*1 TL frisch geriebener Ingwer*
*1 TL frisch zerdrückter Knoblauch*
*1 TL Chilipulver (nach Belieben)*
*200 g grüne Bohnen, schräg in 3 cm lange Stücke geschnitten*
*2 Kartoffeln, geschält und gewürfelt*
*300 ml Wasser*

**Zum Garnieren**

*frisch gehackter Koriander*
*frische grüne Chiliringe*

(W) (A) (V) (E)

**Zubereitung**

1 Das Öl in einem großen Topf erhitzen. Kreuz- und Schwarzkümmelsamen, Senfkörner und Chillies darin unter Rühren anbraten. Die Tomaten zufügen und unter Rühren 3–5 Minuten dünsten.

2 Salz, Ingwer, Knoblauch und Chilipulver in einer Schale vermengen. In den Topf einstreuen und gut untermischen. Bohnen und Kartoffeln in den Topf geben und 5 Minuten unter Rühren andünsten.

3 Mit dem Wasser ablöschen. Die Hitze reduzieren und unter gelegentlichem Rühren 10–15 Minuten köcheln. In eine vorgewärmte Servierschüssel füllen, mit gehacktem Koriander und Chiliringen garnieren und sofort servieren.

# 4

# Letztes Drittel

In den letzten Monaten der Schwangerschaft wächst das Kind stark und muss entsprechend versorgt werden. Wer jetzt nicht gesund isst, riskiert Erschöpfung und Gesundheitsschäden. Der Kalorienbedarf steigt erst in dieser Phase der Schwangerschaft um etwa 10 Prozent an und lässt sich durch eine Zwischenmahlzeit oder eine Scheibe gehaltvoll belegtes Brot leicht decken. Weil der Magen nun weniger Platz hat, müssen Sie öfter kleine Mengen essen – vorzugsweise Lebensmittel mit einer hohen Nährstoffdichte.

Für das Wachstum des Kindes werden jetzt reichlich Proteine benötigt, außerdem die wachstumsfördernden Nährstoffe Folsäure, Zink und Vitamin C. Mineralstoffe wie Magnesium, Kalzium und Kalium fördern Knochengesundheit und Herztätigkeit von Mutter und Kind.

(W) Wachstum des Kindes
(G) Gehirnentwicklung des Kindes
(A) Antioxidantien
(N) Naturmedizin
(V) Für Vegetarier geeignet
(E) Einfache und schnelle Zubereitung

# 61 AZUKI-BOHNEN

## Azukibohnen enthalten wertvolle Proteine, Ballaststoffe und Kohlenhydrate. Außerdem liefern sie verschiedene Nährstoffe, die das Wachstum des Kindes jetzt fördern.

Einer dieser Nährstoffe ist Zink. Mütter, denen dieses Mineral fehlt, bringen oft auffällig leichte Kinder zur Welt. Wenn der wachsende Bauch den Magen beengt, kann der Appetit abnehmen. Zink regt ihn an und erleichtert es der Mutter, häufiger kleine Mengen von Lebensmitteln mit hoher Nährstoffdichte zu sich zu nehmen. Die Folsäure in Azukibohnen wird zur Produktion von DNA benötigt. Sie fördert auch die Bildung roter Blutkörperchen, die gebraucht werden, wenn im letzten Schwangerschaftsdrittel das Blutvolumen um 40–50 Prozent zugenommen hat. Der hohe Magnesium- und Kaliumgehalt begünstigt diesen Prozess.

- Azukibohnen liefern wichtige Nährstoffe für Wachstum, Energiehaushalt und Giftstoffabbau, u. a. Zink, das Wachstum und Gewichtszunahme des Kindes reguliert.
- Zink fördert den Appetit und sorgt dafür, dass Mutter und Kind genug Energie haben.
- Folsäure wird zur Bildung von DNA und roten Blutkörperchen benötigt.
- Magnesium und Kalium regulieren den Kreislauf und beugen Bluthochdruck, Schwellungen und Krämpfen vor.

**Praktische Tipps:**
Vorgegarte Azukibohnen kann man tiefgefroren kaufen. Sie können gekocht an Gemüsesuppen gegeben werden, um den Proteingehalt zu erhöhen.

### SCHON GEWUSST?

Azukibohnen enthalten Proanthocyanidine und Catechine. Diese antioxidativen Flavonoide fördern die gesunde Entwicklung der kindlichen Lunge – eine gute Vorbereitung für den ersten Atemzug.

### DIE WICHTIGSTEN NÄHRSTOFFE IN 100 G AZUKIBOHNEN

| | |
|---|---|
| Kalorien (kcal) | 329 |
| Gesamtfettgehalt | 0,53 g |
| Eiweiß | 19,87 g |
| Kohlenhydrate | 62,9 g |
| Ballaststoffe | 12,7 g |
| Vitamin $B_1$ | 0,45 mg |
| Vitamin $B_2$ | 0,22 mg |
| Vitamin $B_3$ | 2,63 mg |
| Vitamin $B_5$ | 1,47 mg |
| Vitamin $B_6$ | 0,35 mg |
| Folsäure | 622 µg |
| Kalzium | 66 mg |
| Magnesium | 127 mg |
| Kalium | 1254 mg |
| Phosphor | 381 mg |
| Eisen | 4,98 mg |
| Zink | 5,04 mg |

# Pikanter Eintopf mit Azukibohnen

FÜR 2 PERSONEN

*100 g getrocknete Azukibohnen, über Nacht eingeweicht*
*2 EL Pflanzenöl*
*1 große Zwiebel, gehackt*
*3 Knoblauchzehen, gehackt*
*1 Stange Sellerie, in Scheiben*
*2 Karotten, in Scheiben*
*4-cm-Stück frischer Ingwer, geschält und in Scheiben*
*1 TL gemahlener Kreuzkümmel*
*2 TL gemahlener Koriander*
*3 Kardamomkapseln, aufgebrochen*
*300 ml Gemüsebrühe*
*100 g junger Blattspinat*
*Pfeffer*

(W) (A) (V)

**Zubereitung**

1 Die eingeweichten Bohnen abgießen und abspülen. In einem Topf mit reichlich Wasser bedecken und zum Kochen bringen. Die Hitze reduzieren und abgedeckt 40–50 Minuten garen. Abgießen.

2 Inzwischen das Öl in einer Pfanne erhitzen und die Zwiebel darin 6 Minuten weich dünsten. Knoblauch, Sellerie und Karotten zugeben und unter ständigem Rühren weitere 5 Minuten dünsten. Ingwer und Gewürze einrühren, die Brühe zugießen und bei schräg aufliegendem Deckel 10 Minuten köcheln. Beiseitestellen.

3 Die gegarten, abgegossenen Bohnen zur Zwiebel geben. Den Spinat zufügen und 5 Minuten durchwärmen, bis er zusammenfällt. Mit Pfeffer würzen. Vor dem Servieren Ingwer und Kardamom entfernen.

# 62 KIRSCHEN

## Kirschen sind eine gesunde Nascherei. Sie schmecken herrlich und regulieren im Gegensatz zu Süßigkeiten den Blutzuckerspiegel, statt Ihnen Energie zu rauben.

Im letzten Schwangerschaftsdrittel bildet das Baby pro Minute etwa 100 000 neue Gehirnzellen, die jedoch durch freie Radikale leicht geschädigt oder zerstört werden können. Freie Radikale sind instabile Moleküle, die durch Umweltgifte, Chemikalien, gekochte Lebensmittel, Elektrogeräte und natürliche Stoffwechselvorgänge entstehen können. Die Proanthocyanidine in Kirschen, die für die rote Farbe verantwortlich sind, machen diese freien Radikale unschädlich. Zusammen mit dem ebenfalls enthaltenen Vitamin C wirken sie entzündungshemmend, beugen Präeklampsie und Hautproblemen vor und lindern Schmerzen. Diese Antioxidantien stärken auch das Immunsystem der Mutter und nützen dadurch dem Kind, denn es wird keine unnötige Energie verbraucht, die für sein Wachstum nötig ist.

- Antioxidantien zerstören freie Radikale, die die Gehirnzellen des Kindes schädigen können.
- Proanthocyanidine und Vitamin C schützen Mutter und Kind vor Infektionen.

**Praktische Tipps:**

Kaufen Sie frische Kirschen mit Stiel und essen Sie sie roh. Je dunkler die Früchte, desto mehr Proanthocyanidin enthalten sie. Kirschen sind nicht ganz preiswert, aber ab und zu sollten sie sich diese herrlich gesunde Nascherei gönnen, zumal sie auch Darmträgheit wirkungsvoll vorbeugen.

### SCHON GEWUSST?

Um die entzündungshemmende Wirkung der Antioxidantien in Kirschen optimal auszuschöpfen, sollte man auch reichlich Omega-3-Fettsäuren aus fetthaltigem Fisch, Nüssen und Samen auf den Speiseplan setzen.

### DIE WICHTIGSTEN NÄHRSTOFFE IN 100 G KIRSCHEN

| | |
|---|---|
| Kalorien (kcal) | 63 |
| Gesamtfettgehalt | 0 g |
| Eiweiß | 1,06 g |
| Kohlenhydrate | 16,01 g |
| Ballaststoffe | 2,1 g |
| Vitamin C | 7 mg |
| Kalium | 222 mg |
| Lutein/Zeaxanthin | 85 µg |

# Kirschdessert

FÜR 2 PERSONEN

*150 g Erdbeeren*
*1–2 TL flüssiger Honig (nach Geschmack)*
*½ Tütchen Vanillezucker*
*200 g Bionaturjoghurt*
*175 g Kirschen, entsteint*
*50 g Haselnüsse, grob gehackt*

(W) (G) (A) (V) (E)

**Zubereitung**

1 Die Erdbeeren im Mixer pürieren. In einer Schüssel mit Honig und Vanillezucker verrühren. Dann das Erdbeerpüree vorsichtig unter den Joghurt ziehen.

2 Die Kirschen auf zwei Gläser verteilen. Den Erdbeerjoghurt darauf füllen, mit Haselnüssen bestreuen und servieren.

# 63 ANANAS

**Im letzten Schwangerschaftsdrittel tritt häufig Heißhunger auf Süßes auf. Ananas ist ein gesundes, nährstoffreiches Mittel gegen solche Heißhungerattacken.**

Im letzten Schwangerschaftsdrittel drückt das Baby die Verdauungsorgane der Mutter zusammen und verringert ihr Magenvolumen. Wenn der Bauch wächst, wird zunehmend Relaxin ausgeschüttet, das neben dem Uterus auch die Muskeln um Speiseröhre und Darm entspannt, sodass es zu Sodbrennen und Verstopfung kommen kann. Ananas regt die Verdauung an und hilft, diese Probleme zu lindern. Sie enthält außerdem Vitamin C und das Mineral Mangan, die für die verstärkte Ausschüttung von Sexualhormonen zur Aufrechterhaltung der Schwangerschaft und das rechtzeitige Einsetzen der Wehen nötig sind. Diese Nährstoffe regulieren den Blutzuckerspiegel und sorgen für eine gleichmäßige Energieversorgung von Mutter und Kind. Außerdem fördern sie den Knochenaufbau.

- Fördert die Verdauung, lindert Verstopfung und Sodbrennen.
- Vitamin C und Mangan regulieren den Hormonhaushalt, lösen zur rechten Zeit Wehen aus und fördern den Knochenaufbau.
- Ananas reguliert den Blutzuckerspiegel, liefert Energie für alle Zellen und fördert so das Wachstum.

**Praktische Tipps:**
In vielen Ländern wird empfohlen, Ananas erst am Ende der Schwangerschaft zu essen, weil sie angeblich den Gebärmutterhals erweichen und die Wehen fördern soll. Das ist aber nicht erwiesen, und man müsste auch große Mengen verzehren, um diese Wirkung zu erzielen. Eine kleine Portion ist unbedenklich.

### SCHON GEWUSST?

Wenn die Wehen nicht einsetzen wollen, soll (neben Sex, Stimulation der Brustwarzen und Curry) Ananas Hilfe bringen. Es heißt, dass ihre anregende Wirkung auf die Verdauung auch Kontraktionen fördern kann.

### DIE WICHTIGSTEN NÄHRSTOFFE IN 1 SCHEIBE FRISCHE ANANAS

| | |
|---|---|
| Kalorien (kcal) | 40 |
| Gesamtfettgehalt | 0 g |
| Eiweiß | 0,5 g |
| Kohlenhydrate | 10,6 g |
| Ballaststoffe | 1,2 g |
| Vitamin C | 43 mg |
| Magnesium | 41 mg |
| Kalium | 97 mg |
| Mangan | 148 mg |

# Süß-saurer Fischsalat

FÜR 4 PERSONEN

*250 g Forellenfilets, abgespült*
*250 g helles Fischfilet, z. B. Dorsch oder Kabeljau*
*300 ml Wasser*
*1 Stängel Zitronengras*
*2 Kaffir-Limettenblätter*
*1 große rote Chili*
*1 Bund Frühlingszwiebeln, in Streifen*
*150 g frische Ananas, gewürfelt*
*1 kleine rote Paprika, gewürfelt*
*1 Bund Brunnenkresse*
*Schnittlauchröllchen, zum Garnieren*

**Dressing**

*1 EL Sonnenblumenöl*
*1 EL Reisweinessig*
*1 Prise Chilipulver*
*1 TL flüssiger Honig*
*Pfeffer*

(W) (A) (N) (E)

**Zubereitung**

1 Den Fisch in eine Pfanne legen und mit dem Wasser übergießen. Das Zitronengras mehrmals knicken und mit den Limettenblättern zufügen. Die Chili mit einer Gabel anstechen und zugeben. Aufkochen, dann 7–8 Minuten köcheln. Abkühlen lassen.

2 Den Fisch gut abtropfen lassen. Das Fleisch von der Haut lösen, zerpflücken und in eine Schüssel geben. Frühlingszwiebeln, Ananas und Paprika vorsichtig unterheben.

3 Die Brunnenkresse auf vier Teller verteilen und den Fischsalat darauf anrichten.

4 Die ersten vier Zutaten für das Dressing verrühren, mit etwas Pfeffer würzen. Über den Fisch träufeln, mit Schnittlauchröllchen garnieren und servieren.

# 64 TROCKEN-PFLAUMEN

## Trockenpflaumen enthalten das natürliche Laxativum Dihydrophenylisatin, das zusammen mit ihren Ballaststoffen die regelmäßige Verdauung fördert.

Trockenpflaumen sind ein sanfteres und unschädlicheres Abführmittel als Sennesblätter oder Faulbaumrinde. Durch den Druck auf die Verdauungsorgane und das muskelentspannende Hormon Relaxin kann es in der Schwangerschaft zu Verstopfung kommen, die unangenehm ist und zur Ansammlung von Giften führen kann. Druck im unteren Bauchbereich erhöht außerdem das Risiko von Hämorrhoiden. Die Antioxidantien Vitamin C und Rutin aus Trockenpflaumen schützen die Blutgefäße und beugen darum Krampfadern und Blutergüssen vor. Der Faserstoff Pektin bindet giftige Schwermetalle wie Quecksilber, Aluminium und Blei, sodass diese das Kind nicht schädigen können. Trockenpflaumen enthalten ferner die Carotinoide Betacarotin, Lutein und Zeaxanthin, die Augen und Gehirn des Kindes zugutekommen.

- Sanftes Abführmittel, fördert die Ausscheidung von Giftstoffen.
- Vitamin C und Rutin beugen Hämorrhoiden, Krampfadern und Neigung zu Blutergüssen vor.
- Die antioxidativen Carotinoide schützen Gehirn und Augen des heranwachsenden Kindes.

**Praktische Tipps:**
Trockenpflaumen sind eine großartige Zwischenmahlzeit. Sie schmecken süß und regulieren den Blutzuckerspiegel. Um Verstopfung zu lindern, püriert man sie mit kochendem Wasser im Mixer und gibt sie an Müsli oder Joghurt.

### SCHON GEWUSST?

Wegen des Dörrprozesses haben Trockenpflaumen eine höhere Zuckerkonzentration als frische. In der Spätschwangerschaft sind sie ein schneller Energielieferant.

### DIE WICHTIGSTEN NÄHRSTOFFE IN 100 G TROCKENPFLAUMEN

| | |
|---|---|
| Kalorien (kcal) | 240 |
| Gesamtfettgehalt | 0,38 g |
| Eiweiß | 2,18 g |
| Kohlenhydrate | 63,88 g |
| Ballaststoffe | 7,1 g |
| Kalzium | 43 mg |
| Magnesium | 41 mg |
| Betacarotin | 394 µg |
| Lutein/Zeaxanthin | 148 µg |

# Gemüseeintopf mit Trockenpflaumen

FÜR 4 PERSONEN

*2 EL Olivenöl*
*1 Zwiebel, fein gehackt*
*2–4 Knoblauchzehen, zerdrückt*
*1 frische rote Chili, entkernt und in Scheiben*
*250 g Auberginen, gewürfelt*
*1 EL frisch geriebener Ingwer*
*1 TL gemahlener Kreuzkümmel*
*1 TL gemahlener Koriander*
*1 Msp. Safran*
*1–2 Zimtstangen, grob zerstoßen*
*500 g Butternut-Kürbis, geschält, entkernt und gewürfelt*
*250 g Süßkartoffeln, gewürfelt*
*100 g Trockenpflaumen*
*450–600 ml Gemüsebrühe*
*4 Tomaten, gehackt*
*400 g Kichererbsen aus der Dose, abgetropft und abgespült*
*1 EL frisch gehackter Koriander, zum Garnieren*

(G) (A) (N) (V)

**Zubereitung**

**1** Das Öl in einem großen Schmortopf mit gut passendem Deckel erhitzen. Zwiebel, Knoblauch, Chili und Auberginen unter ständigem Rühren 5–8 Minuten andünsten. Ingwer, Kreuzkümmel, Koriander und Safran zufügen und unter ständigem Rühren 2 Minuten mitdünsten.

**2** Zimt, Kürbis, Süßkartoffeln, Trockenpflaumen, Brühe und Tomaten in den Topf geben und zum Kochen bringen. Die Temperatur reduzieren und abgedeckt unter gelegentlichem Rühren 20 Minuten köcheln. Die Kichererbsen zugeben und weitere 10 Minuten köcheln. Den Zimt entfernen. Mit frischem Koriander garnieren und servieren.

# 65 PUTE

**Putenfleisch enthält B-Vitamine und Proteine, die Energie liefern und das Wachstum fördern. Sie wirken stimmungsaufhellend und verbessern die Stressresistenz.**

Das Vitamin $B_3$ aus Putenfleisch unterstützt die Körpergewebe bei der Ausnutzung von Sauerstoff. In der Schwangerschaft versorgt der mütterliche Körper bevorzugt das Kind, aber auch die Mutter muss gesund bleiben, um die Geburt zu überstehen, sich danach schnell zu erholen und stillen zu können. In der Schwangerschaft tritt häufig ein Vitamin-$B_6$-Mangel auf, der Hautprobleme und Depressionen verursachen kann. Putenfleisch enthält reichlich stimmungsaufhellende B-Vitamine sowie die Aminosäure Tryptophan. Sie wird zur Produktion von Serotonin benötigt, das den Schlaf positiv beeinflusst und uns bei guter Laune hält. Das dunklere Putenfleisch enthält einen höheren Anteil Ubichinon-10, das Energie spendet und den Herzmuskel des Kindes schützt.

- Vitamin $B_3$ versorgt die Körpergewebe von Mutter und Kind mit Sauerstoff, fördert Wachstums- und Reparaturprozesse.
- B-Vitamine hellen die Stimmung auf und sorgen für schöne Haut.
- Tryptophan wird zur Produktion von Serotonin benötigt, das Stimmung und Schlaf reguliert.
- Ubichinon-10 versorgt alle Zellen mit Energie.

**Praktische Tipps:**

Heißhunger auf Süßigkeiten deutet darauf hin, dass in der Ernährung hochwertige Fette und Proteine fehlen. Bei Erschöpfung kann ein Roggenknäckebrot mit Putenfleischaufschnitt – am besten in Bioqualität – mit Gurke oder Avocado schnelle Hilfe bringen.

## SCHON GEWUSST?

Im letzten Schwangerschaftsdrittel ist der Proteinbedarf um ein Drittel höher als vor der Schwangerschaft. Putenfleisch ist eine wertvolle Proteinquelle und enthält auch Aminosäuren fürs Wachstum.

## DIE WICHTIGSTEN NÄHRSTOFFE IN 100 G PUTE OHNE HAUT

| | |
|---|---|
| Kalorien (kcal) | 111 |
| Gesamtfettgehalt | 0,65 g |
| gesättigte Fettsäuren | 0,21 g |
| einfach unges. Fettsäuren | 0,11 g |
| Eiweiß | 24,6 g |
| Kohlenhydrate | 0 g |
| Ballaststoffe | 0 g |
| Vitamin $B_3$ | 6,23 mg |
| Vitamin $B_5$ | 0,72 mg |
| Vitamin $B_6$ | 0,58 mg |
| Eisen | 1,17 mg |
| Zink | 1,24 mg |
| Glutaminsäure | 4,02 g |

# Reissalat mit Putenbruststreifen

FÜR 4 PERSONEN

*1 l Hühnerbrühe*
*175 g Langkorn- und Wildreis, gemischt*
*2 EL Sonnenblumen- oder Maiskeimöl*
*250 g Putenbrustfilet, in feinen Streifen*
*250 g Zuckererbsen*
*120 g Austernpilze, in mundgerechten Stücken*
*50 g Pistazienkerne, gehackt*
*2 EL frisch gehackter Koriander*
*1 EL frische Schnittlauchröllchen, plus etwas mehr zum Garnieren*
*1 EL Balsamico-Essig*
*Salz und Pfeffer*

(W) (G) (A)

**Zubereitung**

**1** Von der Hühnerbrühe 4 Esslöffel zurückbehalten, den Rest in einem großen Topf zum Kochen bringen. Den Reis zugeben und 20–30 Minuten garen. Abgießen, abtropfen und abkühlen lassen.

**2** Währenddessen 1 Esslöffel Öl in einem Wok oder einer großen Pfanne mit Deckel erhitzen. Die Putenstreifen darin 4–5 Minuten braten, bis sie durchgegart sind. Mit einem Schaumlöffel herausnehmen und in eine Servierschüssel geben. Zuckererbsen und Pilze in den Wok geben und kurz anbraten. Die zurückbehaltene Brühe zugießen und zum Kochen bringen. Die Hitze reduzieren, den Wok bedecken und alles 3–4 Minuten garen. Das Gemüse zu den Putenstreifen geben.

**3** Reis, Pistazien, Koriander, Schnittlauch, restliches Öl und Essig in die Servierschüssel füllen und vermengen. Mit Salz und Pfeffer abschmecken, mit Schnittlauch garnieren und servieren.

# 66 PORREE

Porree wirkt mild abführend und entgiftend, darum ist es ein ideales Gemüse für eine Zeit, in der Darmträgheit Beschwerden bereiten kann.

Alle Angehörigen der Zwiebelfamilie – Porree, Zwiebeln und Knoblauch – enthalten viel Schwefel, der die Entgiftungsfunktion der Leber anregt. Das Mineral beseitigt auch Giftstoffe aus den einzelnen Zellen, sodass mehr Nährstoffe eindringen können. Porree ist außerdem reich an Inulin und anderen probiotischen Faserstoffen, die zur Bildung einer gesunden Darmflora beitragen und Darmträgheit vorbeugen. Sie fördern die Widerstandskraft gegen Infektionen, stärken das Immunsystem und verbessern die Energiegewinnung aus pflanzlichen Lebensmitteln. Alle diese Wirkweisen sind wichtig, um das Kind vor schädlichen Giftstoffen zu schützen. Die Antikörper, die der mütterliche Körper gegen Pilze, Viren und Bakterien bildet, werden über die Plazenta an den Fötus weitergeleitet.

- Hoher Schwefelgehalt fördert den Giftstoffabbau und die Nährstoffversorgung der Zellen.
- Probiotische Faserstoffe wie Inulin begünstigen eine gesunde Darmflora und beugen Verstopfung und Giftstoffablagerungen vor.
- Probiotische Faserstoffe fördern die Bildung von Antikörpern, die auch das Kind vor Bakterien und Viren schützen.

**Praktische Tipps:**
Porree ist ein guter Ersatz für Zwiebeln, die im letzten Schwangerschaftsdrittel Sodbrennen begünstigen können. Porree nicht zu lange kochen, sonst wird er matschig und schmeckt fad. Er eignet sich gut als Basis für Gemüsebrühe und Suppen.

### SCHON GEWUSST?

Zwiebeln und andere Zwiebelgewächse wie Porree und Knoblauch sowie Spinat Petersilie und Karotten enthalten Sulfoquinovosyldiacylglycerol. Dieser Stoff soll das Wachstum von Krebszellen bremsen und zur Vermeidung von Krebs im Kindesalter beitragen.

### DIE WICHTIGSTEN NÄHRSTOFFE IN 1 STANGE PORREE

| | |
|---|---|
| Kalorien (kcal) | 54 |
| Gesamtfettgehalt | 0,27 g |
| Eiweiß | 1,33 g |
| Kohlenhydrate | 12,59 g |
| Ballaststoffe | 1,6 g |
| Vitamin C | 10,7 mg |
| Vitamin $B_6$ | 0,21 mg |
| Vitamin K | 41,8 µg |
| Folsäure | 57 µg |
| Kalzium | 53 mg |
| Magnesium | 25 mg |

# Porree-Kräuter-Soufflés

FÜR 4 PERSONEN

*1 EL Olivenöl*
*350 g dünne Porreestangen, fein zerkleinert*
*125 ml Gemüsebrühe*
*50 g Walnüsse*
*2 Eier, getrennt*
*2 EL gehackte gemischte Kräuter*
*2 EL Bionaturjoghurt*
*Pfeffer*

(G) (A) (V)

**Zubereitung**

1 Den Backofen auf 180 °C vorheizen. Das Olivenöl in einer Pfanne erhitzen. Den Porree darin bei mittlerer Temperatur unter gelegentlichem Rühren 2–3 Minuten andünsten.

2 Die Gemüsebrühe zugießen. Die Temperatur reduzieren und den Porree 5 Minuten leicht köcheln.

3 Die Walnüsse im Mixer fein hacken. Den Porree zu den Nüssen geben und alles kurz pürieren. In eine Rührschüssel füllen.

4 Eigelb, Kräuter und Joghurt gut verrühren. Die Mischung zum Porreepüree gießen. Mit Pfeffer würzen und gut verrühren.

5 In einer fettfreien Schüssel das Eiweiß steif schlagen.

6 Den Eischnee unter die Porreemasse heben. Die Masse in vier leicht eingefettete Ramequin-Förmchen (150 ml) füllen und auf ein angewärmtes Backblech stellen.

7 Im vorgeheizten Ofen 35–40 Minuten backen, bis die Soufflés gar und aufgegangen sind. Sofort servieren.

67

# HIMBEER-BLÄTTERTEE

Tee aus Himbeerblättern ist ein altes Hausmittel für die letzten Schwangerschaftswochen. Er soll helfen, Schmerzen und Komplikationen bei der Geburt zu vermeiden.

Himbeerblätter enthalten das Alkaloid Fragin, das den Uterus und die Beckenmuskulatur stärkt. Diese Wirkung kann zu einer Verkürzung der zweiten Geburtsphase beitragen. Kräftige Muskelkontraktionen sind meist weniger schmerzhaft, weil die Muskeln gut mit Sauerstoff versorgt werden und unter der Belastung weniger Milchsäure produziert wird. Manche Studien legen nahe, dass bei Frauen, die kurz vor dem errechneten Geburtstermin regelmäßig Himbeerblättertee getrunken hatten, weniger Komplikationen und Interventionen – vor allem Kaiserschnittentbindungen und Zangengeburten – auftraten. Einer Studie zufolge empfehlen zwei Drittel aller Hebammen ihren Patientinnen Himbeerblättertee zur Geburtsvorbereitung. Auch die zahlreichen Mineralien, die in dem Tee enthalten sind, sollen die Geburt erleichtern.

- Fragin stärkt die Gebärmutter- und Beckenmuskeln und sorgt für kräftigere Kontraktionen.
- Kann die zweite Geburtsphase verkürzen, Schmerzen reduzieren und Komplikationen vorbeugen.
- Reich an Mineralien, die die Muskelkontraktionen fördern sollen.

**Praktische Tipps:**
Wegen der Wirkung auf den Uterus wird oft empfohlen, Himbeerblättertee erst ab der 36. Schwangerschaftswoche zu trinken. Falls während der Schwangerschaft Komplikationen auftraten, unbedingt den Arzt befragen. 1–2 Tassen Tee täglich trinken.

### SCHON GEWUSST?

Die Alkaloide in Himbeerblättern, die den Uterus auf die Wehen vorbereiten, fördern auch die Rückbildung der Gebärmutter nach der Geburt sowie die Milchbildung.

### DIE WICHTIGSTEN NÄHRSTOFFE IN 225 ML AUFGUSS

| | |
|---|---|
| Kalorien (kcal) – circa* | 2 |
| Gesamtfettgehalt | 0 g |

*Weitere genaue Daten liegen nicht vor.

# Himbeerblätterpunsch

FÜR 2 PERSONEN

*1 Aufgussbeutel oder 2 TL getrocknete Himbeerblätter*
*300 ml kochendes Wasser*
*200 ml Himbeersaft*
*100 ml Orangensaft*
*1/2 Apfel, halbiert, entkernt und in Scheiben*
*6 Gurkenscheiben, halbiert*
*einige Minzeblätter*
*Eiswürfel zum Servieren (nach Belieben)*

(A) (N) (V) (E)

**Zubereitung**

**1** Den Aufgussbeutel oder die Blätter mit kochendem Wasser übergießen. Abkühlen lassen, dann Beutel oder Blätter entfernen.

**2** Den abgekühlten Himbeerblättertee mit Himbeer- und Orangensaft, Apfelscheiben, Gurkenscheiben und Minze in einen Krug geben. Gekühlt – nach Belieben mit Eiswürfeln – servieren.

# 68 BRUNNEN-KRESSE

## Brunnenkresse ist reich an entgiftendem Schwefel, schützenden Antioxidantien und energiespendendem Chlorophyll.

Brunnenkresse enthält Schwefelverbindungen, die man Isothiocyanate nennt. Sie unterstützen die Leber bei der Ausscheidung von Giftstoffen, die dem Kind schaden könnten. Schwefel verteilt Nährstoffe und Sauerstoff im ganzen Körper und regt in Zusammenarbeit mit Vitamin C die Bildung von Collagen an, das für die Bildung von Muskeln, Skelett und Haut des Kindes gebraucht wird. Die Vitamine A und E verbessern die Dehnbarkeit der Haut und können beim Kind das Risiko für Ekzeme und Asthma senken. Das dunkle Grün der Brunnenkresse deutet auf einen hohen Anteil von antioxidativen Carotinoiden hin. Vor allem Betacarotin und Lutein stärken Immunsystem und Sehkraft von Mutter und Kind.

- Schwefel beseitigt Giftstoffe und verbessert die Durchblutung, sodass das Kind besser mit Sauerstoff versorgt wird.
- Schwefel sowie die Vitamine A, C und E fördern beim Kind die Bildung von Haut, Muskeln und Knochen. Bei der Mutter verbessern sie die Dehnbarkeit der Haut.
- Kann Asthma und Ekzemen im Kindesalter vorbeugen.
- Die Carotinoide Betacarotin und Lutein stärken Immunsystem und Sehkraft von Mutter und Kind.

**Praktische Tipps:**
Die dunkelgrünen Blätter sind reich an Carotinoiden und dem energiespendenden Pflanzenfarbstoff Chlorophyll. Brunnenkresse kann wie jeder Blattsalat verwendet werden und enthält Aromastoffe, die die Verdauung anregen.

### SCHON GEWUSST?

Die Antioxidantien in Brunnenkresse und anderem grünem Blattgemüse wirken entzündungshemmend und schützen die Zellen vor Schäden, indem sie die freien Radikale „fangen", die solche Schäden verursachen. Dadurch muss der Körper keine Energie für Reparaturen aufwenden.

### DIE WICHTIGSTEN NÄHRSTOFFE IN 25 G BRUNNENKRESSE

| | |
|---|---|
| Kalorien (kcal) | 3 |
| Gesamtfettgehalt | 0 g |
| Eiweiß | 0,6 g |
| Kohlenhydrate | 0,3 g |
| Ballaststoffe | 0,1 g |
| Vitamin C | 11 mg |
| Vitamin A | 798 IE |
| Vitamin E | 0,25 mg |
| Folsäure | 2,25 µg |
| Betacarotin | 478 µg |
| Lutein/Zeaxanthin | 1442 µg |

# Tintenfisch mit Chili und Brunnenkresse

FÜR 4 PERSONEN

*700 g Tintenfisch, küchenfertig*
*2–3 EL Olivenöl*
*2 rote Chillies, entkernt und in dünnen Streifen*
*2 Frühlingszwiebeln, fein gehackt*
*Pfeffer*
*Zitronenspalten, zum Beträufeln und Servieren*
*3 Handvoll Brunnenkresse*
*2 Handvoll junger Blattspinat oder Rucola*

**Dressing**

*100 ml Olivenöl*
*Saft von 1 Limette*
*2 Schalotten, in dünnen Ringen*
*1 Tomate, gehäutet, entkernt und fein gehackt*
*1 Knoblauchzehe, zerdrückt*
*Pfeffer und Salz*

(W) (A) (E)

**Zubereitung**

1 Alle Zutaten für das Dressing in einer Schüssel verrühren. Mit Pfeffer und Salz würzen. Abgedeckt bis zur weiteren Verwendung in den Kühlschrank stellen.

2 Den Tintenfisch in mundgerechte Stücke schneiden. Die Oberfläche mit einem scharfen Messer rasterförmig einritzen. Das Öl bei hoher Temperatur in einem Wok oder einer großen Pfanne erhitzen. Den Tintenfisch darin 1 Minute unter ständigem Rühren anbraten. Chillies und Frühlingszwiebeln zufügen und 1 Minute mitbraten. Mit Pfeffer und einem Spritzer Zitronensaft würzen.

3 Kresse und Spinat mit etwas Dressing mischen. Sofort zu dem Tintenfisch servieren. Dazu Zitronenspalten zum Beträufeln reichen.

# 69 KOKOSWASSER

## Kokoswasser wirkt von Natur aus isotonisch. Es hat denselben Elektrolyt-Mineralgehalt wie Blutplasma und beugt Dehydrierung vor.

Die Elektrolyt-Mineralien Kalzium, Magnesium, Natrium und Kalium im Kokoswasser sind wichtig für die Gesundheit, weil sie die elektrischen Impulse und den Flüssigkeitshaushalt des Körpers regulieren. Außerdem unterstützen sie das Herz, das 25 Prozent mehr Arbeit leisten muss, um die größere Blutmenge zu pumpen. Das Baby braucht die Mineralien für sein Nervensystem und seinen Flüssigkeitshaushalt. Wenn die Mutter ihre Speicher nicht auffüllt, drohen Mangelerscheinungen, die sich durch Krämpfe, Schwellungen, Müdigkeit oder Kopfschmerzen äußern können. Kokoswasser ist eine gute Energiequelle. Wie menschliche Muttermilch enthält es Laurinsäure, die Bakterien und Viren zerstört.

- Wegen des höheren Blutvolumens besteht ein erhöhter Bedarf an Elektrolyt-Mineralien.
- Muskeln, Herz und Gehirn von Mutter und Kind profitieren von der zusätzlichen Flüssigkeit und Energie.
- Beugt Muskelkrämpfen, Müdigkeit und anderen Folgen von Mineralstoffmangel vor.
- Laurinsäure schützt vor Viren und Bakterien.

**Praktische Tipps:**
Kokoswasser kann aus jungen, grünen Kokosnüssen gewonnen werden, ist aber auch abgepackt im Handel erhältlich. In der letzten Schwangerschaftsphase täglich trinken, um die Muskeln mit allen nötigen Mineralien für kräftige Kontraktionen zu versorgen.

### SCHON GEWUSST?

Der Körper braucht Natrium, bekommt durch unsere kochsalzreiche Ernährung davon aber oft zu viel, während er mit Kalium oft unterversorgt ist. Kokoswasser enthält beide Mineralien in einem vorteilhaften Verhältnis. Sie versorgen auch Haut und Muskeln des Kindes.

### DIE WICHTIGSTEN NÄHRSTOFFE IN 225 ML KOKOSWASSER

| | |
|---|---|
| Kalorien (kcal) | 46 |
| Gesamtfettgehalt | 0,48 g |
| Laurinsäure | 211 mg |
| Eiweiß | 1,73 g |
| Kohlenhydrate | 8,9 g |
| Ballaststoffe | 2,6 g |
| Vitamin C | 5,8 mg |
| Kalzium | 58 mg |
| Magnesium | 60 mg |
| Kalium | 600 mg |
| Natrium | 252 mg |

# Frischer Kokosdrink

FÜR 2 PERSONEN

*2 Äpfel, geviertelt und entkernt*
*1 Stange Sellerie*
*8-cm-Stück Gurke, längs geviertelt*
*200 ml Kokoswasser*

(G) (A) (N) (V) (E)

**Zubereitung**

**1** Äpfel, Sellerie und Gurke im Mixer glatt pürieren. In einem Krug mit dem Kokoswasser verrühren und sofort servieren.

# 70 BUTTER

## Butter enthält viele Stoffe, die für Wachstum und Gesundheit wichtig sind. Sie trägt dazu bei, den höheren Energiebedarf in der Schwangerschaft zu decken.

In den letzten 20 Jahren wurde viel Negatives über die gesättigten Fette in Butter geschrieben. Viele Wissenschaftler meinen jedoch, dass sie ebenso wie Omega-3- und Omega-6-Fettsäuren zu einer ausgewogenen Ernährung gehören. Butter enthält Lezithin, das die Fette aufschließt, sodass sie dem Kind zur Zellbildung zur Verfügung stehen. Auch die Sexualhormone Östrogen und Progesteron können nur aus Fetten produziert werden. Butansäure (Buttersäure), Myristinsäure und Laurinsäure sind mittelkettige Triglyceride. Sie stärken die Darmzellen und fördern die Abwehr gegen Viren und Bakterien. Der Körper kann diese Fette nicht speichern, aber als Energiequellen nutzen. Laurinsäure ist auch in Muttermilch enthalten, auf deren Produktion sich der Körper gegen Ende der Schwangerschaft vorbereitet.

- Lezithin fördert die Verdauung wichtiger Fette, die für das Wachstum des Kindes benötigt werden.
- Mittelkettige Triglyceride fördern die Verdauung, stärken das Immunsystem und schützen das Kind.
- Laurinsäure und andere Fette aus Butter sind Baumaterialien für Muttermilch.

**Praktische Tipps:**
Müdigkeit kann in der Schwangerschaft auch durch Mangel an hochwertigen Fetten entstehen. Butter von Weiderindern ist reich an CLA (konjugierter Linolsäure), die das Gewicht regulieren hilft.

### SCHON GEWUSST?

Menschen aus Völkern, die mehr tierische Fette aus Fleisch zu sich nehmen, sind besser mit fettlöslichen Nährstoffen wie Vitamin A, D und E versorgt als Angehörige eher vegetarisch lebender Völker. Diese Vitamine kommen auch in Butter vor.

### HAUPTNÄHRSTOFFE IN 25 G BUTTER

| | |
|---|---|
| Kalorien (kcal) | 215 |
| Gesamtfettgehalt | 24,33 g |
| einfach unges. Fettsäuren | 6,31 g |
| gesättigte Fettsäuren | 15,4 g |
| Butansäure | 968 mg |
| Laurinsäure | 776 mg |
| Myristinsäure | 2231 mg |
| Eiweiß | 0,26 g |
| Kohlenhydrate | 0,02 g |
| Ballaststoffe | 0 g |
| Vitamin A | 750 IE |
| Vitamin E | 0,7 mg |
| Vitamin D | 18 IE |

# Gegrillter Heilbutt mit Knoblauchbutter

FÜR 4 PERSONEN

*6 EL Butter, plus etwas mehr zum Einfetten*
*4 Heilbuttfilets à 200 g, abgespült und abgetupft*
*Pfeffer*
*2 Knoblauchzehen, fein gehackt*
*frische glatte Petersilie, zum Garnieren*

**Zum Servieren**

*gegarte grüne Bohnen*
*Limettenschnitze*

(W) (G) (A) (E)

**Zubereitung**

**1** Den Backofengrill auf mittlerer Stufe vorheizen. Eine flache, ofenfeste Form mit Butter einfetten. Die Fischfilets hineinlegen und pfeffern.

**2** In einer separaten Schüssel die Butter mit dem Knoblauch verrühren. Den Fisch mit Knoblauchbutterflöckchen belegen und unter den Grill schieben. 7–8 Minuten garen, zwischendurch einmal wenden.

**3** Die Form aus dem Ofen nehmen. Die Fischfilets mit einem Bratenwender auf Servierteller legen, mit der zerlassenen Butter aus der Form übergießen und mit der Petersilie garnieren. Mit grünen Bohnen und Limettenschnitzen servieren.

# 71 ERBSEN

## Erbsen haben eine hohe Nährstoffdichte. Sie enthalten Ballaststoffe, Zink und B-Vitamine, die den Blutzuckerspiegel regulieren und den Energiehaushalt unterstützen.

Auch Eisen ist für den Energiehaushalt wichtig, denn es erzeugt in den Zellen und Muskeln Energie, die für das schnelle Wachstum des Babys nötig ist. Pflanzliche Proteine stabilisieren, ebenso wie tierische, das Säure-Basen-Gleichgewicht des Körpers. Ein ausgewogener pH-Wert sorgt dafür, dass Immunsystem, Hormonhaushalt und Entgiftungsorgane optimal funktionieren und dass auch die Nieren, die in der Schwangerschaft ein größeres Blutvolumen filtern müssen, nicht überfordert werden. Eine ausreichende Versorgung mit Kalzium, zu der Erbsen beitragen, kann die Schmerzempfindlichkeit während der Geburt positiv beeinflussen. Kalziummangel wird auch mit Frühgeburten in Zusammenhang gebracht, denn verspannte Muskeln können vorzeitige Kontraktionen auslösen.

- Ballaststoffe, Zink, Eisen und B-Vitamine sind wichtig, um das heranwachsende Kind kontinuierlich mit Energie zu versorgen.
- Proteine unterstützen die Funktion der Nieren, die jetzt mehr Flüssigkeit filtern müssen, und aller anderen Körpersysteme.
- Kalzium soll die Nervenreaktionen abschwächen und so den Wehenschmerz lindern. Muskelverspannungen durch Kalziummangel können vorzeitige Wehen begünstigen.

**Praktische Tipps:**
Ein Schälchen Erbsen mit etwas Butter und einer Prise Pfeffer ist eine gesunde, leichte Mahlzeit. Auch wenn Sie erschöpft sind oder keine Zeit haben, sind Erbsen aus dem Tiefkühlvorrat schnell zubereitet.

### SCHON GEWUSST?

Erbsen gehören zu den Hülsenfrüchten und sind reich an Proteinen. Im Gegensatz zu Linsen und Bohnen verursachen sie nur selten Blähungen, die in der Schwangerschaft besonders unangenehm sein können.

### HAUPTNÄHRSTOFFE IN 100 G ERBSEN

| | |
|---|---|
| Kalorien (kcal) | 81 |
| Gesamtfettgehalt | 0,4 g |
| Eiweiß | 5,4 g |
| Kohlenhydrate | 14,5 g |
| Ballaststoffe | 5,1 g |
| Vitamin C | 40 mg |
| Vitamin $B_3$ | 2,1 mg |
| Folsäure | 65 µg |
| Kalzium | 56 mg |
| Magnesium | 33 mg |
| Kalium | 244 mg |
| Eisen | 1,5 mg |
| Zink | 1,2 mg |
| Lutein/Zeaxanthin | 2477 µg |

# Erbsen-Bohnen-Suppe mit Minze

FÜR 4–6 PERSONEN

*2 EL Olivenöl*
*1 Bund Frühlingszwiebeln, gehackt*
*1 große Selleriestange, gehackt*
*1 Knoblauchzehe, zerdrückt*
*150 g mehlige Kartoffeln, gewürfelt*
*1,25 l Gemüsebrühe*
*1 Lorbeerblatt*
*Salz und Pfeffer*
*150 g Erbsen, Tiefkühlware aufgetaut*
*400 g Flageolet-Bohnen aus der Dose, abgespült und abgetropft*
*feine Streifen frische Minze, zum Garnieren*
*Mehrkornbrötchen, zum Servieren*

(W) (A) (V)

**Zubereitung**

1 Das Öl in einem großen Topf bei mittlerer bis hoher Hitze erwärmen. Frühlingszwiebeln, Sellerie und Knoblauch darin etwa 3 Minuten unter Rühren weich dünsten. Die Kartoffeln zugeben und 1 weitere Minute mitbraten.

2 Brühe und Lorbeerblatt zufügen. Mit Salz und Pfeffer abschmecken und unter Rühren zum Kochen bringen. Dann abgedeckt bei reduzierter Hitze 10 Minuten köcheln, bis die Kartoffeln gar sind. Erbsen und Bohnen hineingeben und die Suppe erneut zum Kochen bringen. Dann nochmals abgedeckt bei reduzierter Hitze köcheln, bis die Erbsen gar sind.

3 Das Lorbeerblatt entfernen und die Suppe pürieren, dann in den ausgespülten Topf passieren.

4 Die Suppe erneut erhitzen. Auf vorgewärmte Suppenschalen verteilen, mit Minze garnieren und sofort mit den Brötchen servieren.

# 72 KNOBLAUCH

Knoblauch wird seit Generationen wegen seiner Heilwirkung geschätzt. Bei regelmäßigem Genuss schützt er auch vor Hefepilzinfektionen.

Wenn im letzten Schwangerschaftsdrittel die Östrogenproduktion ihren höchsten Stand erreicht, steigt auch die Gefahr von Pilzinfektionen im Genitalbereich an – vor allem, wenn die Mutter zu viel Zucker isst. Knoblauch enthält Allicin, das eine gesunde Hautflora fördert und darum eine gute Alternative zu Medikamenten darstellt. Liegt ein Pilzbefall vor, kann dieser bei der Geburt oder später beim Stillen auf das Kind übertragen werden, was zu Soor oder Windeldermatitis führen kann. Die hochwirksamen Antioxidantien und Schwefelverbindungen des Knoblauchs fördern den Giftstoffabbau und können auch Atembeschwerden lindern. Der probiotische Faserstoff Inulin fördert die Vermehrung nützlicher Bakterien und wirkt vorbeugend gegen Infektionen mit Pilzen, Bakterien und Viren sowie die Gefahr von Entzündungen und Unverträglichkeiten.

- Wirkt gegen Pilze, ohne die natürliche Besiedelung mit nützlichen Bakterien zu stören.
- Antioxidantien und Schwefelverbindungen stärken das Immunsystem und den Giftstoffabbau.
- Probiotische Faserstoffe fördern die Vermehrung gesunder Bakterien und die Abwehrkraft gegen Infektionen.

**Praktische Tipps:**
Am wirksamsten ist Knoblauch, wenn er roh gegessen wird. Damit das Allicin frei wird, muss er zerdrückt, gehackt oder zerkaut werden. Ein schnelles Salatdressing ist Olivenöl mit gehacktem Knoblauch.

### SCHON GEWUSST?

Eine neuere Studie hat ergeben, dass sich die Qualität der Plazentazellen von Frauen, die an Präeklampsie gelitten oder ein Kind mit niedrigem Gewicht geboren hatten, durch Einwirkung von Knoblauch verbesserte, weil dieser die Enzyme eliminierte, die zur Entstehung dieser Probleme beigetragen hatten.

### DIE WICHTIGSTEN NÄHRSTOFFE IN 2 KNOBLAUCHZEHEN

| | |
|---|---|
| Kalorien (kcal) | 8 |
| Gesamtfettgehalt | 0,2 g |
| Eiweiß | 0,38 g |
| Kohlenhydrate | 0,99 g |
| Ballaststoffe | 0,2 g |
| Vitamin C | 0,9 mg |

# Zitronen-Knoblauch-Spinat

FÜR 4 PERSONEN

*4 EL Olivenöl*

*2 Knoblauchzehen, in dünnen Scheiben*

*500 g frischer Spinat, zerpflückt*

*Saft von 1/2 Zitrone*

*Salz und Pfeffer*

(A) (N) (V) (E)

**Zubereitung**

1 Das Öl in einer großen, schweren Pfanne auf mittlerer Stufe erhitzen. Knoblauch und Spinat unter ständigem Rühren darin dünsten und darauf achten, dass der Spinat nicht anbrennt.

2 Vom Herd nehmen, in eine Servierschüssel füllen und mit Zitronensaft beträufeln. Mit Salz und Pfeffer würzen. Gut mischen und heiß oder zimmerwarm servieren.

# 73 LACHS

## Lachs enthält Proteine und Antioxidantien, die das Wachstum fördern, sowie Omega-3-Fettsäuren, die für die Gesundheit von Gelenken, Augen und Gehirn wichtig sind.

### SCHON GEWUSST?

Das Gehirn des Kindes braucht in dieser Phase enorm viel EPA und DHA. Schwangere, die keinen fetthaltigen Fisch essen, sollten den Arzt nach Ergänzungspräparaten befragen.

### DIE WICHTIGSTEN NÄHRSTOFFE IN 100 G WILDLACHS

| | |
|---|---|
| Kalorien (kcal) | 142 |
| Gesamtfettgehalt | 6,34 g |
| Omega-3-Fettsäuren – DHA | 1,12 g |
| Omega-3-Fettsäuren – EPA | 0,32 g |
| Eiweiß | 19,9 g |
| Kohlenhydrate | 0 g |
| Ballaststoffe | 0 g |
| Vitamin $B_3$ | 7,9 mg |
| Vitamin $B_5$ | 1,64 mg |
| Vitamin $B_6$ | 0,81 mg |
| Vitamin $B_{12}$ | 2,8 µg |
| Vitamin A | 40 IE |
| Vitamin D | 435 IE |
| Cholin | 94,6 mg |
| Kalzium | 12 mg |
| Magnesium | 29 mg |
| Kalium | 490 mg |
| Phosphor | 200 mg |
| Selen | 36,5 µg |

Omega-3-Fettsäuren aus pflanzlichen Lebensmitteln muss der Organismus umwandeln, bevor er DHA und EPA produzieren kann. Einfacher ist es, DHA und EPA direkt aus Lachs oder anderem fetthaltigem Fisch zu gewinnen. DHA kann dann sofort für die enorme Zahl neuer Gehirn- und Nervenzellen verwendet werden, die das Kind minütlich bildet. Eine Studie hat ergeben, dass die Kinder von Frauen mit hohem DHA-Spiegel in den ersten sechs Monaten einen Entwicklungsvorsprung von zwei Monaten hatten. Andere Studien können jedoch keinen klaren Zusammenhang nachweisen. Auch die Vitamine A und D sowie die B-Vitamine fördern Gehirnfunktion und kognitive Entwicklung. Ferner haben sie positiven Einfluss auf die Stimmung der Mutter vor und nach der Geburt. EPA aus Lachs stärkt die Herzfunktion und trägt zur Bildung des entzündungshemmenden Stoffs Resolvin bei, der Gelenkbeschwerden infolge der Gewichtszunahme lindert.

- Liefert direkt verfügbare Omega-3-Fettsäuren DHA und EPA.
- DHA fördert das schnelle Wachstum des kindlichen Gehirns.
- Vitamine A und D sowie B-Vitamine stabilisieren die Stimmung der Mutter und fördern die Gehirnfunktion des Kindes.
- EPA stärkt die Herzfunktion und beugt Gelenkschmerzen vor.

**Praktische Tipps:**
Für eine optimale Omega-3-Verwertung sollte Lachs nur schonend gegart und eher pochiert oder gegrillt als gebraten werden. Ein Übergaren kann die essenziellen Fettsäuren wertlos machen.

# Lachsspieße auf Mangosalat

FÜR 4 PERSONEN

*120 g Cocktailtomaten*
*100 g Lachsfilet, gehäutet und gewürfelt*
*1 reife Mango (etwa 150 g), in mundgerechten Stücken*
*2 EL Orangensaft*
*1 EL Sojasauce*
*120 g gemischte Salatblätter*
*1/2 Gurke, in Stiften*
*6 Frühlingszwiebeln, fein gehackt*

**Dressing**

*4 EL fettarmer Joghurt*
*1 TL Sojasauce*
*1 EL abgeriebene Orangenschale*

(W) (G) (A)

**Zubereitung**

1 Vier Holzspieße 30 Minuten in kaltem Wasser einweichen. Die Hälfte der Tomaten halbieren und beiseitestellen. Lachswürfel, ganze Tomaten und die Hälfte der Mangostücke auf die Holzspieße stecken. Orangensaft und Sojasauce in einer Schüssel verrühren und die Spieße damit bepinseln. Abdecken und 15 Minuten im Kühlschrank marinieren.

2 Salatblätter, halbierte Tomaten, restliche Mangostücke, Gurkenstifte und Frühlingszwiebeln vermengen und auf vier Teller verteilen.

3 Den Backofengrill vorheizen und den Grillrost oder ein Backblech mit Alufolie auslegen. Für das Dressing alle Zutaten in einer kleinen Schüssel verrühren und beiseitestellen.

4 Die Lachsspieße auf den Rost legen und erneut mit der Marinade bepinseln. 5–7 Minuten grillen, bis der Lachs gar ist; nach der Hälfte der Garzeit die Spieße wenden und mit der restlichen Marinade bestreichen.

5 Die Spieße auf die vorbereiteten Teller verteilen, mit dem Salatdressing beträufeln und servieren.

# 74 ROTE PAPRIKA

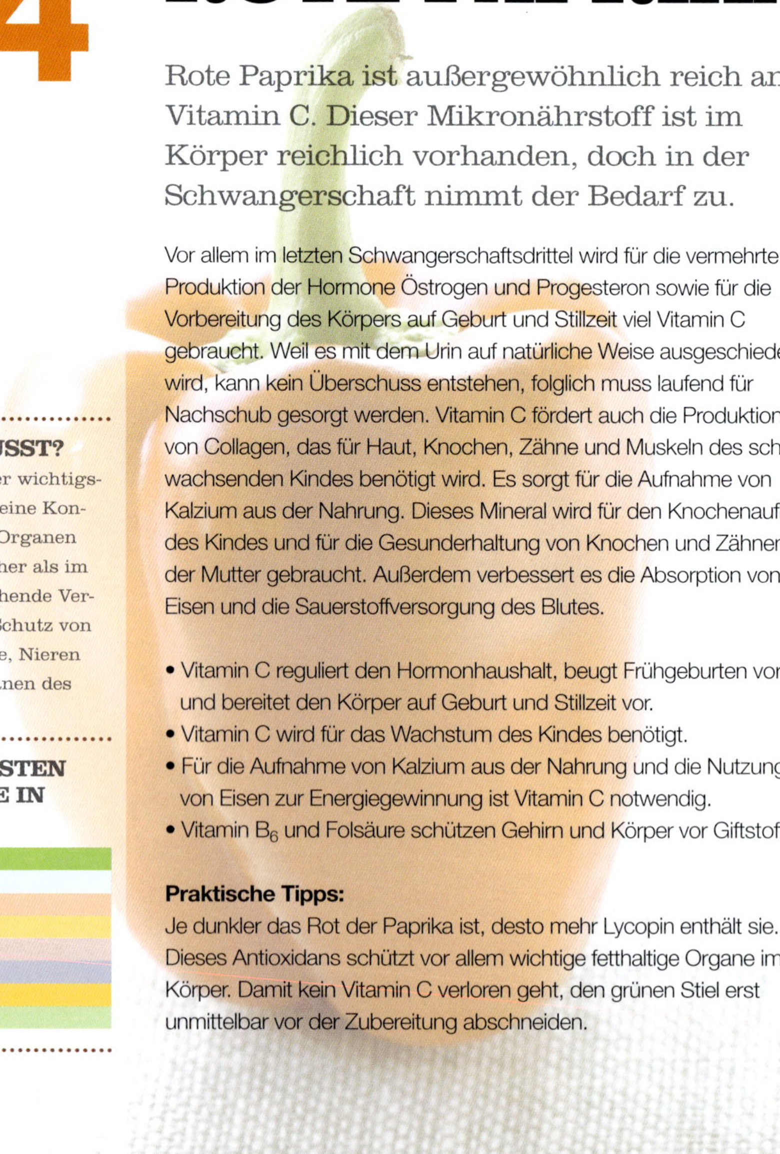

**Rote Paprika ist außergewöhnlich reich an Vitamin C. Dieser Mikronährstoff ist im Körper reichlich vorhanden, doch in der Schwangerschaft nimmt der Bedarf zu.**

Vor allem im letzten Schwangerschaftsdrittel wird für die vermehrte Produktion der Hormone Östrogen und Progesteron sowie für die Vorbereitung des Körpers auf Geburt und Stillzeit viel Vitamin C gebraucht. Weil es mit dem Urin auf natürliche Weise ausgeschieden wird, kann kein Überschuss entstehen, folglich muss laufend für Nachschub gesorgt werden. Vitamin C fördert auch die Produktion von Collagen, das für Haut, Knochen, Zähne und Muskeln des schnell wachsenden Kindes benötigt wird. Es sorgt für die Aufnahme von Kalzium aus der Nahrung. Dieses Mineral wird für den Knochenaufbau des Kindes und für die Gesunderhaltung von Knochen und Zähnen der Mutter gebraucht. Außerdem verbessert es die Absorption von Eisen und die Sauerstoffversorgung des Blutes.

- Vitamin C reguliert den Hormonhaushalt, beugt Frühgeburten vor und bereitet den Körper auf Geburt und Stillzeit vor.
- Vitamin C wird für das Wachstum des Kindes benötigt.
- Für die Aufnahme von Kalzium aus der Nahrung und die Nutzung von Eisen zur Energiegewinnung ist Vitamin C notwendig.
- Vitamin $B_6$ und Folsäure schützen Gehirn und Körper vor Giftstoffen.

**Praktische Tipps:**

Je dunkler das Rot der Paprika ist, desto mehr Lycopin enthält sie. Dieses Antioxidans schützt vor allem wichtige fetthaltige Organe im Körper. Damit kein Vitamin C verloren geht, den grünen Stiel erst unmittelbar vor der Zubereitung abschneiden.

### SCHON GEWUSST?

Vitamin C ist unser wichtigstes Antioxidans. Seine Konzentration in den Organen ist 10–100-mal höher als im Blut. Eine ausreichende Versorgung ist zum Schutz von Herz, Leber, Lunge, Nieren und anderen Organen des Kindes wichtig.

### DIE WICHTIGSTEN NÄHRSTOFFE IN 1 PAPRIKA

| | |
|---|---|
| Kalorien (kcal) | 37 |
| Gesamtfettgehalt | 0,36 g |
| Eiweiß | 1,18 g |
| Kohlenhydrate | 7,18 g |
| Ballaststoffe | 2,5 g |
| Vitamin C | 152 mg |
| Vitamin $B_6$ | 0,35 mg |
| Folsäure | 55 µg |

# Linsensuppe mit Tomaten und Paprika

FÜR 4 PERSONEN

*3 EL Olivenöl*
*2 Zwiebeln, gehackt*
*2 Knoblauchzehen, gehackt*
*2 große rote Paprika, gehackt*
*500 g reife Tomaten, gehackt*
*100 g rote Linsen*
*600 ml Gemüsebrühe, plus etwas mehr zum Verdünnen (nach Belieben)*
*1 EL Rotweinessig*
*Pfeffer*
*2 Frühlingszwiebeln, gehackt, oder 1 EL Schnittlauchröllchen, zum Garnieren*

(G) (A) (V)

**Zubereitung**

1 Das Öl bei mittlerer Temperatur in einem großen Topf erhitzen. Die Zwiebeln darin unter gelegentlichem Rühren 5 Minuten glasig dünsten, aber nicht bräunen. Knoblauch und rote Paprika zufügen und unter gelegentlichem Rühren 5 Minuten mitdünsten, bis die Paprika weich wird.

2 Tomaten, Linsen und Brühe zufügen und zum Kochen bringen. Die Hitze reduzieren und die Suppe abgedeckt 25 Minuten köcheln, bis die Linsen gar sind. Den Essig einrühren und mit Pfeffer abschmecken.

3 Etwas abkühlen lassen, dann im Mixer pürieren. Wieder in den Topf geben und bei Bedarf mit etwas heißem Wasser oder Brühe verdünnen. Gut durchwärmen, dann in Suppenschalen füllen und mit Frühlingszwiebeln garniert servieren.

# 75 GRÜNER SPARGEL

## Im letzten Schwangerschaftsdrittel steigt der Bedarf an Lebensmitteln mit hoher Nährstoffdichte. Spargel gehört dann unbedingt auf den Speisezettel.

Spargel enthält Nährstoffe in einer Kombination, die für das Wachstum des Kindes und die Vorbereitung des mütterlichen Körpers auf Geburt und Stillzeit ideal sind. Er ist reich an Antioxidantien, darunter die Vitamine A und E, die Mineralien Selen und Zink, die Carotinoide Lutein und Betacarotin sowie die Flavonoide Rutin, Quercetin und Kaempferol. Sie schützen die DNA und stärken das Immunsystem von Mutter und Kind. Durch das antioxidative Enzym Glutathion wird ihre Wirkung noch verstärkt. Spargel enthält, wie Zwiebeln, Knoblauch, Porree und Bananen, den probiotischen Faserstoff Inulin, der eine gesunde Darmflora fördert und Mutter und Kind vor Infektionen schützt. Die Antioxidantien und B-Vitamine im Spargel fördern auch die Entgiftungsfunktionen des Körpers.

- Zahlreiche Antioxidantien stärken das Immunsystem von Mutter und Kind und schützen die DNA.
- Der probiotische Faserstoff Inulin fördert eine gesunde Darmflora und beugt Infektionen vor.
- Antioxidantien und B-Vitamine verbessern den Abbau von Giftstoffen, die dem Baby schaden könnten.

**Praktische Tipps:**
Spargel kann warm oder kalt, in Salaten, als Beilage oder Vorspeise gegessen werden. Besonders gut schmeckt er mit Zitrone, Butter oder Parmesanspänen. Möglichst dämpfen, um die Nährstoffe zu schonen. Dicke Stangen sind besonders faserreich.

### SCHON GEWUSST?

Spargel enthält Vitamin K, das bei Mutter und Kind die natürliche Blutgerinnung fördert und das Risiko innerer Blutungen nach der Entbindung reduziert.

### DIE WICHTIGSTEN NÄHRSTOFFE IN 10 STANGEN SPARGEL

| | |
|---|---|
| Kalorien (kcal) | 24 |
| Gesamtfettgehalt | 0,1 g |
| Eiweiß | 2,64 g |
| Kohlenhydrate | 4,66 g |
| Ballaststoffe | 2,5 g |
| Vitamin $B_3$ | 1,17 mg |
| Vitamin $B_5$ | 0,33 mg |
| Vitamin $B_6$ | 0,11 mg |
| Vitamin E | 1,36 mg |
| Vitamin A | 907 IE |
| Vitamin K | 49,9 µg |
| Kalzium | 29 mg |
| Magnesium | 17 mg |
| Kalium | 242 mg |
| Zink | 0,65 mg |
| Selen | 2,8 µg |
| Betacarotin | 539 µg |
| Lutein/Zeaxanthin | 852 µg |

# Gebratener grüner Spargel

FÜR 2 PERSONEN

*500 g grüner Spargel, geschält*
*2 EL natives Olivenöl extra*
*1 TL grobes Meersalz*
*2 EL geriebener Parmesan, zum Garnieren*

(A) (V) (E)

**Zubereitung**

1 Den Backofen auf 200 °C vorheizen. Die Spargelstangen sollten alle gleich dick sein. Alle Stangen auf die gleiche Länge kürzen.

2 Den Spargel in einer Lage auf ein Backblech legen, mit Olivenöl beträufeln und Salz darüberstreuen.

3 Den Spargel 10–15 Minuten backen; zwischendurch wenden. Aus dem Ofen nehmen und mit Parmesan bestreut servieren.

# 76 KARTOFFELN

## Im letzten Schwangerschaftsdrittel braucht der Körper etwa 200–300 kcal zusätzlich, die sich gut durch Kartoffeln decken lassen.

Stress, nervöse Anspannung und Schlafbeschwerden kommen in der letzten Schwangerschaftsphase häufiger vor. Kartoffeln erhöhen den Serotoninspiegel im Gehirn. Dieser Botenstoff fördert die Entspannung und den guten Schlaf und hellt dadurch die Stimmung auf. Vitamin $B_6$ und C in Kartoffeln unterstützen diese Wirkung und sorgen dafür, dass zur rechten Zeit Energie aus der Nahrung gewonnen wird. So fällt es leichter, den Tag zu überstehen. Vitamin $B_6$ ist für Schwangere besonders wichtig. Es ermöglicht die Verwertung von Eisen und die Ausnutzung von Proteinen, die für das Wachstum nötig sind. Es fördert die Energiegewinnung aus kohlenhydrathaltigen Lebensmitteln und reguliert den Hormonhaushalt. Vitamin C aus Kartoffeln schützt Gehirn und Nervenzellen des Kindes, die sich jetzt schnell entwickeln.

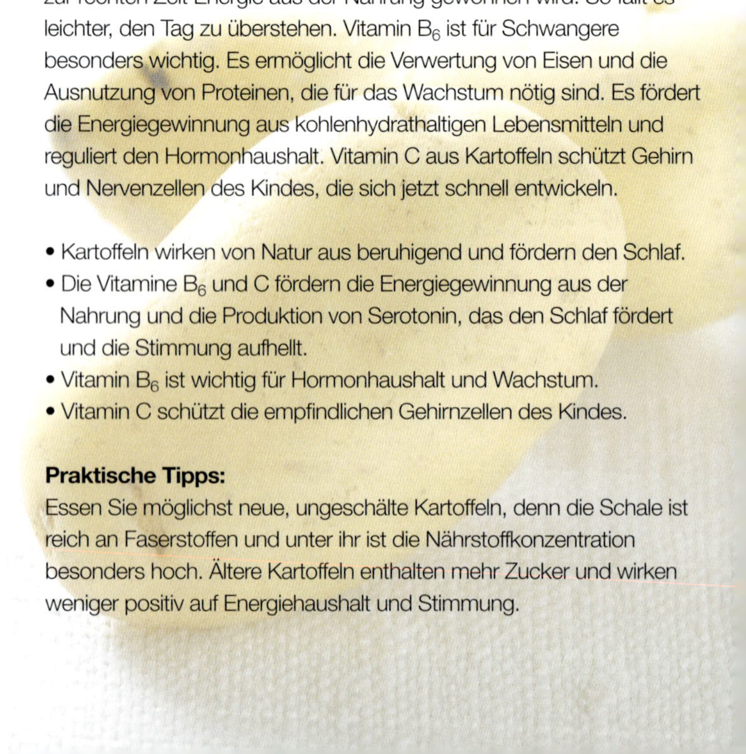

- Kartoffeln wirken von Natur aus beruhigend und fördern den Schlaf.
- Die Vitamine $B_6$ und C fördern die Energiegewinnung aus der Nahrung und die Produktion von Serotonin, das den Schlaf fördert und die Stimmung aufhellt.
- Vitamin $B_6$ ist wichtig für Hormonhaushalt und Wachstum.
- Vitamin C schützt die empfindlichen Gehirnzellen des Kindes.

**Praktische Tipps:**
Essen Sie möglichst neue, ungeschälte Kartoffeln, denn die Schale ist reich an Faserstoffen und unter ihr ist die Nährstoffkonzentration besonders hoch. Ältere Kartoffeln enthalten mehr Zucker und wirken weniger positiv auf Energiehaushalt und Stimmung.

### SCHON GEWUSST?

Kartoffeln enthalten Kukoamine, die zusammen mit den Vitaminen C, $B_6$ und Kalium zur Senkung des Blutdrucks beitragen. Das ist in dieser Zeit, in der das Blutvolumen zunimmt, besonders wichtig.

### DIE WICHTIGSTEN NÄHRSTOFFE IN 100 G KARTOFFELN

| | |
|---|---|
| Kalorien (kcal) | 77 |
| Gesamtfettgehalt | 0,1 g |
| Eiweiß | 2 g |
| Kohlenhydrate | 19 g |
| Ballaststoffe | 2,2 g |
| Vitamin C | 20 mg |
| Vitamin $B_6$ | 0,25 mg |
| Kalium | 421 mg |

# Kartoffel-Tomaten-Tortilla

FÜR 6 PERSONEN

*1 kg Kartoffeln, gewürfelt*
*2 EL Olivenöl*
*1 Bund Frühlingszwiebeln, gehackt*
*150 g Cocktailtomaten*
*6 Eier*
*3 EL Wasser*
*Pfeffer und Salz*
*2 EL frisch gehackte Petersilie*

(W) (G) (A) (V) (E)

**Zubereitung**

**1** Die Kartoffeln 8–10 Minuten garen. Abgießen und beiseitestellen.

**2** Das Öl in einer großen, ofenfesten Pfanne erhitzen. Die Frühlingszwiebeln darin knapp gar dünsten. Die Kartoffeln zufügen und 3–4 Minuten mitbraten, bis sie heiß und rundherum ölig sind. Glatt streichen, dann die Tomaten darauf verteilen.

**3** Eier, Wasser, Pfeffer, Salz und Petersilie in einer Schüssel verrühren, dann in die Pfanne gießen. Bei sehr niedriger Temperatur 10–15 Minuten garen, bis die Eiermischung gerade gestockt ist.

**4** Den Grill auf mittlerer Stufe vorheizen. Die Pfanne unter den Grill schieben und die Tortilla goldbraun überbacken. 10–15 Minuten abkühlen lassen. Dann auf ein Schneidebrett heben, in Tortenstücke schneiden und servieren.

# 77 CASHEWKERNE

## Cashewkerne gehören eigentlich nicht zu den Nussfrüchten, sind aber – wie Nüsse und auch Olivenöl – reich an einfach ungesättigten Fettsäuren, die das Herz stärken.

### SCHON GEWUSST?

Cashewkerne sind eine gute vegetarische Quelle für Ubichinon-10, das insbesondere in Fisch und Fleisch enthalten ist. Es kann Präeklampsie vorbeugen und die Kontraktionen unterstützen.

### DIE WICHTIGSTEN NÄHRSTOFFE IN 25 G CASHEWKERNEN

| | |
|---|---|
| Kalorien (kcal) | 166 |
| Gesamtfettgehalt | 13,15 g |
| einfach unges. Fettsäuren | 7,14 g |
| gesättigte Fettsäuren | 2,34 g |
| Omega-6-Fettsäuren | 2335 mg |
| Eiweiß | 5,47 g |
| Kohlenhydrate | 9,06 g |
| Ballaststoffe | 1 g |
| Vitamin $B_3$ | 0,32 mg |
| Vitamin $B_5$ | 0,26 mg |
| Vitamin $B_6$ | 0,125 mg |
| Kalzium | 11 mg |
| Magnesium | 88 mg |
| Kalium | 198 mg |
| Phosphor | 178 mg |
| Eisen | 2,0 mg |
| Zink | 1,73 mg |
| Mangan | 0,50 mg |

Im letzten Drittel der Schwangerschaft muss das Herz der Mutter etwa 25 Prozent mehr Arbeit leisten, um die größere Blutmenge durch den Körper zu pumpen. Das Herz des Kindes befindet sich in der Entwicklung und braucht ebenfalls Unterstützung durch die Nahrung. Studien haben ergeben, dass die einfach ungesättigte Ölsäure die Nährstoff- und Sauerstoffausnutzung des Herzens verbessert. Die Mineralien Kalzium, Magnesium und Kalium stärken ebenfalls beide Herzen, während B-Vitamine dafür sorgen, dass Energie in alle Zellen gelangt. Die Mineralien regulieren die Funktion von Nerven und Muskeln. Für jede Muskelkontraktion während der Wehen wird ein Kalziummolekül benötigt, und Magnesium trägt zur Stärkung der Uterusmuskulatur bei. Überdies lindern diese „beruhigenden" Mineralien Stress und fördern Entspannung und guten Schlaf.

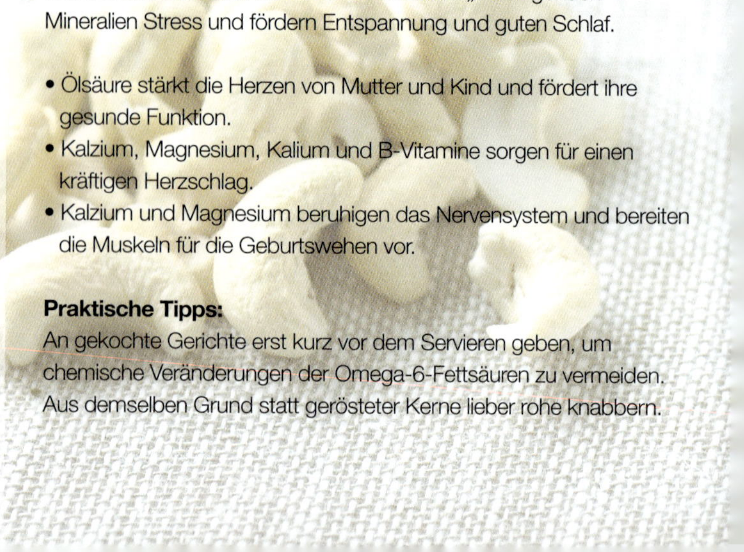

- Ölsäure stärkt die Herzen von Mutter und Kind und fördert ihre gesunde Funktion.
- Kalzium, Magnesium, Kalium und B-Vitamine sorgen für einen kräftigen Herzschlag.
- Kalzium und Magnesium beruhigen das Nervensystem und bereiten die Muskeln für die Geburtswehen vor.

**Praktische Tipps:**
An gekochte Gerichte erst kurz vor dem Servieren geben, um chemische Veränderungen der Omega-6-Fettsäuren zu vermeiden. Aus demselben Grund statt gerösteter Kerne lieber rohe knabbern.

# Paella mit Cashewkernen

FÜR 4 PERSONEN

*2 EL Olivenöl*
*1 EL Butter*
*1 rote Zwiebel, gehackt*
*150 g Arborio-Reis*
*1 TL Kurkuma*
*1 TL gemahlener Kreuzkümmel*
*3 Knoblauchzehen, zerdrückt*
*1 rote Paprika, gewürfelt*
*100 g Babymaiskolben, längs halbiert*
*2 EL schwarze Oliven ohne Stein*
*1 große Tomate, entkernt und gewürfelt*
*450 ml Gemüsebrühe*
*50 g TK-Erbsen*
*100 g Cashewkerne ohne Salz*
*Pfeffer*
*1 Prise Cayennepfeffer*
*2 EL frisch gehackte glatte Petersilie, plus etwas mehr zum Garnieren*

(W) (G) (A) (V)

**Zubereitung**

1 Olivenöl und Butter in einer großen Pfanne oder einer Paellapfanne erhitzen, bis die Butter geschmolzen ist.

2 Die Zwiebel zugeben und bei mittlerer Temperatur unter ständigem Rühren 2–3 Minuten weich dünsten.

3 Reis, Kurkuma, Kreuzkümmel, Knoblauch, Paprika, Mais, Oliven und Tomate einrühren. Bei mittlerer Temperatur unter gelegentlichem Rühren 1–2 Minuten dünsten.

4 Die Brühe zugießen und aufkochen. Die Hitze reduzieren und unter ständigem Rühren 20 Minuten leicht köcheln.

5 Erbsen zugeben und unter gelegentlichem Rühren noch 5 Minuten köcheln. Cashewkerne, Pfeffer, Cayennepfeffer und Petersilie einrühren. Auf vorgewärmte Teller geben, mit Petersilie garnieren und servieren.

# 78 BUTTERNUT-KÜRBIS

## Butternut-Kürbis reguliert den Energiehaushalt und enthält verschiedene Antioxidantien, die Entzündungen, Infektionen und Zellschäden vorbeugen.

Durch die erhöhte körperliche Beanspruchung im letzten Schwangerschaftsdrittel steigt die Anfälligkeit für Schäden durch Umweltgifte, Chemikalien, Medikamente und Sonnenlicht, die sich durch den Genuss von Kürbis und anderen Lebensmitteln mit einem hohen Gehalt an Antioxidantien reduzieren lassen. Vitamin A und C im Kürbis stärken die fett- und wasserhaltigen Bereiche des Körpers, halten die Schleimhäute gesund, schützen vor verstopfter Nase und Atembeschwerden. Gesunde Schleimhäute sind auch zur Bekämpfung von Infektionen wichtig. Kürbis enthält das Spurenelement Mangan, das ebenfalls vor Krankheiten schützt, weil es das antioxidative Enzym Superoxiddismutase (SOD) bildet. Mangan fördert die Absorption von Kalzium und die Bildung von Knochen und Knorpelsubstanz.

- Enthält Antioxidantien, die Mutter und Kind vor Umweltgiften und Stressfaktoren schützen.
- Die Vitamine A und C halten die Schleimhäute gesund, erleichtern die Nasenatmung und bekämpfen Infektionen.
- Mangan bildet das antioxidative Enzym SOD und fördert die Bildung von Knochen und Knorpelsubstanz.

**Praktische Tipps:**
Kürbis ist ein leicht verdaulicher Energielieferant. Man kann ihn wie Wurzelgemüse zubereiten oder in Scheiben schneiden, mit Öl beträufeln und im Ofen rösten.

### SCHON GEWUSST?

Für eine optimale Wirkung sollten Kalzium und Magnesium im Verhältnis von 3:2 stehen. Wir nehmen meist mit Nahrung und Wasser mehr Kalzium zu uns. Im Kürbis sind sie jedoch im richtigen Verhältnis enthalten.

### DIE WICHTIGSTEN NÄHRSTOFFE IN 100 G BUTTERNUT-KÜRBIS

| | |
|---|---|
| Kalorien (kcal) | 45 |
| Gesamtfettgehalt | 0,1 g |
| Eiweiß | 1 g |
| Kohlenhydrate | 11,69 g |
| Ballaststoffe | 2 g |
| Vitamin C | 21 mg |
| Vitamin A | 10630 IE |
| Kalzium | 48 mg |
| Magnesium | 34 mg |
| Kalium | 352 mg |
| Mangan | 0,2 mg |

# Gerösteter Butternut-Kürbis

FÜR 4 PERSONEN

*500 g Butternut-Kürbis*
*1 Zwiebel, gehackt*
*2–3 Knoblauchzehen, zerdrückt*
*4 kleine Tomaten, gehackt*
*100 g Champignons, gehackt*
*100 g weiße Bohnen aus der Dose, abgetropft, abgespült und grob gehackt*
*150 g Zucchini, geraspelt*
*1 EL frisch gehackter Oregano, plus etwas zum Garnieren*
*Pfeffer*
*2 EL Tomatenmark*
*300 ml Wasser*
*4 Frühlingszwiebeln, gehackt*
*1 EL Worcestersauce oder scharfe Chilisauce (nach Belieben)*

(W) (A) (V)

**Zubereitung**

1. Den Backofen auf 190 °C vorheizen. Den Kürbis rundherum einstechen und etwa 40 Minuten garen. Etwas abkühlen lassen.
2. Den Kürbis halbieren, die Kerne herausschaben und wegwerfen. Dann beide Hälften etwas aushöhlen. Das herausgeschabte Kürbisfleisch hacken und in eine Schüssel geben. Die beiden Kürbishälften nebeneinander in einen großen Bräter legen.
3. Zwiebel, Knoblauch, Tomaten und Pilze in die Schüssel zum Kürbisfleisch geben. Bohnen, Zucchini, Oregano und etwas Pfeffer zufügen und gut vermischen. Die Füllung in die Kürbishälften geben und gut andrücken.
4. Das Tomatenmark mit Wasser, Frühlingszwiebeln und Worcestersauce in einer Schüssel verrühren, dann in den Bräter gießen.
5. Die Kürbishälften locker mit einem großen Stück Alufolie abdecken und 30 Minuten backen. Mit Oregano garniert servieren.

# 79 HEIDELBEEREN

## Die intensive Farbe von Heidelbeeren weist auf ihren hohen Gehalt an Proanthocyanidinen hin. Diese Stoffe stärken den Kreislauf gegen Ende der Schwangerschaft.

Wenn das Blutvolumen im Körper 40–50 Prozent höher ist als gewöhnlich, müssen die Blutgefäße stark und gesund sein. Dafür sorgen Proanthocyanidine sowie die Vitamine C und A, die ebenfalls in Heidelbeeren vorhanden sind. Neigung zu Blutergüssen, Krampfadern, Nasenbluten und Hämorrhoiden sind typische Folgen geschädigter Blutgefäße. Eine gute Durchblutung ist auch für den Zustand der Haut, die Gehirnfunktion und eine gute Nähr- und Sauerstoffversorgung der Plazenta und des Kindes wichtig. Durchblutungsstörungen können verheerende Folgen haben. Man nimmt an, dass Proanthocyanidine auch Enzyme abbauen, die Entzündungen verursachen und das Bindegewebe schädigen. Außerdem sollen sie Gelenk- und Rückenschmerzen, die in der Schwangerschaft oft auftreten, lindern.

- Proanthocyanidine fördern die Durchblutung und beugen Hämorrhoiden, Krampfadern und der Neigung zu Blutergüssen vor.
- Eine gute Durchblutung ist für die optimale Sauer- und Nährstoffversorgung des Kindes wichtig.
- Wirkt entzündungshemmend und lindert typische Schwangerschaftsbeschwerden wie Gelenkschmerzen.

**Praktische Tipps:**
Heidelbeeren kann man gut einfrieren, um sie jederzeit als Zwischenmahlzeit, in Smoothies, Müsli oder zu Joghurt zu genießen. Sie eignen sich auch als Snack, weil sie leicht verdaulich sind und die Sauerstoffversorgung der kontrahierenden Muskeln verbessern.

### SCHON GEWUSST?

Heidelbeeren und andere antioxidative Lebensmittel fördern die Produktion von Antikörpern. Diese durchdringen die Plazenta und sorgen für den direkten Schutz des Kindes.

### DIE WICHTIGSTEN NÄHRSTOFFE IN 100 G HEIDELBEEREN

| | |
|---|---|
| Kalorien (kcal) | 57 |
| Gesamtfettgehalt | 0,33 g |
| Eiweiß | 0,74 g |
| Kohlenhydrate | 14,49 g |
| Ballaststoffe | 2,4 g |
| Vitamin C | 9,7 mg |
| Vitamin A | 54 IE |
| Lutein/Zeaxanthin | 80 µg |

# Heidelbeer-Shake

FÜR 1 PERSON

*1 Birne*
*150 g Heidelbeeren*
*100 g Bionaturjoghurt*
*1/2 TL Honig*
*2 TL Mandelblättchen*

(A) (V) (E)

**Zubereitung**

**1** Birne und Heidelbeeren im Mixer mit Joghurt und Honig pürieren und schaumig aufschlagen. In ein Glas füllen, mit Mandelblättchen bestreuen und servieren.

# 5

# Wochenbett und Stillzeit

Nach der Entbindung muss die Mutter rasch wieder zu Kräften kommen und die Nachwirkungen der Geburt verkraften. Die richtige Ernährung kann dabei helfen, Entzündungen und Infektionen der verletzten Gewebe zu vermeiden und Schmerzen zu lindern, die Verdauung zu fördern und die Milchbildung anzuregen.

Eine hochwertige, ausgewogene Ernährung liefert Energie und hebt die Stimmung. Vor allem Zink, B-Vitamine und Magnesium können einer Wochenbettdepression entgegenwirken. Das ist besonders wichtig bei stillenden Müttern, deren Energiehaushalt leiden kann, weil sie das Baby mit Nährstoffen versorgen. Die Milchbildung kann bis zu 500 Kalorien pro Tag aufzehren, die eine stillende Mutter in Form von Lebensmitteln mit hoher Nährstoffdichte zu sich nehmen sollte.

- (W) Wachstum des Kindes
- (G) Gehirnentwicklung des Kindes
- (A) Antioxidantien
- (N) Naturmedizin
- (V) Für Vegetarier geeignet
- (E) Einfache und schnelle Zubereitung

# 80 FENCHEL

## Fenchel ist ein natürliches Galaktogogum. Es enthält Phytoöstrogene und fördert die Ausschüttung von Hormonen, die für die Produktion von Muttermilch nötig sind.

Soja und andere Lebensmittel mit hohem Gehalt an Phytoöstrogenen sollten nach der Entbindung ein Weilchen gemieden werden. Die Phytohormone im Fenchel wirken jedoch sanft ausgleichend. Auch wegen der Antioxidantien eignet sich Fenchel gut für die Erholungsphase nach der Entbindung. Vitamin C und die Bioflavonoide Rutin und Quercetin halten die Blutgefäße intakt, fördern die Wundheilung, lindern den Wochenfluss und beugen Hämorrhoiden vor. Vitamin C fördert in Verbindung mit Schwefel die Bildung von Collagen, das alle Heilungsprozesse fördert. Traditionell setzt man Fenchel auch bei Verdauungsbeschwerden und Blähungen, zur Entwässerung und zur Regulierung des Blutdrucks ein. All das kann nach einer Geburt wünschenswert sein.

- Natürliches Galaktogogum, das die Milchbildung anregt.
- Die Antioxidantien Vitamin C, Quercetin und Rutin beugen Infektionen und Entzündungen vor und fördern die Heilung.
- Vitamin C und Schwefel bilden Collagen, das die Heilung beschleunigt.
- Fördert die Verdauung und reguliert nach der Geburt den Flüssigkeitshaushalt und Blutdruck.

**Praktische Tipps:**
Roher Fenchel in dünnen Scheiben gibt Salaten ein angenehm frisches Anisaroma. Man kann ihn auch schmoren und als Gemüsebeilage servieren oder für Suppen, Eintöpfe und Säfte verwenden.

### SCHON GEWUSST?

Tee aus Fenchelsamen ist seit Generationen in aller Welt als Getränk für Wöchnerinnen bekannt. Er regt die Milchbildung an und lindert bei Mutter und Kind Verdauungsbeschwerden.

### DIE WICHTIGSTEN NÄHRSTOFFE IN 1/2 FENCHELKNOLLE

| | |
|---|---|
| Kalorien (kcal) | 36.5 |
| Gesamtfettgehalt | 0,24 g |
| Eiweiß | 1,45 g |
| Kohlenhydrate | 8,53 g |
| Ballaststoffe | 3,65 g |
| Vitamin C | 14,1 mg |
| Folsäure | 31,5 µg |
| Kalium | 484,5 mg |

# Fenchelsalat mit Lachs

FÜR 2 PERSONEN

*300 g neue Kartoffeln, abgebürstet*
*2 Lachsfilets à 150 g (ohne Haut)*
*50 g Endiviensalat*
*50 g junger Blattspinat*
*100 g Fenchel, in dünnen Scheiben*
*1 gekochte Rote Bete, gewürfelt*
*2 EL gewürfelte rote Zwiebel*
*4-cm-Stück Gurke, entkernt und gewürfelt*

**Dressing**

*100 g saure Sahne*
*2 EL Zitronensaft*
*1 EL Schnittlauchröllchen*
*1 EL frische Dillspitzen*
*1 EL natives Olivenöl extra*
*1 EL Wasser*
*Pfeffer*

(A) (N) (E)

**Zubereitung**

1 Die Kartoffeln in kochendem Wasser 10 Minuten garen. Abgießen, halbieren und beiseitestellen.

2 Einen Grillrost mit Folie bedecken. Den Grill auf hoher Stufe vorheizen. Den Lachs je nach Dicke der Filets 6–8 Minuten grillen, zwischendurch einmal wenden.

3 Inzwischen Salat- und Spinatblätter auf zwei Teller verteilen. Die Kartoffeln mit Fenchel, Roter Bete, Zwiebel und Gurke darauf anrichten. Alle Zutaten für das Dressing verrühren.

4 Die Lachsfilets im Ganzen auf das Salatbett legen oder zerpflücken. Mit dem Dressing beträufeln und servieren.

# 81 WALNÜSSE

## Walnüsse decken den erhöhten Energiebedarf einer stillenden Mutter, fördern die Heilung und die Erholung nach der Geburt.

Die Mischung aus gesunden Ölen, hochwertigen Proteinen und komplexen Kohlenhydraten in Walnüssen liefert nach der Entbindung Energie, stabilisiert die Stimmung und fördert die Milchbildung. Verstärkt wird diese Wirkung durch ihren Gehalt an B-Vitaminen, Zink, Magnesium und Mangan. Weil viele Proteine mit der Muttermilch an das Kind weitergegeben werden, können durch proteinarme Ernährung der Mutter Heilungsprozesse verzögert werden. Walnüsse tragen zur Bildung von stimmungsaufhellendem Serotonin bei. Sie enthalten das Hormon Melatonin, das beim Einschlafen hilft und die Schlafqualität fördert – besonders wichtig in Zeiten, wenn man mehrmals nachts geweckt wird.

- Ausgewogenes Verhältnis von Kohlenhydraten, Proteinen und Fetten fördert die Milchproduktion und die allgemeine Belastbarkeit.
- B-Vitamine, Zink, Magnesium und Mangan sorgen für optimale Energiegewinnung aus der Nahrung.
- Proteine und Nährstoffe fördern die Serotoninbildung und beugen dadurch Wochenbettdepressionen vor.
- Das Hormon Melatonin lässt junge Mütter gut schlafen, wenn sie Gelegenheit dazu haben.

**Praktische Tipps:**
Walnüsse sind ein gesunder Snack für stillende Mütter, weil sie den Blutzuckerspiegel regulieren und Energietiefs vorbeugen. Dadurch wird eine regelmäßige Kalorienzufuhr begünstigt, die wichtig für die kontinuierliche Milchbildung ist.

### SCHON GEWUSST?

Stillende Mütter leiden oft an Zinkmangel, weil viel Zink über die Muttermilch an das Kind weitergegeben wird, um dessen Wachstum zu fördern. Walnüsse gleichen diesen Mangel aus, der die Heilung der Mutter verzögern kann.

### HAUPTNÄHRSTOFFE IN 25 G WALNÜSSEN

| | |
|---|---|
| Kalorien (kcal) | 196 |
| Gesamtfettgehalt | 19,5 g |
| einfach unges. Fettsäuren | 2,68 g |
| Omega-3-Fettsäuren | 2728 mg |
| Omega-6-Fettsäuren | 11428 mg |
| Omega-9-Fettsäuren | 2639 mg |
| Eiweiß | 4,57 g |
| Kohlenhydrate | 4,1 g |
| Ballaststoffe | 2 g |
| Vitamin $B_3$ | 0,34 mg |
| Vitamin $B_5$ | 0,17 mg |
| Vitamin $B_6$ | 0,16 mg |
| Magnesium | 47,4 mg |
| Kalium | 132 mg |
| Mangan | 1,02 mg |
| Selen | 1,47 µg |
| Zink | 0,93 mg |
| Phytosterol | 32,4 mg |

# Grüner Bohnensalat mit Walnüssen

FÜR 2 PERSONEN

*500 g grüne Bohnen*
*1 kleine Zwiebel, fein gehackt*
*1 Knoblauchzehe, gehackt*
*4 EL frisch geriebener Parmesan*
*4 EL gehackte Walnüsse, zum Garnieren*

**Dressing**

*3 EL kaltgepresstes Walnussöl*
*2 EL Weißweinessig*
*2 TL frisch gehacktes Bohnenkraut*
*Salz und Pfeffer*

(W) (A) (V) (E)

**Zubereitung**

1 Die Bohnen 8 Minuten kochen, dann abschrecken und abtropfen lassen. Mit Zwiebel, Knoblauch und Käse in eine Schüssel geben.

2 Alle Dressingzutaten in einem Schraubglas kräftig schütteln. Das Dressing über die Bohnen gießen und unterheben. Abgedeckt mindestens 30 Minuten im Kühlschrank ziehen lassen.

3 Den Bohnensalat 10 Minuten vor dem Servieren aus dem Kühlschrank nehmen. Nochmals gut vermengen, dann auf einer dekorativen, flachen Servierplatte anrichten.

4 Vor dem Servieren die Walnüsse über die Bohnen streuen.

# 82 BANANEN

**Bananen sind reich an Kalium, das den Flüssigkeitshaushalt reguliert und die Rückbildung des Uterus auf die normale Größe anregt.**

Gestillte Kinder entziehen dem mütterlichen Organismus viel Kalium für die Entwicklung von Nervensystem und Muskeln. Mütter mit Kaliummangel leiden oft an Kopfschmerzen, Müdigkeit oder Muskelkrämpfen. Bananen sind reich an Vitamin C, das zusammen mit Tryptophan und Vitamin $B_6$ die Stimmung aufhellt, den Schlaf fördert und Wochenbettdepressionen vorbeugt. Dieselben Nährstoffe fördern eine regelmäßige Verdauung und helfen, Hämorrhoiden vorzubeugen, die in dieser Zeit oft vorkommen. Der Faserstoff Inulin lockert den Stuhl und fördert eine gesunde Darmflora. Diese ist gerade nach einer Entbindung wichtig, damit sich die Mutter schnell erholt und nicht anfällig für Infektionen ist.

- Reich an Kalium, das den Bedarf der Mutter deckt und – über die Muttermilch – Gehirn- und Muskelfunktion des Kindes fördert.
- Vitamin C, $B_6$ und Tryptophan regen die Ausschüttung von Serotonin an, verbessern die Stimmung und die Schlafqualität.
- Regt die Verdauung an und beugt Hämorrhoiden vor.
- Der Faserstoff Inulin fördert eine gesunde Darmflora, die für ein stabiles Immunsystem wichtig ist.

**Praktische Tipps:**
Bananen und rohe Nüsse sind eine ideale Zwischenmahlzeit, weil die Proteine aus den Nüssen die Zuckerabgabe der Bananen verlangsamen. Leicht unreife Bananen geben Energie in Form von Zucker langsamer und berechenbarer ans Blut ab.

### SCHON GEWUSST?

Sportler essen Bananen, um auch unter starker Belastung bei Kräften zu bleiben. Junge Mütter stehen vor ähnlichen Belastungen und können auf dieselbe Weise ihren Energiehaushalt unterstützen.

### DIE WICHTIGSTEN NÄHRSTOFFE IN 1 BANANE

| | |
|---|---|
| Kalorien (kcal) | 105 |
| Gesamtfettgehalt | 0,39 g |
| Eiweiß | 1,29 g |
| Ballaststoffe | 3,1 g |
| Kohlenhydrate | 26,95 g |
| Vitamin C | 10,3 mg |
| Vitamin $B_6$ | 0,43 mg |
| Kalium | 422 mg |
| Tryptophan | 11 mg |

# Indischer Reispudding mit Banane

FÜR 2 PERSONEN

*100 g Naturreis*
*350 ml Milch*
*3 Kardamomkapseln, aufgebrochen*
*200 ml Wasser*
*1 TL gemahlener Zimt, plus etwas mehr zum Servieren*
*1 Tütchen Vanillezucker*
*1 EL flüssiger Honig, plus etwas mehr zum Servieren*
*abgeriebene Schale von 1 Bioorange*
*1 große Banane, in Scheiben*
*1 EL Mandelblättchen*

(G) (A) (V)

**Zubereitung**

1 Den Reis mit Milch, Kardamom und Wasser in einen Schmortopf geben. Zum Kochen bringen, dann die Temperatur reduzieren und auf niedrigster Stufe abgedeckt 25–30 Minuten köcheln, bis der Reis gar ist. Es sollte noch etwas Flüssigkeit im Topf sein.

2 Vom Herd nehmen. Zimt, Vanillezucker, Honig und Orangenschale einrühren. Abgedeckt 5 Minuten stehen lassen.

3 Den Reis in Portionsschälchen füllen. Bananenscheiben und Mandeln darauf verteilen. Mit Zimt bestreuen, mit Honig beträufeln und servieren.

# 83 SÜSSKARTOFFELN

Süßkartoffeln stärken das Immunsystem. Stillende Mütter sollten sie regelmäßig essen, weil die Antikörper auch an das Kind weitergegeben werden.

Süßkartoffeln enthalten Kalzium und Magnesium in einem günstigen Verhältnis, sodass beide Mineralien Knochen und Nervensystem optimal nutzen können. Wir nehmen diese Mineralien oft in unausgewogenem Verhältnis zu uns. Milchprodukte beispielsweise enthalten relativ viel Kalzium, aber eher wenig Magnesium. Bei stillenden Müttern muss die Mineralversorgung so gut sein wie in der Schwangerschaft, weil ein Teil des Kalziums über die Milch an das Baby weitergegeben wird, das es zur Knochenbildung braucht. Bei Problemen mit den Zähnen oder der Knochendichte ist eine gute Kalziumversorgung besonders wichtig. Selbst Müttern, die nicht stillen, kann während der Schwangerschaft Kalzium verloren gegangen sein. Süßkartoffeln sind auch reich an antioxidativem Betacarotin, das den Abbau schädlicher Giftstoffe fördert. Ihr Vitamin C fördert die Collagenbildung und die Knochengesundheit.

- Ausgewogenes Verhältnis von Kalzium und Magnesium fördert das Knochenwachstum optimal.
- Kalzium nimmt das Kind mit der Muttermilch auf. Bei Kalziummangel der Mutter wird das Mineral ihren Knochen entzogen.
- Vitamin C fördert die Collagenbildung und stärkt die Knochenstruktur.

**Praktische Tipps:**
Süßkartoffeln können auf dieselbe Weise zubereitet werden wie Kartoffeln und Wurzelgemüse. Durch die Beigabe von Öl beim Zubereiten wird die Aufnahme des Carotins erleichtert.

### SCHON GEWUSST?

Kalzium und Magnesium können nervöse Anspannung lindern, die Entspannung fördern und das Einschlafen erleichtern. Wenn der Körper Energie für Heilungsprozesse braucht, sind sie besonders wichtig.

### DIE WICHTIGSTEN NÄHRSTOFFE IN 100 G SÜSSKARTOFFELN

| | |
|---|---|
| Kalorien (kcal) | 86 |
| Gesamtfettgehalt | Spuren |
| Eiweiß | 1,6 g |
| Kohlenhydrate | 20,1 g |
| Ballaststoffe | 3 g |
| Vitamin C | 2,4 mg |
| Vitamin E | 0,27 mg |
| Kalzium | 30 mg |
| Magnesium | 25,3 mg |
| Kalium | 337,3 mg |
| Eisen | 0,6 mg |
| Selen | 0,6 µg |
| Betacarotin | 8506,7 µg |

# Gebackene Süßkartoffeln mit Ingwer

FÜR 4 PERSONEN

*4 Süßkartoffeln à 300 g*
*Pflanzenöl, zum Einpinseln*
*50 g Butter*
*40 g frischer Ingwer, fein gestiftelt*
*2 EL frisch gehackter Koriander*
*Pfeffer*

(W) (A) (V)

**Zubereitung**

**1** Den Backofen auf 230 °C vorheizen. Die Süßkartoffeln mit Öl einpinseln und im vorgeheizten Ofen 40–45 Minuten backen, bis sie gar sind. Oben kreuzweise einschneiden und das Fleisch nach oben drücken, bis es aus den Einschnitten quillt.

**2** Die Butter bei mittlerer Temperatur in einer Pfanne erhitzen, bis sie schäumt. Den Ingwer darin 3–4 Minuten goldbraun und knusprig braten.

**3** Die Ingwerbutter über die Kartoffeln gießen, mit Koriander bestreuen, mit Pfeffer würzen und servieren.

# 84 APRIKOSEN

Aprikosen fördern die Verdauung. Sie enthalten den Faserstoff Pektin, der Giftstoffe eliminiert, die sonst mit der Muttermilch ans Kind weitergegeben werden könnten.

Nach der Entbindung treten oft Verdauungsbeschwerden auf, die durch Dehydrierung verstärkt werden. Dann ist die Flüssigkeitsaufnahme aus Obst und Gemüse sehr wichtig, weil deren natürliche Zuckerstoffe den Transport von Wasser in die Körperzellen fördern. Das Betacarotin aus Aprikosen wird im Körper in Vitamin A umgewandelt, das die Haut kräftigt und die Heilung von Überdehnung, Rissen und Schnitten fördert. Über die Muttermilch wird das Carotin an das Kind weitergegeben. Es stärkt sein Immunsystem und fördert Seh-, Hör- und Geschmackssinn. Vitamin A und C aus Aprikosen sorgen dafür, dass Eisen Sauerstoff zu reparaturbedürftigen Geweben transportiert und dass Blut, das bei der Entbindung verloren ging, ersetzt wird.

- Fördert durch Wasser und den Faserstoff Pektin die Verdauung und die Ausscheidung von Giften.
- Vitamin A fördert Regeneration und Heilung der Haut nach Schwangerschaft und Entbindung.
- Vitamin A aus der Muttermilch stärkt Immunsystem und Sinnesorgane des Kindes.
- Vitamine A und C verbessern den Sauerstofftransport im Blut, fördern die Heilung und die Blutbildung.

**Praktische Tipps:**
Getrocknete Aprikosen in etwas kochendem Wasser einweichen und pürieren und als natürliches Süßungsmittel für Joghurt und Müsli verwenden. Das Püree hält sich im Kühlschrank einige Tage.

## SCHON GEWUSST?

Kaufen Sie nur ungeschwefelte Trockenaprikosen. Schwefeldioxid kann Kopfschmerzen und Asthma verursachen und mit der Milch an das Kind weitergegeben werden.

## HAUPTNÄHRSTOFFE IN 3 GETROCKNETEN APRIKOSEN

| | |
|---|---|
| Kalorien (kcal) | 47 |
| Gesamtfettgehalt | Spuren |
| Eiweiß | 1,2 g |
| Kohlenhydrate | 10,8 g |
| Ballaststoffe | 1,9 g |
| Vitamin C | Spuren |
| Kalium | 414 mg |
| Eisen | 1 mg |
| Betacarotin | 163 µg |

# Aprikosen mit Streuseln

FÜR 6 PERSONEN

*500 g frische Aprikosen, entsteint und zerkleinert*
*2 EL Wasser*
*1 TL gemahlener Zimt*
*griechischer Joghurt (10 % Fett), zum Servieren*

**Streusel**

*175 g Vollkornmehl*
*50 g Butter, plus etwas mehr zum Einfetten*
*50 g brauner Zucker*
*50 g Haselnüsse, fein gehackt*

(W) (A) (N) (V)

**Zubereitung**

1 Den Backofen auf 200 °C vorheizen. Eine ofenfeste Form (1,2 l Volumen) mit etwas Butter einfetten.
2 Für die Streusel alle Zutaten mit den Fingern zu einer krümeligen Masse zerreiben. Zucker und Nüsse unterrühren.
3 Die Aprikosen auf den Boden der vorbereiteten Form legen. Wasser und Zimt zugeben, dann gleichmäßig mit den Streuseln bedecken. Im vorgeheizten Ofen etwa 25 Minuten goldbraun überbacken. Heiß mit griechischem Joghurt servieren.

# 85 LINSEN

## Während der Stillzeit sollten junge Mütter von einer Reduktionsdiät unbedingt absehen. Linsen helfen trotzdem, überschüssige Pfunde wieder loszuwerden.

### SCHON GEWUSST?

Linsen enthalten das entgiftende und antioxidative Mineral Selen. Es zählt zu den wenigen Nährstoffen in der Muttermilch, deren Konzentration direkt von der Ernährung der Mutter abhängt. Die meisten Nährstoffe werden vom Körper der Mutter geliefert.

### DIE WICHTIGSTEN NÄHRSTOFFE IN 100 G LINSEN

| | |
|---|---|
| Kalorien (kcal) | 353 |
| Gesamtfettgehalt | 1,06 g |
| Eiweiß | 25,8 g |
| Kohlenhydrate | 60,08 g |
| Ballaststoffe | 30,5 g |
| Vitamin $B_1$ | 0,87 mg |
| Vitamin $B_2$ | 0,21 mg |
| Vitamin $B_3$ | 2,61 mg |
| Vitamin $B_5$ | 2,14 mg |
| Vitamin $B_6$ | 0,54 mg |
| Folsäure | 479 µg |
| Magnesium | 122 mg |
| Eisen | 7,54 mg |
| Mangan | 1,33 mg |
| Selen | 8,3 µg |
| Zink | 4,78 mg |

Die Erholung von der Entbindung und das Stillen kosten viel Energie. Darum sollte man in dieser Zeit nicht versuchen, Gewicht abzunehmen, das nach der Schwangerschaft übrig geblieben ist. Linsen sind reich an B-Vitaminen, Zink, Faserstoffen, komplexen Kohlenhydraten und Proteinen. Sie geben ihre Energie hocheffizient an den Körper ab, sodass der Blutzuckerspiegel konstant bleibt. Zink aus Linsen unterstützt außerdem die Wundheilung und das Immunsystem. Stillende Mütter geben Eisen und Folsäure, die den Kreislauf anregen, an das Kind ab. Magnesium und Folsäure aus Linsen werden auch für die Funktion von Gehirn und Nerven des Kindes benötigt.

- Hohe Nährstoffdichte sorgt für kontinuierliche Energiezufuhr, fördert die Heilung und die Milchbildung.
- Gleichmäßige Versorgung mit Energie beugt Heißhunger auf Süßigkeiten mit geringem Nährstoffgehalt vor.
- Zink stärkt das Immunsystem und fördert die Heilung.
- Eisen und Folsäure werden für das Blut des Kindes benötigt.
- Magnesium und Folsäure fördern die Entwicklung des kindlichen Nervensystems.

**Praktische Tipps:**

Manche stillenden Mütter – und ihre Babys – leiden nach dem Genuss von Linsen an Blähungen. Linsen sind leichter verdaulich, wenn man sie über Nacht einweicht. Das Einweichwasser unbedingt weggießen und die Linsen in frischem Wasser kochen.

# Linseneintopf mit Gemüse

FÜR 4 PERSONEN

*1 Zwiebel, geschält*
*3 Gewürznelken*
*250 g Puy-Linsen*
*1 Lorbeerblatt*
*1,3 l Gemüsebrühe*
*2 Porreestangen, in Ringen*
*2 Kartoffeln, gewürfelt*
*2 Karotten, gehackt*
*3 Zucchini, in Scheiben*
*1 Selleriestange, gehackt*
*1 rote Paprika, gehackt*
*Salz und Pfeffer*
*1 EL Zitronensaft*

(W) (G) (A) (V)

**Zubereitung**

1. Den Backofen auf 180 °C vorheizen.
2. Die Zwiebel mit den Nelken spicken. Die Linsen in eine große Kasserolle geben, dann Zwiebel, Lorbeerblatt und Brühe hinzufügen. Abdecken und im Ofen 1 Stunde garen.
3. Die Zwiebel herausnehmen und die Nelken wegwerfen. Die Zwiebel in Scheiben schneiden und mit dem restlichen Gemüse wieder in den Topf geben. Gut umrühren und nach Geschmack mit Salz und Pfeffer würzen. Abdecken und 1 weitere Stunde im Ofen schmoren.
4. Das Lorbeerblatt entfernen. Den Zitronensaft einrühren und das Gericht sofort servieren.

# 86

# ALFALFA-SPROSSEN

Keimsprossen wie Alfalfa enthalten alle Nährstoffe, die eine junge Pflanze in ihrer ersten Lebensphase braucht. Dieselben Stoffe benötigen auch wir Menschen.

Alfalfa ist reich an Aminosäuren (Proteinen), die die Wundheilung fördern, die Abgabe von Giftstoffen an die Muttermilch unterbinden und Infektionen, die nach der Entbindung auftreten können, verhindern oder abklingen lassen. Die Vitamine A und C und Betacarotin sind Antioxidantien, die das Immunsystem stärken und die Selbstheilungskräfte des Körpers aktivieren. Weil Alfalfa einen geringen Anteil von Phytoöstrogenen enthält, wird sie traditionell auch als milchbildendes Lebensmittel empfohlen. Ihre Enzyme wirken bei der Verdauung mit, lindern Blähungen und Verstopfung und tragen zur Verhütung von Hämorrhoiden bei, die nach einer Entbindung häufiger auftreten können. Außerdem enthält Alfalfa reichlich anregendes und entgiftendes Chlorophyll.

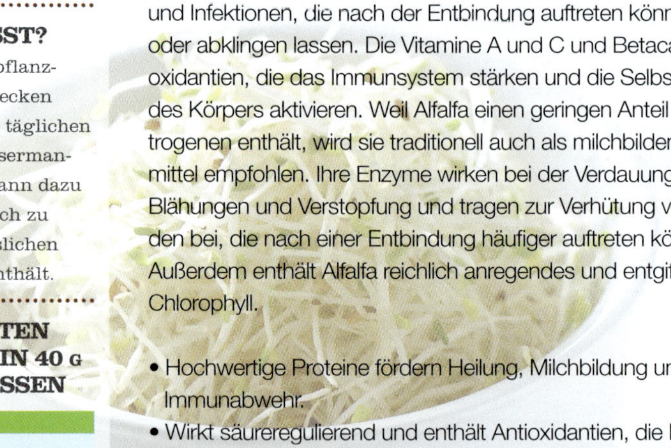

- Hochwertige Proteine fördern Heilung, Milchbildung und Immunabwehr.
- Wirkt säureregulierend und enthält Antioxidantien, die Entzündungen hemmen, die Heilung fördern und Schmerzen lindern.
- Traditionelles Galaktogogum, fördert die Milchbildung.
- Beugt Blähungen, Verstopfung und Hämorrhoiden vor.

**Praktische Tipps:**
Frische, knackige Sprossen schmecken gut auf Broten, in Wraps und Salaten. Sprossen kann man im Gemüse- oder Bioladen kaufen oder einfach selbst in einem Glas ziehen. Kühl aufbewahren, weil sie bei Wärme schnell welken. Kurz blanchieren gegen EHEC-Keime.

### SCHON GEWUSST?

Alfalfa und andere pflanzliche Lebensmittel decken einen guten Teil des täglichen Wasserbedarfs. Wassermangel in der Stillzeit kann dazu führen, dass die Milch zu wenig der wasserlöslichen Vitamine B und C enthält.

### DIE WICHTIGSTEN NÄHRSTOFFE IN 40 G ALFALFASPROSSEN

| | |
|---|---|
| Kalorien (kcal) | 9,2 |
| Gesamtfettgehalt | 0,28 g |
| Eiweiß | 1,60 g |
| Kohlenhydrate | 0,84 g |
| Ballaststoffe | 0,76 g |
| Vitamin C | 3,28 mg |
| Vitamin A | 62 IE |
| Vitamin $B_3$ | 0,19 mg |
| Vitamin $B_5$ | 0,22 mg |
| Vitamin K | 30,5 µg |
| Cholin | 5,76 mg |
| Betacarotin | 34,8 µg |
| Kalzium | 12,8 mg |
| Magnesium | 10,8 mg |

# Vietnamesische Rollen mit Alfalfa

ERGIBT 8 ROLLEN

*25 g dünne Reisnudeln (Vermicelli)*
*8 Blätter Reispapier*
*80 g gegarte Hähnchenbrust, in dünnen Streifen*
*2 Frühlingszwiebeln, in Ringen*
*4-cm-Stück Gurke, längs geviertelt, entkernt und in dünnen Scheiben*
*1 Handvoll Alfalfa*
*3 EL frisch gehacktes Basilikum*
*3 EL frisch gehackte Minze*

**Dip**

*2 EL Fischsauce*
*1 EL helle Sojasauce*
*Saft von 1/2 Limette*
*1/2 TL Palmzucker*
*1/2 TL getrocknete Chiliflocken*

(W) (A) (N) (V) (E)

**Zubereitung**

1 Alle Zutaten für den Dip in einer kleinen Schüssel verrühren.

2 Die Nudeln in einer Schüssel mit kochendem Wasser bedecken. Umrühren, damit sie nicht zusammenkleben. Abgedeckt 4 Minuten stehen lassen, bis sie weich sind. Abgießen, unter kaltem Wasser abschrecken und beiseitestellen.

3 Eine große Schüssel mit warmem Wasser füllen. Ein Blatt Reispapier vorsichtig eintauchen und einige Sekunden quellen lassen, bis es geschmeidig ist. Aus dem Wasser nehmen und auf eine Arbeitsfläche legen. Vorsicht, die Blätter reißen leicht ein.

4 1 gehäuften Esslöffel Nudeln als länglichen Streifen in die Mitte des Papiers legen. Auf beiden Seiten Platz lassen. Etwas Hähnchen, Frühlingszwiebel, Gurke, Alfalfa, Basilikum und Minze daraufgeben. Dann das Papier seitlich einschlagen und aufrollen. Insgesamt acht solcher Rollen formen. Mit dem Dip servieren.

# 87 BOCKSHORN-KLEESAMEN

Bockshornkleesamen fördern die Milchbildung und gelten in vielen Kulturen als traditionelles Mittel für Mütter, die Schwierigkeiten mit dem Stillen haben.

Bockshornklee ist für seine milchbildende Wirkung bekannt. Bei regelmäßigem Verzehr stärkt er Fluss und Qualität der Muttermilch. Bockshornklee trägt außerdem zur Regulierung des Blutzuckerspiegels bei und hilft dadurch, Schwankungen des Energiehaushalts zu vermeiden. Er enthält verschiedene wertvolle Antioxidantien, darunter Apigenin, Rutin und Quercetin. Manche Studien legen sogar nahe, dass er die Wirkung anderer Antioxidantien im Körper verstärkt und dadurch hilft, Zellschäden zu vermeiden. Im Rahmen einer gesunden Ernährung versorgt Bockshornklee die Zellen mit Energie, fördert die Heilung und das Abklingen von Entzündungen, beschleunigt die Genesung und lindert Schmerzen. Er verhindert übermäßige Schleimbildung und kann Verdauungs- und Atmungsbeschwerden nach der Schwangerschaft vorbeugen.

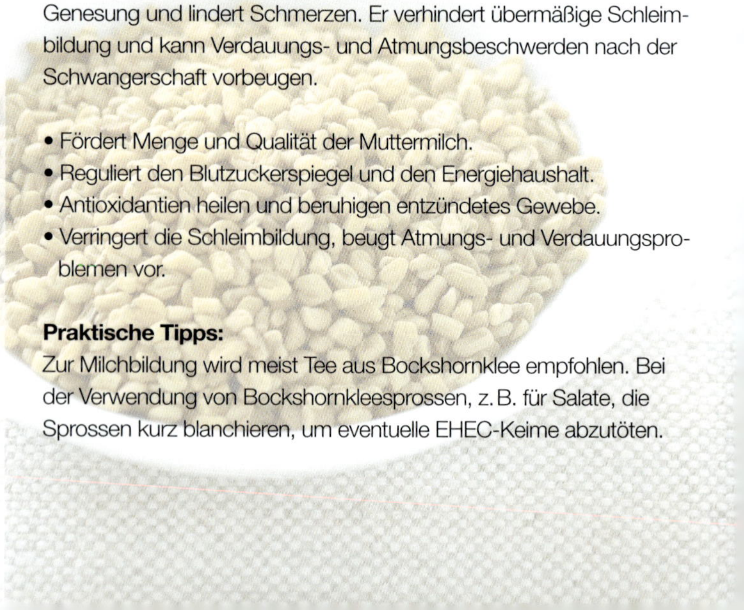

- Fördert Menge und Qualität der Muttermilch.
- Reguliert den Blutzuckerspiegel und den Energiehaushalt.
- Antioxidantien heilen und beruhigen entzündetes Gewebe.
- Verringert die Schleimbildung, beugt Atmungs- und Verdauungsproblemen vor.

**Praktische Tipps:**
Zur Milchbildung wird meist Tee aus Bockshornklee empfohlen. Bei der Verwendung von Bockshornkleesprossen, z. B. für Salate, die Sprossen kurz blanchieren, um eventuelle EHEC-Keime abzutöten.

### SCHON GEWUSST?

Der leicht bittere Geschmack von Bockshornkleesamen – ebenso wie von Kaffee – lässt sich auf das Antioxidans Trigonellin zurückführen, das die Regeneration von Gehirnzellen anregen soll.

### DIE WICHTIGSTEN NÄHRSTOFFE IN 15 G SAMEN

| | |
|---|---|
| Kalorien (kcal) | 36 |
| Gesamtfettgehalt | 0,71 g |
| Eiweiß | 2,55 g |
| Kohlenhydrate | 6,48 g |
| Ballaststoffe | 2,7 g |
| Kalzium | 20 mg |
| Magnesium | 21 mg |
| Kalium | 85 mg |
| Phosphor | 33 mg |
| Eisen | 3,72 mg |

# Tee aus Bockshornklee

FÜR 2 PERSONEN

*600 ml Wasser*
*2 TL Bockshornkleesamen*
*1 TL flüssiger Honig (nach Belieben)*
*Eiswürfel und Zitronenscheiben, zum Servieren (nach Belieben)*

(A) (N) (V) (E)

1 Das Wasser in einem Topf zum Kochen bringen. Die Bockshornkleesamen zufügen und 5 Minuten kochen.
2 Vom Herd nehmen und 10–15 Minuten ziehen lassen.
3 Durch ein Sieb in zwei Tassen gießen und nach Geschmack mit Honig süßen. Der Tee schmeckt auch gekühlt mit Eiswürfeln und einer Zitronenscheibe.

# 88 DILL

## Dill fördert Menge und Qualität der Muttermilch und trägt dadurch zur optimalen Versorgung des Kindes bei.

Selbst wenn ein Kind nur kurze Zeit gestillt wird, kann Dill in der Ernährung der Mutter seine Versorgung mit wertvollem Vitamin A verbessern. Dieses Vitamin beugt Infektionen vor und ist bei Kindern, die mit der Flasche ernährt werden, oft nur unzureichend vorhanden. Kinder mit Vitamin-A-Mangel wachsen oft langsamer und neigen zu Durchfall oder Problemen mit den Augen. Weil Dill antibakteriell wirkt, schützt er die Mutter vor Infektionen, die ihre Erholung beeinträchtigen und auf das Kind übertragen werden können. In der Stillzeit sollten reichlich magnesium- und kalziumhaltige Lebensmittel gegessen werden, weil Knochen und Zähne in der Schwangerschaft oft leiden. Auch die Vitamine A, C und $B_3$ sind zur Erhaltung der mütterlichen Knochensubstanz nötig.

- Fördert Menge und Qualität der Muttermilch.
- Vitamin A wird über die Muttermilch an das Kind weitergegeben und schützt dessen Gesundheit.
- Wirkt antibakteriell und bekämpft infektiöse Keime.
- Reich an Vitaminen und Mineralien, die die Knochen der Mutter und des gestillten Kindes stärken.

**Praktische Tipps:**
Dill duftet zart nach Anis. Er kann täglich zum Würzen von Eiern, Frischkäse, Kartoffelsalat oder geräuchertem Lachs verwendet werden. Butter mit Dill schmeckt herrlich auf Brot. Tee aus Dillblättern oder -samen lindert Magenbeschwerden und fördert den Schlaf.

### SCHON GEWUSST?

Dilltee wird als Hausmittel gegen Bauchschmerzen bei Babys empfohlen. In Indien bereitet man einen Tee aus Schwarzkümmel-, Kreuzkümmel- und Fenchelsamen mit Dillkraut zu.

### HAUPTNÄHRSTOFFE IN 15 G DILL

| | |
|---|---|
| Kalorien (kcal) | 12,9 |
| Gesamtfettgehalt | 0,2 g |
| Eiweiß | 0,52 g |
| Kohlenhydrate | 1,05 g |
| Ballaststoffe | 0,3 g |
| Vitamin C | 12,8 mg |
| Vitamin $B_3$ | 0,24 mg |
| Vitamin A | 1158 IE |
| Folsäure | 22 µg |
| Kalzium | 31 mg |
| Magnesium | 8 mg |
| Kalium | 111 mg |
| Phosphor | 10 mg |
| Eisen | 0,99 mg |

# Dillessig mit Pfefferkörnern

ERGIBT 250 ML

*6 Stängel frischer Dill*

*250 ml Apfelessig*

*1 TL schwarze Pfefferkörner*

(W) (A) (N) (V) (E)

**Zubereitung**

1 Den Dill waschen und abtrocknen.

2 Den Essig bei mittlerer Temperatur aufkochen. Die Temperatur reduzieren und 2 Minuten köcheln. Dill und Pfefferkörner zugeben, den Herd abschalten und den Essig 15 Minuten abkühlen lassen.

3 In eine saubere Flasche füllen und gut verschlossen an einem dunklen Platz oder im Kühlschrank aufbewahren.

# 89 ROGGEN

Roggen gibt seine Energie langsam ab, weil er reich an Faserstoffen ist. Das gesunde Getreide tut Körper und Seele gleichermaßen gut.

Zink aus Roggen regt zusammen mit Vitamin $B_6$ und Magnesium die Produktion des stimmungsaufhellenden Stoffes Serotonin an. Zink fördert die Heilung und wird auch für das Wachstum des Kindes benötigt, sodass es bei stillenden Müttern leicht zu einem Mangel kommen kann. Durch Zinkmangel kann der Spiegel des Hormons Prolaktin sinken, das für die Milchproduktion zuständig ist. Überdies sorgt Zink für den Transport von Vitamin A in die Muttermilch. Die meisten Babys kommen mit einem niedrigen Vitamin-A-Spiegel zur Welt und müssen diesen in den ersten sechs Lebensmonaten über die Muttermilch ausgleichen. Kinder mit Vitamin-A-Mangel neigen eher zu Appetitlosigkeit und sind anfälliger für Infektionen und Anämie durch Eisenmangel.

- B-Vitamine, Zink und langsam verfügbare Energie helfen dabei, Wochenbettdepressionen zu vermeiden.
- Zink ist wichtig für das Wachstum und die Reparaturvorgänge im mütterlichen Körper.
- Zinkmangel kann die Milchproduktion drosseln und zu einem verringerten Vitamin-A-Gehalt der Muttermilch führen. Darunter leiden Abwehrkräfte und Eisenhaushalt des Kindes.

**Praktische Tipps:**
Roggenbrot reguliert den Appetit, weil durch das gründliche Kauen dem Körper signalisiert wird, dass er Nahrung bekommen hat. So lassen sich Energietiefs und Heißhunger auf Süßes vermeiden.

### SCHON GEWUSST?

Pilzerkrankungen können beim Stillen auf das Kind übertragen werden. Mütter, die zu Pilzerkrankungen neigen, sollten in der Stillzeit Brote mit Hefe vermeiden und lieber Roggensauerteigbrot essen.

### HAUPTNÄHRSTOFFE IN 100 G VOLLKORN-ROGGENMEHL

| | |
|---|---|
| Kalorien (kcal) | 325 |
| Gesamtfettgehalt | 2,22 g |
| Omega-6-Fettsäuren | 958 mg |
| Eiweiß | 15,91 g |
| Kohlenhydrate | 68,63 g |
| Ballaststoffe | 23,8 g |
| Vitamin $B_1$ | 0,32 mg |
| Vitamin $B_2$ | 0,25 mg |
| Vitamin $B_3$ | 4,27 mg |
| Vitamin $B_5$ | 1,46 mg |
| Vitamin $B_6$ | 0,44 mg |
| Vitamin A | 11 IE |
| Magnesium | 160 mg |
| Eisen | 4,97 mg |
| Mangan | 6,06 mg |
| Selen | 18 µg |
| Zink | 5,04 mg |
| Lutein/Zeaxanthin | 210 µg |

# Eier und Paprika auf Roggentoast

FÜR 4 PERSONEN

*2 EL Olivenöl*
*1 kleine rote Paprika, gehackt*
*1 kleine rote Zwiebel, sehr fein gehackt*
*1 Prise Paprikapulver, plus etwas mehr zum Garnieren*
*4 Scheiben dunkles Roggenbrot*
*8 große Eier*
*4 EL Milch*
*Pfeffer und Salz*
*25 g Butter*

(W) (G) (A) (V) (E)

**Zubereitung**

**1** Die Hälfte des Öls in einer beschichteten Pfanne erhitzen. Paprika und Zwiebel darin unter häufigem Rühren 10 Minuten weich dünsten. Mit Paprikapulver würzen und beiseitestellen.

**2** Den Grill vorheizen. Die Brotscheiben auf einer Seite rösten, die andere Seite mit dem restlichen Öl einpinseln und ebenfalls leicht rösten. Warm halten.

**3** Die Eier mit der Milch und etwas Pfeffer und Salz in einer Schüssel verquirlen. Die Butter in einer beschichteten Pfanne zerlassen und die Eier darin 5 Minuten stocken lassen. Dabei ein wenig rühren.

**4** Das Paprikagemüse vorsichtig unterheben. Die Mischung auf die Brotscheiben verteilen, nach Belieben mit etwas Paprikapulver bestreuen und sofort servieren.

# 90 FLOHSAMEN-SCHALEN

Nach einer Entbindung ist es oft notwendig, die Darmtätigkeit zu normalisieren. Flohsamenschalen sind dabei ein wirkungsvolles, sanftes und sicheres Hilfsmittel.

Die Schalen des indischen Flohsamens werden zur Regulierung der Darmtätigkeit eingesetzt, weil sie ein besonders hohes Quellvermögen besitzen. Flohsamen enthalten 10–30 Prozent Schleimstoffe, die bei Kontakt mit Wasser eine gelatineartige Konsistenz annehmen. Weil dadurch der Wassergehalt des Darminhalts reguliert wird, sind Flohsamenschalen sowohl bei Durchfall als auch bei Verstopfung wirksam. Die Ausscheidung des Darminhalts wird erleichtert, was besonders wünschenswert ist, wenn bei der Entbindung entstandene Verletzungen oder Reizungen noch nicht verheilt sind.

- Schleimstoffe lockern den Darminhalt und regulieren die Verdauung.
- Reguliert den Wassergehalt des Darminhalts und wirkt so gegen Durchfall und Verstopfung gleichermaßen.

**Praktische Tipps:**
Flohsamenschalen kann man in Apotheken kaufen. Stillende Mütter sollten darauf achten, dass das Produkt keine Zusätze von Sennesblättern oder anderen abführenden Kräutern enthält. Bei der Einnahme von Flohsamenschalen unbedingt ausreichend trinken (mindestens 250 ml Wasser auf 3 Gramm), um eine Verstärkung der Verstopfung zu vermeiden. Die Dosierungsempfehlung lautet meist dreimal täglich 1 Teelöffel – am besten zu den Mahlzeiten. Beginnen Sie lieber mit der halben Menge und erhöhen Sie diese bei Bedarf, um eine anfängliche Verschlimmerung der Symptome, Blähungen oder Völlegefühl zu vermeiden.

### SCHON GEWUSST?

Die löslichen Faserstoffe in Flohsamenschalen regulieren den Blutzuckerspiegel bei Diabetikern, darum eignen sie sich besonders für junge Mütter, die an dieser Krankheit leiden. Sie können auch während der Stillzeit bedenkenlos eingenommen werden.

### DIE WICHTIGSTEN NÄHRSTOFFE IN 5 G FLOHSAMENSCHALEN

| | |
|---|---|
| Kalorien (kcal) | 7 |
| Gesamtfettgehalt | 0 g |
| Eiweiß | 0 g |
| Kohlenhydrate | 2 g |
| Ballaststoffe | 1,8 g |
| Kalzium | 4,32 mg |
| Eisen | 0,03 mg |

# Apfelsaft mit Karotte und Gurke

FÜR 2 PERSONEN

*1 Apfel, in Stücken, plus etwas mehr zum Garnieren*
*1 Karotte, in Stücken, plus etwas mehr zum Garnieren*
*1/2 Gurke, in Stücken, plus etwas mehr zum Garnieren*
*250 ml Wasser*
*1 TL Flohsamenschalen*
*2 Holzspieße*

(A) (N) (V) (E)

**Zubereitung**

**1** Alle Zutaten im Mixer oder in der Küchenmaschine pürieren.

**2** Den Saft in zwei Gläser geben. Apfel-, Karotten- und Gurkenstücke zum Garnieren abwechselnd auf die Holzspieße stecken und auf die Gläser legen. Sofort servieren.

# 91 SPINAT

**SCHON GEWUSST?**
Eisen aus tierischen Lebensmitteln wird leicht absorbiert. Zur Absorption von Eisen aus pflanzlichen Produkten braucht der Körper Vitamin C – beides ist im Spinat vorhanden.

**DIE WICHTIGSTEN NÄHRSTOFFE IN 100 G SPINAT**

| | |
|---|---|
| Kalorien (kcal) | 23 |
| Gesamtfettgehalt | 0,4 g |
| Eiweiß | 2,2 g |
| Kohlenhydrate | 3,6 g |
| Ballaststoffe | 2,2 g |
| Vitamin C | 28 mg |
| Vitamin A | 9377 IE |
| Betacarotin | 5626 µg |
| Vitamin E | 2,03 mg |
| Vitamin K | 483 µg |
| Folsäure | 194 µg |
| Kalzium | 99 mg |
| Magnesium | 79 mg |
| Eisen | 2,71 mg |
| Lutein/Zeaxanthin | 12198 µg |

Am dunklen Grün der Blätter erkennt man, dass Spinat reich an Antioxidantien ist. Er enthält unter anderem Vitamin A, Betacarotin, Lutein und Zeaxanthin.

Die Carotinoide, die Pflanzen während der Fotosynthese schützen, sind auch für fetthaltige Gewebe des menschlichen Körpers nützlich. Sie fördern nach der Entbindung die Heilung von Haut und Gewebe, wirken entzündungshemmend und bilden neues Gewebe, wenn Uterus und Bauchhaut sich zurückbilden. In den ersten Tagen nach der Entbindung hat die Muttermilch einen erhöhten Gehalt an Carotinoiden. Die Ursache ist noch nicht erforscht, man vermutet aber, dass dadurch dem Kind die Umstellung auf das Leben außerhalb des mütterlichen Körpers erleichtert werden soll. Der Luteinspiegel bleibt am längsten erhöht, eventuell, um die empfindlichen Augen des Neugeborenen vor Licht zu schützen. Folsäure aus Spinat fördert bei der Mutter und dem gestillten Kind die Neubildung von Gewebe. Vitamin K fördert den Knochenaufbau. Weil der Körper es nicht selbst erzeugen kann, muss das Kind es mit der Nahrung aufnehmen.

- Carotinoide fördern die Heilung von Geburtsverletzungen.
- Carotinoide in der Muttermilch schützen das Neugeborene vor Schäden durch Licht.
- Folsäure fördert Heilung und Gewebeneubildung.
- Vitamin K wird mit der Muttermilch an das Kind weitergegeben.

**Praktische Tipps:**
Grünes Blattgemüse ist außerordentlich gesund und sollte regelmäßig gegessen werden. Am besten nur kurz dämpfen oder dünsten, denn Vitamin C und Folsäure werden beim Kochen leicht zerstört.

# Spinat-Burger mit Reis

FÜR 4–6 PERSONEN

*50 g Basmati- mit Wildreis*
*4 EL natives Olivenöl extra*
*3–4 Knoblauchzehen, zerdrückt*
*300 g kleine Champignons, gehackt*
*200 g frischer Spinat*
*300 g Borlottibohnen aus der Dose, abgetropft*
*1 orangefarbene Paprika, gehäutet und fein gehackt*
*50 g Mandelblättchen, geröstet*
*50 g frisch geriebener Parmesan*
*2 EL frisch gehacktes Basilikum*
*50 g frische Vollkornsemmelbrösel*
*Salz und Pfeffer*
*2 EL Vollkornmehl*
*1–2 Fleischtomaten, in dicken Scheiben*
*6 Riesenchampignons, zum Servieren*

(W) (A) (V)

**Zubereitung**

1 Den Reis in 12–15 Minuten kochen, bis er gar ist. Abgetropft in eine große Schüssel geben.
2 1 Teelöffel Öl in einer Pfanne erhitzen. Knoblauch und Pilze zufügen und 5 Minuten dünsten. Zum Reis in die Schüssel geben.
3 Sechs große Spinatblätter beiseitelegen. Den restlichen Spinat abspülen und gut trocken tupfen. Spinat, Bohnen, Paprika, Mandelblättchen, Parmesan, Basilikum, Semmelbrösel, Salz und Pfeffer in eine Küchenmaschine füllen und mit der Pulse-Funktion fein zerhacken. Die Mischung gut mit dem Reis vermischen und aus der Masse vier bis sechs gleich große Bouletten formen. In Mehl wenden, abdecken und 1 Stunde kalt stellen.

4 Den Backofengrill vorheizen. Die Bouletten mit etwas Öl bestreichen, den Rost in die mittlere Schiene schieben und die Burger darauf 5–6 Minuten von jeder Seite grillen. In den letzten 3 Minuten die Tomatenscheiben und die Riesenchampignons mit etwas Öl bepinseln, auf den Rost legen und grillen.
5 Die zurückbehaltenen Spinatblätter auf Teller verteilen und je einen Riesenchampignon darauflegen. Die Bouletten auf die Champignons setzen und je eine Tomatenscheibe darauflegen. Sofort servieren.

# 92 PFLAUMEN

## Neben Beeren und Äpfeln gehören auch Pflaumen zu den 20 besten Radikalenfängern. Für die Heilung und die Stärkung des Immunsystems sind sie unschlagbar.

Der ORAC-Wert (Oxygen Radical Absorption Capacity) gibt die antioxidative Wirkung von Pflanzen an. An ihm lässt sich ablesen, welche Lebensmittel man regelmäßig essen sollte, um freie Radikale zu neutralisieren und Krankheiten vorzubeugen. Nach der Entbindung sollte der Körper keine Energie für die Bekämpfung von Infektionen verschwenden. Dann sind Pflaumen und andere Lebensmittel mit hohem ORAC-Wert besonders wertvoll, damit Heilung und Milchproduktion optimal verlaufen. Wer ein starkes Immunsystem hat, kann meist auf Antibiotika verzichten. Diese können Pilzinfektionen begünstigen, die auf das Kind übertragen werden können. Pflaumen sind reich an antioxidativer Chlorogensäure und enthalten den löslichen Faserstoff Pektin, der die Darmtätigkeit reguliert und die Ausscheidung von Giftstoffen fördert.

- Reich an Antioxidantien, die Entzündungen und Infektionen vorbeugen, sodass der Körper seine Energie für Heilung und Milchbildung nutzen kann.
- Steigern die Abwehrkräfte und machen dadurch Antibiotika oft überflüssig.
- Der Faserstoff Pektin fördert die Verdauung und hemmt die Aufnahme von Toxinen.

**Praktische Tipps:**
Geschmorte Pflaumen wirken mild abführend. Als Zugabe zu Müsli oder Joghurt schmecken sie ausgesprochen gut.

### SCHON GEWUSST?

Pflaumen sind von Natur aus reich an Serotonin, das die Stimmung aufhellt und Wochenbettdepressionen vorbeugen kann. Auch Avocados, Bananen, Auberginen, Ananas, Tomaten und Walnüsse besitzen diese Wirkung.

### DIE WICHTIGSTEN NÄHRSTOFFE IN 1 PFLAUME

| | |
|---|---|
| Kalorien (kcal) | 30 |
| Gesamtfettgehalt | Spuren |
| Eiweiß | 0,5 g |
| Kohlenhydrate | 7,5 g |
| Ballaststoffe | 0,9 g |
| Vitamin C | 6,3 mg |
| Vitamin K | 4,2 µg |
| Kalium | 104 mg |
| Betacarotin | 125 µg |
| Lutein/Zeaxanthin | 48 µg |

# Mini-Pflaumenkuchen

FÜR 4 PERSONEN

*50 g weiche Butter, plus etwas mehr zum Einfetten*
*50 g Zucker*
*1 Ei (Größe L), verquirlt*
*50 g Vollkornmehl*
*1/2 TL Backpulver*
*1 TL Lebkuchengewürz*
*25 g abgezogene Haselnüsse, grob gemahlen*
*4 Pflaumen, in Streifen*
*griechischer Joghurt (10 % Fett), zum Servieren*

(A) (V)

**Zubereitung**

1 Den Backofen auf 180 °C vorheizen. Vier ofenfeste Tassen (150 ml Volumen) oder Ramequin-Förmchen mit Butter einfetten.

2 Butter und Zucker in einer Schüssel schaumig rühren. Das Ei zugeben und verrühren. Mehl, Backpulver und Lebkuchengewürz darübersieben, die Haselnüsse zufügen und rasch vermengen. Den Teig auf die Tassen oder Formen verteilen und mit den Pflaumenscheiben belegen.

3 Etwa 25 Minuten backen, bis die Oberfläche goldbraun ist. Warm oder kalt mit Joghurt servieren.

# 93 SARDINEN

## Hochwertige Proteine aus Sardinen fördern die Heilung und heben die Stimmung. Ihre Omega-3-Fettsäuren sind ein wichtiger Bestandteil der Muttermilch.

### SCHON GEWUSST?

Sardinen und andere fetthaltige Fische wie Lachs, Forelle und Makrele enthalten relativ wenig Quecksilber und können in der Stillzeit bedenkenlos gegessen werden. Schwert- und Thunfisch sind oft stärker belastet.

### DIE WICHTIGSTEN NÄHRSTOFFE IN 3 SARDINEN

| | |
|---|---|
| Kalorien (kcal) | 280 |
| Gesamtfettgehalt | 16 g |
| Omega-3-Fettsäuren – EPA | 1147 mg |
| Omega-3-Fettsäuren – DHA | 1550 mg |
| Eiweiß | 33 g |
| Kohlenhydrate | 0 g |
| Ballaststoffe | 0 g |
| Vitamin $B_3$ | 7 mg |
| Vitamin $B_5$ | 0,87 mg |
| Vitamin $B_{12}$ | 15 µg |
| Vitamin A | 302,4 IE |
| Vitamin D | 367,2 IE |
| Vitamin E | 2,7 mg |
| Magnesium | 53 mg |
| Kalium | 536 mg |
| Eisen | 3,9 mg |
| Zink | 1,8 mg |
| Selen | 71 µg |

Studien beweisen, dass sich die Aufnahme von Omega-3-Fettsäuren direkt auf die Muttermilch auswirkt. Das betrifft vor allem DHA, die Fettsäure, die nur in fotthaltigem Fisch enthalten ist und unmittelbar den Gehirnzellen zugutekommt. Viele Untersuchungen stellen einen direkten Zusammenhang zwischen niedriger DHA-Aufnahme und plötzlichem Kindstod, ADHS (Aufmerksamkeitsdefizit- und Hyperaktivitätssyndrom), Schizophrenie, Schlafstörungen, Asthma, Ekzemen und niedrigerem IQ her. Bei der Mutter kann ein DHA-Mangel Wochenbettdepressionen begünstigen. Sardinen enthalten eine Kombination von hochwertigen Proteinen, B-Vitaminen, Vitamin A und D sowie Mineralien, die Gehirn und Stimmung positiv beeinflussen.

- Direkte Form von DHA, sorgt für gesunde Muttermilch sowie ein vermindertes Risiko für Asthma und Ekzeme. Es fördert die Entwicklung des Gehirns und die geistige Gesundheit beim Kind.
- DHA in Kombination mit Proteinen, Vitaminen und Mineralien beugt Wochenbettdepressionen oder milderen Formen der Niedergeschlagenheit vor.

**Praktische Tipps:**
Wegen der Schwermetallbelastung wird meist empfohlen, während der Stillzeit maximal zwei Portionen fetthaltigen Fisch pro Woche zu essen. Manche Experten meinen aber, dass die negativen Auswirkungen eines DHA-Mangels weitaus bedenklicher sind als die Toxine.

# Sardinen mit mediterranem Spinat

FÜR 4 PERSONEN

*3 EL Olivenöl*
*abgeriebene Schale und Saft von 1 Orange*
*1 kleine rote Zwiebel, in dünnen Scheiben*
*1 Knoblauchzehe, sehr fein gehackt*
*12 Sardinen, küchenfertig*
*12 Zweige frischer Thymian*
*frisch gehackter Koriander, zum Garnieren*

**Mediterraner Spinat**

*2 EL Olivenöl*
*1 Zwiebel, gehackt*
*1 große Knoblauchzehe, zerdrückt*
*2 TL gemahlener Koriander*
*2 TL gemahlener Kreuzkümmel*
*1 kg junger Blattspinat, gewaschen*
*Pfeffer und Salz*
*50 g Pinienkerne, leicht geröstet*

(W) (G) (A) (E)

**Zubereitung**

1 Olivenöl, Orangensaft und -schale, Zwiebel und Knoblauch in einer flachen Schüssel, die groß genug für die Sardinen ist, gut verrühren. Zwischen die Bauchlappen jedes Fisches einen Zweig Thymian legen. Die Fische in der Marinade wenden.

2 Für den Spinat das Öl in einer Pfanne erhitzen. Die Zwiebel darin 3 Minuten andünsten. Knoblauch zugeben und unter Rühren mitdünsten, bis die Zwiebel weich ist. Koriander und Kreuzkümmel einrühren und noch 1 Minute dünsten.

3 Den Spinat mit dem an seinen Blättern haftenden Wasser zugeben, mit einem Kochlöffel leicht zusammendrücken und mit Pfeffer und Salz würzen. Unter Rühren 6–8 Minuten dünsten, bis die Blätter zusammengefallen sind. Mit den Pinienkernen bestreuen, dann abgedeckt warm halten, bis die Sardinen gegrillt sind.

4 Den Backofengrill vorheizen. Eine flache Auflaufform mit Alufolie auslegen. Die Sardinen nebeneinander auf die Folie legen, mit der Marinade einpinseln und 10 cm unter den Heizschlangen einschieben. 1–2 Minuten grillen.

5 Die Fische wenden, wieder mit Marinade bestreichen und nochmals 1–2 Minuten grillen, bis sich das Fleisch leicht von der Mittelgräte löst. Zum Spinat servieren.

# 94 ORANGEN

## Orangen sind vor allem bekannt für ihren hohen Gehalt an Vitamin C, doch sie liefern zusätzlich einen leicht verdaulichen Anteil an Kalzium.

Kalzium ist in der Stillzeit besonders wichtig. Zum einen müssen die Speicher der Mutter, die in der Schwangerschaft zur Skelettbildung des Kindes geplündert wurden, wieder aufgefüllt werden. Es ist wahrscheinlich, dass dieses Kalzium nicht nur der Nahrung der Mutter entzogen wurde, sondern auch ihren Knochen und Zähnen. Zum anderen werden auch beim Stillen über die Muttermilch Kalzium, Vitamin C, Vitamin A und Folsäure für den Knochenaufbau an das Kind weitergegeben. Vitamin C aus Orangen wird für die Bildung von Collagen benötigt, das in allen Körperstrukturen enthalten ist. Vitamin C kann der Körper nicht speichern, darum sollte man es täglich zu sich nehmen. Nach der Schwangerschaft kann sich Vitamin-C-Mangel durch mattes Haar, brüchige Nägel und fahle Haut äußern. Auch Knochen und Zähne können in Mitleidenschaft gezogen sein. Die Antioxidantien in Orangen beugen Mastitis und anderen Entzündungen vor und fördern die Wundheilung.

- Kalzium versorgt über die Muttermilch das Kind und stärkt Knochen- und Zahngesundheit der Mutter.
- Vitamin C fördert die Collagenproduktion und verbessert den Zustand von Haut, Haaren und Nägeln.
- Antioxidantien beugen Mastitis und anderen Entzündungen vor und fördern die Wundheilung.

**Praktische Tipps:**
Statt Saft zu trinken, sollte man lieber Orangen im Ganzen essen.

### SCHON GEWUSST?

Ein Glas Orangensaft kann mehr Zucker enthalten als die gleiche Menge Cola. Bei der Zucht moderner Orangensorten wird auf Süße Wert gelegt, außerdem enthält der Saft nur wenig Faserstoffe. Saft (statt ganzer Früchte!) kann daher Schwankungen des Blutzuckerspiegels und Heißhunger auf Süßes begünstigen.

### DIE WICHTIGSTEN NÄHRSTOFFE IN 1 ORANGE

| | |
|---|---|
| Kalorien (kcal) | 65 |
| Gesamtfettgehalt | Spuren |
| Eiweiß | 1 g |
| Kohlenhydrate | 16 g |
| Ballaststoffe | 3,4 g |
| Vitamin C | 64 mg |
| Vitamin A | 298 IE |
| Folsäure | 39,8 µg |
| Kalzium | 61 mg |
| Kalium | 238 mg |
| Lutein/Zeaxanthin | 182 µg |

# Exotischer Fruchtcocktail

FÜR 4 PERSONEN

*2 Orangen*
*2 große Maracujas*
*1 Ananas*
*1 Granatapfel*
*1 Banane*

(W) (A) (V) (E)

**Zubereitung**

1 Eine Orange halbieren, auspressen und den Saft ohne Kerne in eine Schüssel geben. Mit einem scharfen Messer Schale und weiße Haut von der zweiten Orange entfernen. Über einer Schüssel vorsichtig filetieren und den Saft auffangen. Alle Kerne entfernen.

2 Die Maracujas halbieren, das Fleisch in ein Kunststoffsieb löffeln und mit dem Löffel durch das Sieb streichen. Die Kerne entfernen und das Fruchtmark zu den Orangen geben.

3 Die Ananas mit einem scharfen Messer schälen und längs vierteln. Den holzigen Mittelteil wegschneiden. Das Fruchtfleisch in Stücke schneiden und zur Orangen-Maracuja-Mischung geben.

4 Den Granatapfel vierteln und die Kerne mit den Fingern oder einem Löffel vorsichtig heraustrennen. Abdecken und bis zum Servieren kalt stellen – nicht zu früh zu den anderen Früchten geben, da die Kerne sonst abfärben.

5 Vor dem Servieren die Banane schälen, mit den Granatapfelkernen zu den Früchten geben und alles gut vermengen. Sofort servieren.

# 95 ROMANA-SALAT

**Je mehr entzündungshemmende Lebensmittel – zu denen auch der Romanasalat gehört – man isst, desto besser verläuft die Heilung geschädigter Körpergewebe.**

Romanasalat ist reich an Folsäure. Sie gehört zu den B-Vitaminen und spielt eine wichtige Rolle für das Wachstum des Kindes, weil sie zur Produktion von RNA und DNA benötigt wird. Diese enthalten unsere genetische Information. Sie sagen dem Körper, wie und wann neue Proteine für das Wachstum bereitgestellt werden müssen. Folsäure fördert bei der Mutter und dem gestillten Kind die Bildung roter Blutkörperchen und stärkt das Immunsystem. Die Bitterstoffe des Romanasalats regen den Gallenfluss und die Verdauung an. Dadurch werden die Nährstoffe aus der Nahrung optimal genutzt und Darmträgheit oder Blähungen gelindert. Der hohe Faserstoffgehalt von Romanasalat erleichtert den Stuhlgang, was vorteilhaft ist, wenn die Entbindungsverletzungen noch nicht abgeheilt sind.

- Folsäure fördert bei Mutter und gestilltem Kind Wachstums- und Reparaturprozesse, regt die Bildung roter Blutkörperchen an und stärkt das Immunsystem.
- Bitterstoffe fördern die Verdauung.
- Faserstoffe beugen Darmträgheit vor und erleichtern den Stuhlgang, der kurz nach der Entbindung schmerzhaft sein kann.

**Praktische Tipps:**
Romanasalat kann wie jeder andere Blattsalat zubereitet werden. Er enthält viel Wasser und lindert bei regelmäßigem Verzehr Verstopfung und Blähungen. Die größeren, festeren Blätter eignen sich gut für Wraps.

### SCHON GEWUSST?

Bei Menschen, die selten grünes Blattgemüse essen oder weniger als drei Portionen Obst oder Gemüse zu sich nehmen, ist oft Folsäuremangel zu beobachten. In der Stillzeit ist der Bedarf an Folsäure besonders hoch. Sie wird für Heilungsprozesse und Milchproduktion benötigt.

### DIE WICHTIGSTEN NÄHRSTOFFE IN 100 G ROMANASALAT

| | |
|---|---|
| Kalorien (kcal) | 17 |
| Gesamtfettgehalt | 0,3 g |
| Eiweiß | 1,2 g |
| Kohlenhydrate | 3,3 g |
| Ballaststoffe | 2,1 g |
| Vitamin C | 24 mg |
| Folsäure | 136 µg |
| Kalzium | 33 mg |
| Kalium | 247 mg |

# Romanasalat mit Kichererbsen und Tomaten

FÜR 4 PERSONEN

*400 g Kichererbsen aus der Dose, abgespült und abgetropft*
*250 g vollreife Tomaten, in dünnen Spalten*
*1 rote Zwiebel, in dünnen Ringen, halbiert*
*1 Handvoll frisches Basilikum, gehackt, plus ein paar Blätter mehr, zum Garnieren*
*1 Romanasalat, in einzelnen Blättern*
*frisches Brot, zum Servieren*

**Dressing**

*1 grüne Chili, entkernt und fein gehackt*
*1 Knoblauchzehe, zerdrückt*
*Saft und Schale von 2 Zitronen*
*4 EL Olivenöl*
*1 EL Wasser*
*schwarzer Pfeffer*

(W) (A) (V) (E)

**Zubereitung**

1 Für das Dressing alle Zutaten in ein Schraubglas füllen und kräftig schütteln.

2 Kichererbsen, Tomaten, Zwiebel und Basilikum in einer Schüssel vermischen. Das Dressing darübergießen und vermengen. Die Salatblätter auf vier Schalen verteilen. Den Kichererbsensalat darauf anrichten und mit Basilikum garnieren. Mit frischem Brot servieren.

# 96 WASSERMELONE

Das Carotinoid Lycopin verleiht der Wassermelone ihre rote Farbe. Dieser schützende Nährstoff wird mit der Muttermilch an das Kind weitergegeben.

Eine stillende Mutter sollte Obst und Gemüse in allen Regenbogenfarben essen, damit ihr und dem Kind ein breites Spektrum an Antioxidantien zur Verfügung steht. Diese beugen Entzündungen und Infektionskrankheiten wie Asthma, Ekzemen und Mastitis vor. Das Lycopin aus Wassermelonen schützt vor allem die fetthaltigen Körperbereiche wie Gehirn, Herz und Leber. Die Aminosäure L-Citrullin wird im Körper in L-Arginin umgewandelt, das Bluthochdruck vorbeugt. Verstärkt wird diese Wirkung durch den Kaliumgehalt der Melone, der zur Normalisierung des Kaliumhaushalts nach der Schwangerschaft besonders wertvoll ist. Kalium und langsam verfügbare, natürliche Zuckerstoffe fördern den Transport von Wasser in die Zellen und beugen Dehydrierung vor. Das ist gerade in der Stillzeit wichtig, wenn der Körper zusätzliche Flüssigkeit für die Muttermilch bereitstellen muss.

- Lycopin schützt fetthaltige Gewebe wie Gehirn, Herz und Leber. Auch das gestillte Kind profitiert davon.
- L-Citrullin und Kalium normalisieren erhöhten Blutdruck.
- Hoher Wassergehalt, Kalium und natürliche Zuckerstoffe beugen Dehydrierung vor.

**Praktische Tipps:**
Wassermelonen immer frisch aufschneiden, damit kein Vitamin C verloren geht. Eine Spalte Wassermelone regelmäßig als Abschluss einer Mahlzeit genießen.

### SCHON GEWUSST?

Vitamin C und Lycopin schützen das Herz vor Schäden. Das ist ein wichtiger Aspekt, zumal Herzkrankheiten bei Frauen zunehmen und das Herz in der Schwangerschaft etwa 25 Prozent mehr Arbeit leisten muss.

### DIE WICHTIGSTEN NÄHRSTOFFE IN 100 G WASSERMELONE

| | |
|---|---|
| Kalorien (kcal) | 30 |
| Gesamtfettgehalt | 0,15 g |
| Eiweiß | 0,61 g |
| Kohlenhydrate | 7,55 g |
| Ballaststoffe | 0,4 g |
| Vitamin C | 8,1 mg |
| Kalium | 112 mg |
| Lycopin | 4532 µg |
| Betacarotin | 303 µg |

# Obstsalat mit Knuspermüsli

FÜR 2–3 PERSONEN

A V E

### Obstsalat

*300 g Wassermelone, entkernt und gewürfelt*
*100 g frische Orangenspalten*
*100 ml frisch gepresster Orangensaft*
*1 TL abgeriebene Orangenschale*
*1 TL frisch geriebener Ingwer*
*1 TL flüssiger Honig*

### Knuspermüsli

*25 g Haferflocken*
*1 EL Sesam*
*1 Prise gemahlener Ingwer*
*1 EL Sonnenblumenkerne*
*2 TL frisch gepresster Orangensaft*
*1 TL flüssiger Honig*

### Zubereitung

**1** Den Backofen auf 180 °C vorheizen. Alle Zutaten für das Knuspermüsli in einer Schüssel gut mischen. Auf einem Backblech mit Backpapier ausbreiten und 7–8 Minuten backen. Aus dem Ofen nehmen, in Stücke brechen und nochmals 7–8 Minuten backen. Aus dem Ofen nehmen und wieder zerkleinern. Auf dem Blech abkühlen lassen. Die Mischung wird erst knusprig, wenn sie kalt ist.

**2** Für den Obstsalat Wassermelonenwürfel und Orangenspalten in eine Schüssel geben. Orangensaft und -schale, Ingwer und Honig in einem kleinen Topf bei mittlerer Temperatur zum Kochen bringen. Die Mischung über die Früchte gießen und abkühlen lassen.

**3** Den Obstsalat in Schälchen füllen und mit dem Knuspermüsli bestreut servieren.

# 97 CRANBERRYS

Nach der Schwangerschaft sind Nieren und Blase besonders anfällig für Infektionen. Cranberrys können solchen Beschwerden vorbeugen oder sie wenigstens lindern.

In den ersten sechs Wochen nach der Entbindung müssen die Nieren Schwerarbeit leisten, um die vorher im Körper gespeicherte Flüssigkeit wieder auszuscheiden. Auch die Blase erholt sich, nachdem sie vorher vom Uterus zusammengedrückt war. In dieser Zeit steigt das Infektionsrisiko an, und etwa zwölf Prozent aller Frauen leiden nach der Entbindung an einer Blasenentzündung. Cranberrys enthalten Hippursäure und Proanthocyanidine, die Harnwegsinfektionen vorbeugen, bereits akute Erkrankungen jedoch nicht unbedingt heilen. Wer zu Blasenentzündungen neigt, sollte vorbeugend täglich ein Glas Cranberrysaft trinken. Cranberrys haben einen hohen ORAC-Wert und können die Heilung von Blasen- und Harnwegsgewebe, das durch Schwangerschaft und Geburt strapaziert wurde, fördern.

- Beugt bei Frauen, denen zur Entbindung ein Katheter gelegt wurde, Blasen- und Harnwegsinfektionen vor.
- Antioxidantien fördern die Heilung von Gewebe, das durch Schwangerschaft und Entbindung strapaziert oder geschädigt wurde.

**Praktische Tipps:**
Weil Cranberrys herb sind, wird der Saft oft gezuckert. Gesünder ist ungesüßter Cranberrysaft, der mit Apfelsaft gemischt werden kann. Ein oder zwei Gläser täglich reichen zur Vorbeugung aus.

### SCHON GEWUSST?

Forschungsergebnisse legen nahe, dass der Genuss von Cranberrys den Anteil des Bifidobacteriums erhöht. Das stärkt die Abwehr und wird auch an das gestillte Baby weitergegeben.

### DIE WICHTIGSTEN NÄHRSTOFFE IN 175 ML GESÜSSTEM CRANBERRYSAFT

| | |
|---|---|
| Kalorien (kcal) | 108 |
| Gesamtfettgehalt | Spuren |
| Eiweiß | Spuren |
| Kohlenhydrate | 26 g |
| Ballaststoffe | Spuren |
| Vitamin C | 60 mg |
| Vitamin E | Spuren |
| Lutein/Zeaxanthin | 150 µg |

### HAUPTNÄHRSTOFFE IN 100 G FRISCHEN CRANBERRYS

| | |
|---|---|
| Kalorien (kcal) | 46 |
| Gesamtfettgehalt | Spuren |
| Eiweiß | 0,4 g |
| Kohlenhydrate | 12,2 g |
| Ballaststoffe | 4,6 g |
| Vitamin C | 13 mg |
| Vitamin E | 1,2 µg |
| Lutein/Zeaxanthin | 91 µg |

# Geflügelsalat mit Cranberrys

FÜR 4 PERSONEN

*125 g getrocknete Cranberrys*
*2 EL Apfelsaft oder Wasser*
*200 g Zuckererbsen*
*Fruchtfleisch von 2 reifen Avocados, in Scheiben*
*Saft von 1/2 Zitrone*
*4 Salatherzen, in Blätter geteilt*
*1 Bund Brunnenkresse*
*50 g Rucola*
*400 g gegarte Hähnchenbrust, in Streifen*
*50 g gehackte Walnüsse, zum Garnieren*

**Dressing**

*2 EL Olivenöl*
*1 EL Walnussöl*
*2 EL Zitronensaft*
*1 EL frisch gehackte Kräuter, z. B. Petersilie und Zitronenthymian*
*Pfeffer und Salz*

(W) (G) (A) (N)

**Zubereitung**

1 Die Cranberrys in einer Schüssel mit Apfelsaft oder Wasser übergießen, mit Frischhaltefolie abdecken und 30 Minuten quellen lassen. Inzwischen die Zuckererbsen blanchieren und abtropfen lassen.

2 Avocadoscheiben mit Zitronensaft beträufeln. Die Salatblätter auf eine große Servierplatte legen. Avocado, Zuckererbsen, Brunnenkresse, Rucola und Hühnerfleisch darauf anrichten.

3 Alle Zutaten für das Dressing in ein kleines Schraubglas geben und kräftig schütteln.

4 Die Cranberrys abtropfen lassen und unter das Dressing rühren. Über den Salat gießen und mit Walnüssen bestreut sofort servieren.

# 98 DICKE BOHNEN

## Dicke Bohnen enthalten L-Dopa, aus dem der Körper den stimmungsaufhellenden Stoff L-Dopamin gewinnt. Das hilft gegen den berüchtigten Babyblues.

Dicke Bohnen sind reich an Proteinen, Magnesium, Zink und B-Vitaminen, die für die Produktion von Dopamin und dem ebenfalls stimmungsaufhellenden Neurotransmitter Serotonin benötigt werden. Auch die Faserstoffe und die langsam verfügbaren Kohlenhydrate, die Energie- und Stimmungsschwankungen vorbeugen, verringern das Risiko einer Wochenbettdepression. Das reichlich enthaltene Magnesium beruhigt das Nervensystem, das angesichts der neuen Lebenssituation angespannt sein kann, und fördert das Einschlafen, wenn sich die Gelegenheit dazu bietet. B-Vitamine, Folsäure, Cholin und Zink unterstützen nach der Entbindung die Heilungsprozesse.

- Fördert die Bildung der Neurotransmitter Dopamin und Serotonin, die Wochenbettdepressionen vorbeugen.
- Günstiger glykämischer Index vermeidet Energie- und Stimmungsschwankungen.
- Magnesium beruhigt und erleichtert das Einschlafen.
- B-Vitamine, Folsäure, Cholin und Zink fördern die Heilung nach der Entbindung.

**Praktische Tipps:**
Dicke Bohnen müssen gekocht werden, um ungesunde Alkaloide unschädlich zu machen. Sie können wie Kichererbsen zu Falafel verarbeitet werden. In Ägypten bereitet man aus ihnen *ful medames* zu, eine Art Dipp. Die vielseitigen Bohnen eignen sich auch als Zutat zu Suppen, Eintöpfen und Salaten.

### SCHON GEWUSST?

In der Stillzeit braucht der Körper viel Energie. Hülsenfrüchte sind eine gute Alternative zu stärkehaltigen Kohlenhydratquellen wie Brot, Nudeln und Kartoffeln, denn sie enthalten mehr Proteine und verschiedene Nährstoffe.

### DIE WICHTIGSTEN NÄHRSTOFFE IN 100 G DICKEN BOHNEN

| | |
|---|---|
| Kalorien (kcal) | 341 |
| Gesamtfettgehalt | 1,53 g |
| Eiweiß | 26,12 g |
| Kohlenhydrate | 58,29 g |
| Vitamin $B_3$ | 1,54 mg |
| Vitamin $B_5$ | 1,59 mg |
| Folsäure | 557 µg |
| Cholin | 95,2 mg |
| Kalzium | 103 mg |
| Magnesium | 192 mg |
| Kalium | 1062 mg |
| Eisen | 6,7 mg |
| Selen | 8,2 µg |

# Frühlingseintopf

FÜR 4 PERSONEN

*50 g getrocknete Cannellini-Bohnen, über Nacht eingeweicht und abgetropft*
*2 EL Olivenöl*
*4–8 Perlzwiebeln, halbiert*
*2 Selleriestangen, in 5 mm dicken Scheiben*
*15 Babykarotten, abgebürstet, größere halbiert*
*10 neue Kartoffeln, abgebürstet und halbiert, größere geviertelt*
*1 l Gemüsebrühe*
*1 Bouquet garni*
*2 EL helle Sojasauce*
*100 g Babymaiskolben*
*150 g ausgelöste dicke Bohnen, Tiefkühlware aufgetaut*
*Salz und Pfeffer*
*250 g Wirsing, in feinen Streifen*
*2 EL Speisestärke, in 2 EL kaltem Wasser glatt gerührt*
*100 g frisch geriebener Parmesan, zum Servieren*

(A) (V) (E)

**Zubereitung**

1 Die Cannellini-Bohnen 20 Minuten in sprudelnd kochendem Wasser garen, dann abgießen und beiseitestellen.

2 Das Öl in einem Topf mit gut schließendem Deckel erhitzen. Perlzwiebeln, Sellerie, Karotten und Kartoffeln darin 5 Minuten dünsten. Brühe, Cannellini-Bohnen, Bouquet garni und Sojasauce hinzufügen und alles zum Kochen bringen. Die Hitze reduzieren, abdecken und 3 Minuten köcheln.

3 Mais und dicke Bohnen zugeben, dann mit Salz und Pfeffer würzen. Weitere 3 Minuten köcheln.

4 Den Wirsing mit in den Topf geben und weitere 12–15 Minuten köcheln, bis das gesamte Gemüse gar ist.

5 Die Speisestärkemischung in den Topf geben und alles unter Rühren 4–6 Minuten eindicken lassen. Den Eintopf auf vorgewärmte Schalen verteilen, mit dem Käse bestreuen und sofort servieren.

# 99 WIRSING

**Alle Arten von Kohl sind gesund, weil sie das Immunsystem stärken. Das ist besonders wichtig, wenn der Körper durch eine Entbindung geschwächt ist.**

Kohlgemüse enthält entgiftende Glucosinolate, die nach der Geburt dazu beitragen, den Hormonhaushalt des Körpers zu normalisieren. Wirsing ist außerdem reich an Glutamin. Diese Aminosäure hält den Darm gesund, stärkt die Muskeln, fördert Reparatur- und Heilungsprozesse und wirkt entgiftend und entzündungshemmend. Wie anderes grünes Blattgemüse enthält Wirsing Vitamin C und Folsäure. Beide sollte man täglich zu sich nehmen, weil sie nicht im Körper gespeichert werden. Sie sind notwendig für Wachstum, Wundheilung, Muskelaufbau, Energiegewinnung und die Gesundheit von Gehirn und Herz. Eine stillende Mutter versorgt auch ihr Kind mit diesen Nährstoffen, darum muss sie besonders auf eine ausreichende, tägliche Zufuhr achten, um Mangelerscheinungen zu vermeiden.

- Glucosinolate regulieren den Hormonhaushalt und stärken das Immunsystem.
- Die Aminosäure Glutamin fördert Wundheilung, Gewebeaufbau, Muskelkraft und Verdauung.
- Vitamin C und Folsäure werden für alle Wachstums- und Reparaturvorgänge benötigt.

**Praktische Tipps:**
Früher nahm man an, dass Kohl bei gestillten Kindern Blähungen verursacht. Gase aus dem Darm der Mutter gelangen jedoch nicht in die Muttermilch. Brustwarzenreizungen lassen sich schnell und einfach lindern, indem man gekühlte Wirsingblätter in die BH-Körbchen legt.

### SCHON GEWUSST?

Gestillte Kinder entwickeln geschmackliche Vorlieben für Dinge, die ihre Mütter essen. Die bei der Ernährung aufgenommenen Geschmacksstoffe gehen in die Muttermilch über.

### DIE WICHTIGSTEN NÄHRSTOFFE IN 100 G WIRSING

| | |
|---|---|
| Kalorien (kcal) | 27 |
| Gesamtfettgehalt | Spuren |
| Eiweiß | 2 g |
| Kohlenhydrate | 6,1 g |
| Ballaststoffe | 3,1 g |
| Vitamin C | 31 mg |
| Vitamin A | 1000 IE |
| Vitamin K | 68,8 µg |
| Folsäure | 80 µg |
| Kalzium | 35 mg |
| Magnesium | 28 mg |
| Kalium | 230 mg |
| Eisen | 0,7 mg |
| Mangan | 0,2 mg |
| Selen | 0,9 µg |
| Betacarotin | 600 µg |

# Bohnensuppe mit Wirsing

FÜR 6 PERSONEN

*200 g getrocknete weiße Bohnen, über Nacht eingeweicht*
*3 EL Olivenöl*
*2 rote Zwiebeln, grob gehackt*
*4 Karotten, in Scheiben*
*4 Selleriestangen, grob gehackt*
*4 Knoblauchzehen, grob gehackt*
*600 ml Gemüsebrühe*
*400 g Tomatenstücke aus der Dose*
*2 EL frisch gehackte glatte Petersilie*
*Pfeffer*
*500 g Wirsing, in dünnen Streifen*
*natives Olivenöl extra, zum Servieren*

W A V

**Zubereitung**

1 Die Bohnen abgießen und in einen großen Topf füllen. Mit frischem, kaltem Wasser bedecken und zum Kochen bringen. Aufsteigenden Schaum mehrmals mit einem Schaumlöffel abschöpfen. Die Temperatur reduzieren und ohne Deckel 1–1 1/2 Stunden köcheln, bis die Bohnen gar sind. Bei Bedarf zwischendurch Wasser nachgießen.

2 Inzwischen das Olivenöl in einem großen Topf erhitzen. Zwiebeln, Karotten und Sellerie darin bei mittlerer Temperatur unter häufigem Rühren 10–15 Minuten dünsten, bis sie weich sind. Den Knoblauch zufügen und unter ständigem Rühren 1–2 Minuten mitdünsten.

3 Die Bohnen abgießen. Die Hälfte der Bohnen zum Gemüse geben. Den Großteil der Gemüsebrühe, Tomaten und Petersilie zufügen. Mit Pfeffer würzen. Zum Kochen bringen und ohne Deckel unter gelegentlichem Rühren 30 Minuten bei niedriger Temperatur köcheln. Den Wirsing zufügen und unter gelegentlichem Rühren weitere 15 Minuten köcheln.

4 Die restlichen Bohnen im Mixer mit etwas Kochwasser glatt pürieren. Zur Suppe geben. Falls die Suppe zu dick wird, mit etwas Gemüsebrühe verdünnen. Mit etwas Olivenöl beträufeln und heiß servieren.

# 100 CANTALOUPE-MELONE

## Das saftige Melonenfleisch ist besonders reich an Vitamin C, Vitamin A und Betacarotin. Diese Nährstoffe helfen dabei, den Wasserhaushalt des Körpers zu regulieren.

Mit ihrem hohen Vitamin-C-Gehalt bekämpfen Melonen Viren und Bakterien in den wässrigen Bereichen zwischen und in den Zellen. Außerdem regen sie die Bildung weißer Blutkörperchen an, die für die Abwehr von Krankheitserregern zuständig sind. Das ist gerade nach einer Entbindung, wenn noch Wunden heilen müssen, von Vorteil. Vitamin C reaktiviert außerdem das wasserlösliche Vitamin E und verstärkt so seine Wirkung. Vitamin A und Betacarotin sind nützlich für die Entwicklung der Lunge. Wenn sie reichlich in der Muttermilch vorhanden sind, kann das Kind mehr Sauerstoff aufnehmen und wächst besser. Das ist vor allem für zu früh geborene Kinder, deren Lungen noch nicht voll entwickelt sind, ein Vorteil. Dieselben Nährstoffe schützen die Augen, die an die Dunkelheit im Mutterleib gewöhnt sind, vor Licht. Unmittelbar nach der Geburt enthält die Muttermilch besonders viel Betacarotin.

- Vitamin C trägt aktiv zur Abwehr von Bakterien und Viren bei.
- Vitamin C „recycelt" Vitamin E, das die Heilung fördert.
- Ausreichende Mengen Vitamin A und Betacarotin in der Muttermilch fördern die Entwicklung von Lunge und Augen des Kindes.

**Praktische Tipps:**
Am höchsten ist der Betacarotingehalt in vollreifen Melonen mit orangefarbenem Fruchtfleisch. Sie schmecken dann auch besonders süß. Melonen erst unmittelbar vor dem Verbrauch aufschneiden, sonst verringert sich ihr Vitamin-C-Gehalt.

### SCHON GEWUSST?

Wenn Melonen reifen, wird das grüne Chlorophyll in wirksame Antioxidantien namens NCC (nicht fluoreszierende Chlorophyll-Kataboliten) umgewandelt.

### DIE WICHTIGSTEN NÄHRSTOFFE IN 1 PORTION CANTALOUPE-MELONE

| | |
|---|---|
| Kalorien (kcal) | 35 |
| Gesamtfettgehalt | Spuren |
| Eiweiß | 0,86 g |
| Kohlenhydrate | 8,32 g |
| Ballaststoffe | 0,9 g |
| Vitamin C | 37,4 mg |
| Vitamin A | 3450 IE |
| Vitamin E | 0,1 mg |
| Kalium | 272 mg |
| Betacarotin | 2060 µg |

# Melonen-Erdbeer-Dessert

FÜR 4 PERSONEN

*25 g Haferflocken*
*25 g Haferkleie*
*2 EL Mandelblättchen*
*25 g Trockenaprikosen, fein gehackt*
*1/2 Cantaloupe-Melone, in mundgerechten Stücken*
*250 g Erdbeeren, große Früchte halbiert*
*150 ml Joghurt oder Milch, zum Servieren*

(W) (A) (V) (E)

**Zubereitung**

1 Haferflocken und Haferkleie in einer Schüssel mit Mandeln und Trockenaprikosen mischen.

2 Die Mischung auf zwei Schälchen verteilen. Darauf Melone und Erdbeeren geben und mit Joghurt oder Milch auffüllen.

# REGISTER